KB009872

TRAVEL CHINESE

여행에서 쓸 수 있는 기본 표현

다른 나라 말을 조금이라도 알면 그 나라에서의 여행은 더욱 즐겁습니다. 그 나라의 인사말 정도만 알아도 상대는 미소를 띠며 대화에 응해 줄 것입니다. 우선 여행을 가기 전에 여기에 있는 짧고 간단한 표현을 반드시 암기해 두십시오. 그리고 용기를 내어 말을 걸어 보십시오. 분명 중국 여행은 한층 멋진 추억을 만들어 줄 것입니다.

★ 안녕하세요. (아침)	早上好。 자오 상 하오
★ 안녕하세요. (낮)	你好。 니 하오
★ 안녕하세요. (밤)	晚上好。 완 상 하오
★ 안녕히 가(계)세요.	再见。 짜이 찌엔
★ 안녕히 주무세요.	晚安。 완 안
★ 내일 봅시다.	明天见。 밍 티엔 찌엔
★ 감사합니다.	谢谢。 씨에 씨에

★ 예. / 아니오.

对。/ 不是。
뚜이 / 뿌 스

★ 미안합니다.

对不起。
뚜이 부 치

★ 천만에요.

不客气。
뿌 커 치

★ 실례합니다.

请让让。
칭 랑 랑

★ 괜찮습니까?

不要紧吗?
뿌 야오 진 마

★ 괜찮습니다.

不要紧。
뿌 야오 진

★ 중국어는 모릅니다.

我不懂中国话。
워 뿌 동 종 궈 화

★ ~은 어디입니까?

~在哪里?
짜이 나 리

★ 이걸 주세요.

我要这个。
워 야오 저 거

★ 얼마입니까?

多少钱?
뚸 사오 치엔

3

일상생활 중국 여행회화 365

저 자 이원준
발행인 고본화
발 행 탑메이드북
교재 제작·공급처 반석출판사
2023년 10월 5일 개정 2쇄 인쇄
2023년 10월 10일 개정 2쇄 발행
반석출판사 | www.bansok.co.kr
이메일 | bansok@bansok.co.kr
블로그 | blog.naver.com/bansokbooks

07547 서울시 강서구 양천로 583, B동 1007호
(서울시 강서구 염창동 240-21번지 우림블루나인 비즈니스센터 B동 1007호)
대표전화 02) 2093-3399   팩 스 02) 2093-3393
출 판 부 02) 2093-3395   영업부 02) 2093-3396
등록번호 제315-2008-000033호

Copyright ⓒ 이원준

ISBN 978-89-7172-958-8 (13720)

■ 본 책은 반석출판사에서 제작, 배포하고 있습니다.
■ 교재 관련 문의 : bansok@bansok.co.kr을 이용해 주시기 바랍니다.
■ 이 책에 게재된 내용의 일부 또는 전체를 무단으로 복제 및 발췌하는 것을 금합니다.
■ 파본 및 잘못된 제품은 구입처에서 교환해 드립니다.

무 조건
따라하면
통하는

일상생활
중국 여행
회화
365

머리말

단체로 중국여행을 가면 현지 사정에 밝은 가이드가 안내와 통역을 해주기 때문에 말이 통하지 않아 생기는 불편함은 그다지 크지 않을 수 있습니다. 하지만, 중국인을 직접 만나서 대화를 하거나 물건을 구입할 때 등에는 회화가 절대적으로 필요하며, 여행지에서의 자유로운 의사소통은 한층 여행을 즐겁고 보람차게 해줄 것입니다. 이 책은 여행자의 필수휴대품이 될 수 있도록 크게 두 가지로 분류하였습니다.

여행 중국어를 위한 워밍업: 여행지에서 빈번하게 쓸 수 있는 표현으로 중국어 발음에서 인사, 응답, 질문, 감사, 사과표현 등으로 꾸며져 있으며, 중국 여행자라면 반드시 익혀두어야 할 기본회화입니다.

장면별 회화: 출입국부터 숙박, 식사, 교통, 관광, 쇼핑, 방문 · 전화 · 우편, 트러블, 귀국까지 여행자가 부딪칠 수 있는 상황을 여행 순서에 맞게 설정하였습니다.

일러두기

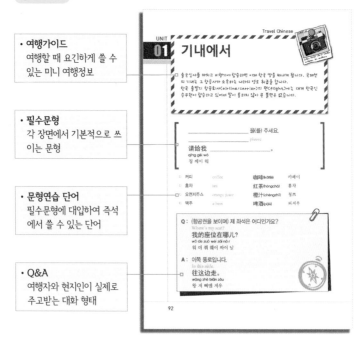

- **여행가이드**
  여행할 때 요긴하게 쓸 수 있는 미니 여행정보

- **필수문형**
  각 장면에서 기본적으로 쓰이는 문형

- **문형연습 단어**
  필수문형에 대입하여 즉석에서 쓸 수 있는 단어

- **Q&A**
  여행자와 현지인이 실제로 주고받는 대화 형태

이 책의 특징

❶ 중국으로 여행, 출장, 방문을 할 때 현지에서 유용하게 사용할 수 있도록 간단한 회화만을 엄선하여 사전식으로 구성하였습니다.

❷ 중국어를 잘 모르더라도 즉석에서 활용이 가능하도록 우리말을 먼저 두고 발음은 가능한 원음에 충실하여 한글로 표기하였습니다.

❸ 영어는 세계 공용어로 어디서나 통할 수 있는 의사전달의 수단입니다. 중국어가 잘 되지 않을 때는 영어를 사용하는 것도 말이 통하지 않아 난처한 상황을 벗어날 수 좋은 기회입니다.

❹ 각 장면별로 현지에서 필요한 여행정보를 두어 여행가이드의 역할을 충분히 할 수 있도록 하였습니다.

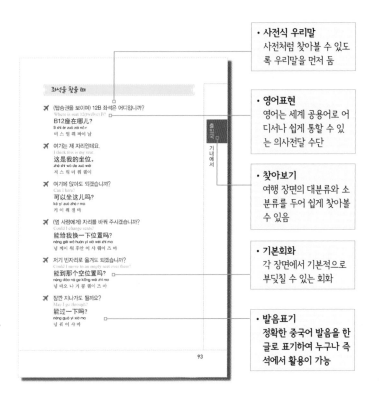

• 사전식 우리말
사전처럼 찾아볼 수 있도록 우리말을 먼저 둠

• 영어표현
영어는 세계 공용어로 어디서나 쉽게 통할 수 있는 의사전달 수단

• 찾아보기
여행 장면의 대분류와 소분류를 두어 쉽게 찾아볼 수 있음

• 기본회화
각 장면에서 기본적으로 부딪칠 수 있는 회화

• 발음표기
정확한 중국어 발음을 한글로 표기하여 누구나 즉석에서 활용이 가능

Contents

중국 대표 관광지

1. 만리장성(万里长城)

중국에서 가장 유명한 관광지가 무엇이냐고 묻는다면 열에 아홉은 아마 만리
장성을 꼽을 것이다. 인류가 만든 최대 건축물이라 불리는 만리장성은 길이가
약 2,700km에 달한다. 하지만 중첩되는 부분이나 갈라져 나온 부분까지 합한
다면 그보다 훨씬 긴 5,000~6,000km에 이른다고 한다. 춘추전국시대에 각
나라들이 북방 민족의 침입을 막기 위해 쌓았던 성들을 진나라 때 진시황이

연결하고 보수하였으며, 그 후 수
백 년의 시간 동안 여러 왕조가
여러 차례 보수하고 증축하여 16
세기 말에 현재의 만리장성의 모
습을 갖추게 되었다. 여러 왕조에
의해 오랜 기간 개축된 만큼 벽
의 높이나 폭, 특징이 조금씩 다

른 것이 특징이다. 또한 매우 긴 건축물이므로 어디에서 관람하느냐에 따라
만리장성의 모습도 다르고 느낌도 다른데, 만리장성을 찾는 관광객들에게 가
장 인기가 많은 코스는 북경 중심에서 80km 정도 떨어져 있는 팔달령장성이
다. 북경 북부라는 지리적 장점도 있지만, 용이 춤을 추는 듯한 역동적인 형상
과 군사적 중요성으로 인해 견고하게 지어진 성벽 때문에 많은 관광객들이 만
리장성을 관광할 때 이곳을 선택한다.

2. 북경(北京, 베이징)

중국의 현재 수도이자 중국의 여러 왕조의 수도였다. 도시 전체가 중국의 역사
를 간직하고 있다고 해도 과언이 아니다. 명나라와 청나라의 궁궐로 사용되었
던 자금성은 세계에서 가장 큰 궁궐이다. 명나라 초기에 착공하여 14년이 걸려

완성된 자금성의 규모는 넓이가 72만㎡에 달한다. 주변이 해자로 둘러싸여 있는 것도 특징이다. 방의 개수가 9999개라는 풍문이 있지만 실제로는 8886개라고 한다. 건물 하나하나에 중국의 문화를 그대로 담은 자금성은 금지된 성이라는 이름처럼 오랫동안 백성의 출입을 금하였으나 오늘날에는 고궁박물원으로 사용되어 많은 이들이 찾는 관광지가 되었다. 중국의 대표적인 이미지 하면 모택동(마오쩌둥)의 사진이 걸려 있는 문 이미지를 떠올리는 사람이 많을 것이다. 이 문이 바로 천안문이다. 황성의 남문으로, 자금성으로 들어가는 문이다. 천안문 앞에는 세계에서 가장 넓은 광장인 천안문 광장이 있다. 100만 명을 수용할 수 있을 정도로 커서 국가적인 대행사가 이곳에서 열리는데, 모택동이 이곳에서 중화민주공화국을 선포한 이후로 중화민주공화국의 상징과도 같은 장소가 되었다. 중국의 민주화 운동이었던 1989년 천안문 사건의 무대이기도 하다. 북경 북부에는 중국 최대 규모의 황실 정원인 이화원이 있다. 총면적이 2.9㎢이며 그중에 인공호수인 군명호(쿤밍호)의 면적이 2.2㎢이다.

인공호수라고 믿기지 않을 만큼 크고 아름다운데, 군명호를 만들기 위해 퍼낸 흙은 인공산인 만수산(완서우산)을 만드는 데 사용되었다. 중국 전통이 담겨 있는 여러 건물들 중에서도 인상적인 것은 창랑, 즉 긴 복도이다. 일종의 산책로인데 길이가 700m가 넘으며, 천장과 벽에 중국 고전을 배경으로 하는 수많은 그림들이 그려져 있어 유명하다. 쇼핑의 중심가는 왕부정(왕푸징)으로, 쇼핑몰과 백화점이 다수 있고, 먹을거리 또한 풍성하다.

3. 내몽고(内蒙古, 네이멍구)

내몽고 자치구는 중화인민공화국 북부 국경지대에 위치해 있다. 수도는 호화호특(후허하오터)이며, 8개의 성과 인접해 있어 중국 내 가장 많은 성과 인접되어 있는 성급 행정구 중 하나이다. 중국 5개의 사막자치구 중의 하나이기도

하다. 동서 간 직선거리는 2,400㎞, 남북의 거리는 1,700㎞, 국경선은 4,200km에 이른다. 7, 8월의 평균 기온이 21~25도라 여행하기 가장 좋은 달이다. 대표적인 여행지로는 푸른 도시라는 뜻을 가진 내몽고의 성도 호화호특, 세계에서 아홉 번째로 큰 고포제(쿠부치) 사막, 내몽고의 중심이 되는 석림곽륵(시린궈러) 초원 등이 있다. 초원과 사막이 공존하고 밤마다 쏟아져 내리는 하늘의 별을 볼 수 있는 낭만적이고 아름다운 곳이며, 예전에 칭기즈칸이 달렸던 곳이라고 한다. 한국에서 내몽고를 가려면 직항은 없고 북경이나 상해에 가서 환승해야 한다.

4. 합이빈(哈爾濱, 하얼빈)

흑룡강(헤이룽장)성의 성도로 부성급 시이며, 중국 동북평원 동북부, 흑룡강성 남부에 있다. 유라시아대륙의 교류의 중심이고, 공중회랑의 허브이며, 중국 문화 명성지 중 하나이다. 중국에서는 위도가 가장 높아 기온이 낮다. 한여름 평균 기온은 19~23도로 선선하지만, 1월 평균 온도는 영하 15~30도로 아주 춥다. 유명한 축제로는 1985년 개최되기 시작했으며 매해 1월 5일즈음 개막하여 한 달 정도 열리는 빙등축제가 있다. 이 빙등축제는 세계 3대 눈축제로도 유명하다. 매해 신화, 인물, 문화, 한류 등의 주제를 선정해 연출하는데 동화 속의 세상처럼 환상적이다. 또한 합이빈에는 한국 사람이라면 꼭 가보아야 할 안중근 의사 기념관이 있다. 기념관은 1909년 10월 하얼빈 역에서 이토 히로부미를 저격한 안중근 의사의 정신을 기리기 위해 합이빈시와 철도국이 2014년 1월 문을 열었다. 기념관은 의거 현장을 개조한 것으로 내부에서는 각종 사진자료들을 통해 안중근 의사의 일생과 여순(뤼순) 감옥에서의 수감 생활 등을 엿볼 수 있다.

5. 진시황릉과 병마용갱 (秦始皇陵兵馬俑坑)

산서(산시)성 서안(시안)에 있는 진시황릉은 중국 최초의 황제 진시황의 무덤이다. 진시황은 중국 최초의 통일제국인 진나라를 세운 뒤 자신의 업적을 기리기 위해 자신이 묻힐 무덤을 만들기 시작했다. 이 무덤은 무려 39년간 공사가 진행되었으며, 70만여 명이 동원되었다는 기록이 있다고 한다. 막연하게만 전해지던 진시황릉이 발굴되면서 실체를 드러내기 시작한 것은 1974년이다. 아직 발굴되고 있는 중이라 많은 것이 알려져 있지는 않지만, 외관만 보아도 한 면이 400m가량에

높이는 약 76m에 달해 무덤이라기보다는 작은 산이나 언덕 같은 느낌이 들 정도로 어마어마한 규모이다. 진시황릉 근처에는 많은 병사, 말, 전차 등의 진흙모형이 발굴되고 있다. 이를 병마용이라고 한다. 진시황이 자신의 무덤을 지키게 할 목적으로 만든 것으로 파악되며, 실제 크기로 제작된 수천 개에 달하는 병마용들이 발견되어 병마용박물관에 전시되어 있다. 그 수와 규모도 놀랍지만 수많은 병사들의 모형이 각각 다른 표정과 자세, 복장을 하고 있다는 것이 더욱 놀랍다. 많은 중국의 관광지 중에서도 손꼽힐 정도로 많은 이들이 찾는 명소이다.

6. 용문석굴 (龙门石窟, 룽먼석굴)

운강석굴, 막고굴과 함께 중국의 3대 석굴 중 하나로, 하남(허난)성 낙양(뤄양)에서 약간 떨어진 곳에 있다. 산의 암벽을 따라 약 2,300여 개의 석굴과 벽감이 자리를 잡고 있는 모습이 마치 벌집을 연상시킨다. 굴 안에는 불상이나 불탑이 모셔져 있는데 굴이나 불상, 불탑의 크기와 모습이 모두 제각각이다. 위진남북조 시대에 건축되기 시작했으며 당나라 때 완공되었는데

특히 당나라 전성기에 전체 석굴의 60%가 만들어졌다. 불상이 매우 정교하고 아름답게 조각되어 있어 중국 불교문화의 화려함과 정교함, 그리고 거대함을 체험할 수 있다. 대표 석불 중 하나인 봉선사의 비로자나불은 높이가 무려 17m가 넘는다.

7. 소림사(少林寺, 샤오린사)

하남성의 등봉(덩펑)시 서북쪽 숭산에 있는 사찰이다. 숭산복지소실산(嵩山腹地 少室山)의 울창한 숲에 자리 잡고 있어 소림사라 불렸으며, 숭산은 소실산의 서쪽 봉우리 이름이다. 496년 북위 효문제가 존경하는 인도의 고승 발타선사를 위하여 창건했다고 전해진다. 그러나 북주 무제 법난 때에 크게 훼손되었고, 이후 다시 일으켜 세워졌으며, 수나라 문제 때 복원하여 소림사라는 옛 이름으로 부르게 되었다고 한다. 중국 불교 역사상 중요한 지위의 천하제일 명찰로 칭송되고 있는 곳이다. 현재는 국가 5A급 여행지역으로, 전국중점문물보호단위로 지정되었다. 뿐만 아니라 상주원, 초조암 그리고 탑림을 포함하여 천하의 역사 집합체라 하며, 2010년 8월 2일 세계문화유산으로 등재되었다. 정주, 낙양 등에서 버스를 타고 숭산에 내려서 가면 된다.

8. 공자유적(孔子遺蹟)

산동(산둥)성 곡부(취푸)시에 있다. 곡부시는 공자의 고향으로, 중국의 가장 위대한 사상가인 공자의 흔적들이 많이 남아 있다. 공자의 옛집이 사당으로 개축되어 제사를 지내면서 생긴 공자유적은 그후 여러 차례 증축, 개축되면서 현재의 모습을 갖추게 되었다. 공자유적은 크게 공자의 제사를 지내는 공자묘, 공자와 그 일가의 자손들의 무덤인 공자림, 후손들의 저택인 공자부 이렇게

세 구역으로 구분할 수 있다. 공자의 위대함 덕에 공자와 그 후손들이 왕조의 보호를 받으며 번성하였기 때문에 규모가 굉장히 크다. 공자의 사당은 대성전의 면적만 해도 2㎢ 가까이 될 정도이며, 공자림에 있는 후손들의 무덤과 비가 약 10만여 개라고 한다. 공자부 역시 집이 150여 채에 이른다고 하니 그 규모를 짐작할 수 있다. 중국인들의 사상의 토대가 되는 공자의 유적은 중국 문화를 이해할 수 있는 하나의 키가 될 수 있다. 1994년 유네스코 세계문화유산으로 지정되었다.

9. 항주(杭州, 항저우)

절강(저장)성에 위치한 도시이다. 13세기 마르코 폴로는 '동방견문록'에서 하늘에 천당이 있다면 땅에는 항주와 소주가 있다(上有天堂 下有蘇杭)'라며 항주의 아름다움에 찬사를 보냈다. 마르코 폴로가 항주를 지

상의 천당이라 한 것은 항주의 명물 서호 때문인 듯싶다. 이 호수는 크기가 6㎢에 이르며, 도시 한복판에 자리하고 있어 유명한 유적과 아름다운 관광지를 주변에 두고 있는, 항주에서 가장 인기 있는 명소이다. 서호의 서쪽 천축산 기슭에는 항주의 최대 사찰인 영은사가 있다. 창건 이래 여러 차례 훼손과 중건을 거쳤으며, 1956년과 1975년 두 차례에 걸쳐 대규모의 중수를 실시하였다. 문화혁명 기간에는 저장대학교 학생들의 적극적인 보호 노력으로 군중으로부터의 파괴를 막을 수 있었다. 서호에서 서쪽으로 약 5km 떨어진 곳에는 연못, 포구, 호수, 소택으로 구성된 서계습지가 자리 잡고 있다. 도시 동쪽에는 바다처럼 드넓고 기세등등한 조석이 있는 전당강이 있고, 남쪽으로는 중국에서 맑

은 물로 손꼽는 천도호가 있다. 송성(宋城)은 송나라의 성곽을 복원한 항주의 테마파크이다. 건물만 복원한 것이 아니라 당시의 복식이나 풍습 등도 함께 재현하고 있어 중국의 전통 문화를 제대로 체험할 수 있다. 기념품이나 음식 등을 팔고 있으며, 수시로 공연도 진행되어 많은 볼거리를 선사한다. 이곳의 명물은 송성가무쇼이다. 마을 안에 있는 극장에서 공연되는 송성가무쇼는 송나라의 역사를 1시간가량 춤, 노래, 서커스 등의 극으로 엮은 것으로 엄청난 스케일을 자랑한다. 항주는 볼거리 이외에 먹거리도 유명한데, 항주의 먹거리로는 소동파가 즐겨먹었다는 동파육과 전설이 있는 거지닭 등이 있으며, 차는 용정차가 유명하다.

10. 상해(上海, 상하이)

상해는 중국 경제의 중심이지만, 역사적으로 유서가 깊은 도시는 아니다. 중국이 개방되면서 급격히 규모가 커졌는데, 이는 제국주의 서양 열강들이 중국에 진출하면서 상해를 거점으로 삼았기 때문이다. 그래서 상해는 중국의 다른 도시들과는 다르게 유럽풍의 건물들이 많다. 개항 당시 건설된 건물들을 리모델링하여 그대로 상업 건물로 사용하는 경우도 많다. 그리고 이러한 특징 때문에 상해는 식민 지배에 항거하는 여러 세력들이 활동하는 주무대가 되기도 했다. 우리나라의 임시정부도 상해에 있었으며, 홍커우공원(현재 루쉰공원)에서 윤봉길 의사가 도시락 폭탄을 투척하는 등의 활동이 있었다. 임시정부청사 건물은 그대로 남아 있어 방문할 수 있으니 기회가 된다면 들러보는 것도 좋다. 상해에는 유명한 빌딩구역인 외탄(와이탄)이 있다. 황푸강을 끼고 1.7km 정도 걸으며 상해의 주요 건물들과 야경을 가장 잘 볼 수 있는 포인트인데, 로마네스크, 르네상스, 바로크 등 다양한 양식의 건물을 한눈에 볼 수 있으며, 강 맞은편에는 동방명주탑을 비롯하여 현대식 고층빌딩들이 보여 상해 특유의 분위기를 느낄 수 있어 많은 관광객들이 찾는 명소가 되었다. 상해 구시가지에는 명나라와 청나라 양식의 정원인 예원이 있는데, 중국의 정원 중에서도 섬세하고 아름답기로 손꼽힌다.

11. 안휘성 황산(黃山)

황산은 안휘(안후이)성의 동남부에 위치하고 있으며, 72개의 고봉으로 이루어져 있다. 그중 옥병루에서 보면 연꽃같이 보인다 하여 이름 지어진 연화봉은 황산의 최고봉으로, 높이가 1,864m에 달하며 광명정, 천도봉과 함께 황산의 3대 최고봉이라 칭한다. 운해, 괴석, 기송, 온천이 '황산 4절'이라 하며, 인자폭포, 백장천, 구룡폭포는 황산의 3대폭포라 한다. 1990년 유네스코에서 세계문화유산과 자연유산으로 지정되었고 뿐만 아니라 세계지질공원, 국가 5A급의 국가공인 관광지, 국가급 풍경 명승구, 전국문명 풍경 여행지, 중국의 십대명산 등에 속하는 천하 제1의 기이한 산이다. 중국의 지도자 모택동이 황산을 가보지 않고 산을 논하지 말며, 구채구의 물을 보지 않고 물을 논하지 말라고 했을 정도로 중국의 손꼽히는 명산이다. 황산의 케이블카는 송곡암참에서 단하참까지 가는 태평삭도(太平索道), 자광각참에서 옥병참까지 운행하는 옥병삭도(玉屏索道), 운곡참에서 백아령참까지 운행하는 운곡삭도(雲谷索道)가 있고, 산 위에는 북해빈관, 사림대주점, 백운빈관, 서해반점 등의 호텔이 있다. 산 위에서 숙박을 하며 일몰과 일출을 보는 것도 좋은 경험인 듯하다.

12. 장가계(張家界, 장자제)

호남(후난)성의 북서부에 위치한 대표적인 관광도시이다. 성도인 장사에서 400km 거리에 있다. "태어나 장가계를 가보지 않고서야 백세가 되어도 어찌 늙었다 할 수 있겠는가?(人生不到張家界, 白歲豈能稱老翁?)"라는 말이 있을 정도로, 몽유도원도의 본 향이라 할 수 있는 아름다운 중국의 대표 여행지 중 하나이며, 한국 관광객이 많이 찾는 곳이다. 1982년 중국 제1호 국가삼림공원

으로, 1988년에는 주요풍경명승구로 지정되었고, 1992년에는 유네스코 세계 자연유산으로 등록되었다. 영화 '아바타'의 촬영지로도 유명하며, 2004년 2월에는 유네스코 세계지질공원으로 등록되었고, 2007년에는 중국의 5A급 풍경구에 속하게 되었다. 장가계 무릉원에 있는 황석채(黃石寨)는 "황석채를 오르지 않고 장가계를 올랐다고 할 수 없다"고 할 만큼 장가계의 대표 5경구 중 하나인 아름다운 산이다. 2016년 장가계에는 지상 300m 높이의 2개 대협곡의 절벽을 잇는 유리다리가 지어졌는데 몰려드는 엄청난 인파를 감당하지 못하고 개통 2주 만에 폐쇄되었다. 재정비 후 재개통될 것으로 전해진다.

13. 계림(桂林, 구이린)

광서 장족 자치구의 북동부 쪽에 있는 지급시이다. 카르스트 지형으로 바위의 병풍이 탑처럼 둘러싸여 있다. 그림과 같은 아름다운 풍경으로 인해 예로부터 많은 시인들과 화가들의 작품의 소재가 되어 왔으며 현재는 세계적인 관광지로 인정받고 있다. 계림의 상징은 상비산이다. 코끼리의 형상을 닮은 산이라는 뜻답게 산의 앞쪽에 있는 동굴이 코끼리의 코와 몸통을 구분하고 있는 듯하다. 이 동굴이 자연적으로 생겼기 때문에 더욱 신기하다. 상비산과 복파산, 첩채산을 합쳐 계림의 삼산이라고 부르는데 세 산 모두 나름의 정취가 있고 정경이 아름다우며 산이 높지 않아 정상에 올라가는 데 시간이 많이 걸리지 않으므로 가급적이면 세 군데 모두 둘러보는 것이 좋다. 그 외에도 천산공원, 칠성공원 등에서 아름답고 독특한 구이린의 풍경을 감상할 수 있다. 석회암 지형인 구이린에 있는 종유동굴 중에 가장 큰 것은 호적암(루디옌)이다. 동굴 안의 석주, 석순, 석화 등이 각기 크기와 모양이 다 달라 색다른 분위기를

느끼게 한다. 종유석마다 이름이 다 있다는 것이 특이한 점이다. 또 하나 계림의 명소로는 용척제전(龙脊梯田)이 있다. 용지산에 위치한 계단식 밭으로 원나라 때 개간을 시작해 청나라 초기에 완성되었다. 장족, 야오족 등의 소수민족이 산으로 쫓겨나 700여 년의 시간을 숨어 살며 자연 속에서 밭을 개간하며 살았는데, 해발 300~1,100m 구간이다. 전체적으로 보았을 때 산 정상까지 계단이 나 있는 모습이라 그 광경이 굉장한 볼거리이다. 계림에서 65km 정도 떨어진 곳에는 계림이 관할하는 현 양삭(양숴)이 있다. 양삭은 독특하고 수려한 산과 물의 경치로 유명하며 풍경이 인민폐 20원에 들어가 있을 만큼

중국인이 사랑하는 곳이기도 하다. 풍부한 산과 물, 석굴, 고목 등의 자연경관과 정자, 건축물, 누각, 석각 등의 인공경관을 가지고 있다. 계림에서 가는 방법은 여러 방법이 있는데 일반적으로 기차역이나 공항에서 양삭까지 가는 버스를 타면 된다. 양삭에 도착하면 이강에서 뱃사공이 있는 배를 3~4시간 타는 코스가 있는데 이강의 물줄기를 따라가며 보는 양삭의 아름다운 경치는 정말 천국과도 같다. 그리고 이 강의 대자연에서 펼쳐지는 장예모 감독의 인상유삼저는 중국의 유명한 공연 중에 하나이다.

14. 구채구(九寨沟, 주자이거우)

사천(쓰촨)성 북부의 아바장족창족 자치주에 있는 자연보호구로, 해발 2,000~3,400m에 이르는 100개 이상의 연못이 이어져 있는 카르스트 담수호수지대이다. 산골짜기는 Y자 모양으로 분기되며, 산맥에서 흘러나온 물이 폭포를 만들어 호수와 늪에 연결된다. 구채구의 물을 보지 않고서 물을 논하지 말라는 말이 있을 정도로 이곳의 물은 아름답고 투명하며, 산맥에서 흘러든 석회석 성분이 연못 아래 침전되어 낮에는 청색, 저녁에는 오렌지 등 다채로운 색을 보여준다. 또 계곡을 통해 운반된 부엽토에 식물이 자라는 독특한 경관

을 보인다. 구채구의 호수들을 '취해(翠海)', 폭포들을 '첩폭(疊瀑)', 계절에 따라 다양하게 물드는 숲을 '채림(彩林)', 하늘 아래 흰 눈을 365일 간직한 산을 '설봉(雪峰)', 장족의 문화를 '장정(藏情)', 푸른빛의 얼음폭포를 '람빙(藍冰)'이라 하며 이를 '구채구의 6절'이라 한다. 또한 이곳은 자이언트판다의 서식지이기도 하다. 자연보호를 위해 하루 입장자가 제한되고 있지만 중국에서 손꼽히는 인기 관광지 중의 하나이다. 2003년 구채구 황룡 공항이 생기면서 접근성이 좋아져 공항에서 약 1시간 반 만에 갈 수 있게 되었다. 다만 공항은 물론이거니와 구채구 지대도 해발고도가 높기 때문에 주의가 필요한 관광객들은 이 부분을 염두에 두어야 한다. 4월 중순~11월 초까지가 성수기이다. 겨울에서 봄까지는 폭포의 수량이 줄어들어 일부 호수의 수량도 줄어든다. 봄에는 산불 예방을 위해 입산이 금지되고 있다. 최성수기에는 아침이라도 인원수가 차면, 게이트에서 잘려서 입장을 하지 못하는 경우도 있으니 일정을 짤 때 유의해야 한다. 세속의 선경이라고 불릴 정도로 절경으로 유명한 이곳은 1992년 유네스코 세계자연유산에 등록되었다.

15. 성도(成都, 청두)

사천성의 성도이다. 멸종 위기에 놓인 중국의 상징 판다를 보호하고 연구하며 번식시키기 위해 설립된 판다사육기지가 바로 성도에 있다. 판다가 서식하기에 알맞은 환경이 조성되어 있으며 일반적으로 판다 하면 떠오르는 자이언트판다 외에 레서판다도 볼 수

있다. 판다는 까다롭고 게으른 동물이라 이른 아침에만 깨어 있으므로 움직이는 판다를 보고 싶다면 아침에 가는 것이 좋다고 한다. 새끼 판다도 볼 수 있으며, 판다 영상관과 판다 박물관도 있어서 중국에서 판다를 보고 싶은 사람이라면 꼭 가봐야 한다. 성도에는 이외에도 유비와 제갈량을 모신 사당인 무후사가 있는데, 이곳에는 소설 『삼국지연의』에 등장하는 인물상과 소설 속 장면 등을 재현한 공간이 있어 『삼국지연의』를 좋아하는 사람의 발걸음을 붙잡는다.

16. 오명불학원(五明佛學院, 라룽가르 사원)

사천성 간쯔티베트족 자치구 색다(써다)현에 있는 세계 최고의 불학원이다. 대부분이 고산지대이며, 작고 붉은 성냥갑처럼 생긴 집들이 다닥다닥 붙은 이색적인 풍경과 드넓은 초원이 한데 어우러진 아름다운 풍경에 국내의 트래킹족들이 많이 찾는 곳이다. 한때는 3만 명이 넘는 승려들이 1만 여채가 넘는 쪽방에서 거주하면서 수행할 정도로 어마어마한 규모를 자랑했지만, 현재는 규모가 많이 줄어 1만 명 정도라 한다. 그러나 여전히 엄청난 규모임은 틀림없다. 그러나 2016년 정부가 이곳에서 수행하는 승려들의 수를 줄이기 위해 몇천여 명의 승려를 퇴출하거나 퇴출할 예정이어서 티베트 불교 탄압이라는 강한 반발이 일어났다. 항공편이나 기차편으로 가는 방법은 없고, 성도의 차점자 터미널에서 색다로 가는 직행버스를 타면 된다. 일반적으로 하루 한 번 출발하며, 오명불학원은 종착지에서 대략 16km 정도 가면 나온다. 성도에서 색다까지는 대략 10시간 정도 소요되며 요금은 인민폐 100원 정도이다.

17. 티베트 라싸(拉薩,拉萨, 납살)

티베트를 중국에서는 서장(西藏) 자치구라고 부른다. 라싸는 티베트의 정치, 경제, 문화와 종교의 중심지이다. 불교성지이기도 하다. 티베트고원의 중부, 히말라야산맥의 북쪽에 위치하고 있다. 해발고도 3,650m 정도로 고산병에 주의해야 하는 지역이다. 강수량이 적고, 겨울은 춥지 않고, 여름은 덥지 않은 알맞은 기후로 사람이 살기 좋다. 매년 일조량은 3,000시간 이상으로 '일광성'이라 부르기도 한다. 라싸는 티베트어로 '신의 땅'이라는 뜻을 가지고 있다. 달라이 라마의 겨울궁전인 포탈라궁을 중심으로 한 동쪽의 구시가와 서쪽의 신시가로 나누어져 있는데 구시가는 시민의 주택지구로 이용되며 신시가는 병원, 문화시설 등이 들어서 있다. 교외에는 자동차수리 및 공장, 시멘트 철강 발전 등의 공업이 발달되어 있다. 라싸를 가는 방법은 다양하다. 항공을 이용하거나 차량을 렌트해 가거나 아니면 서녕과 라싸를 연결하는 청장철로(靑藏鐵路)를 타고 가는 방법 등이 있다. 북경 서역, 성도, 중경, 상해, 광주 등과 라싸를 연결하는 청장열차가 매일이나 격일로 운행하고 있다.

18. 차마고도(茶馬古道)

차마고도는 실크로드보다 200년 앞선 교역로로, 중국의 운남성, 사천성에서 시작되어 티베트, 인도 등지를 거쳐 이어지는 국제무역통로였다. 중국 서남부 민족의 경제문화 교역로라고 할 수 있다. 천장선(川藏线)과 전장선(滇藏线) 양 갈래로 나누어진다. 고대 서남부 국경지대에서

마방이라는 상인들이 차와 말을 교환한 데서 비롯하여 이름이 지어졌으며, 당송시대에 시작되어, 명청시대에 번성하고, 제2차 세계대전 중후반에 가장 왕성하였다. 2013년 3월 5일 중국 국무원에서 차마고도를 전국중점문물보호단위로 지정하면서 정식으로 차마고도를 보호하기 시작하였다. 중국 최고의 오지로 뽑히며, 가장 오래된 교역로로 평균 해발고도가 400m 이상, 길이는 약 5,000km로 높고 험한 길이나, 5,000m 이상의 눈 덮인 설산과 진사강, 란창강, 누강이 아찔한 협곡을 이루는 풍경으로 세계 최고로 아름다운 천상의 길이라 불리기도 한다. 2003년에는 유네스코에 세계자연유산으로 등재되었으며 국내에서는 KBS의 한 다큐멘터리를 통해 소개되어 주목을 받기도 하였다.

19. 해남도(海南島, 하이난 섬)

중국의 대표적인 휴양지이며, 중국 최남단에 위치하고 있다. 총 면적은 3,500km²이며, 해안 면적은 약 200km² 정도이다. 원래는 광동성의 해남구였으나 1988년 4월 해남성으로 변경되어 22번째 성이 되었다. 섬의 남쪽에는 산들이 연달아 있으며, 남쪽보다는 북쪽이 더 넓은 해안평야로 둘러싸여 있다. 월 평균기온이 18도 정도로 겨울이 없고 열대활엽수, 야자나무 등의 열대식물이 자라고 있으며, 산악지대는 열대 우림으로 둘러싸여 있다. 중국에서는 개발이 이루어지지 않은 곳 중에 한 곳이라 리조트나 호텔이 개발된 곳을 제외하고는 아직 개발이 덜 되었으며 유네스코가 지정한 세계 2대 청정지역에 들기도 하였다. 세계에서 두 번째로 긴 74km의 해변을 가지고 있으며 맑은 물빛이 아름다운 열대 휴양지이다. 가볼 만한 곳은 남산풍경구와 원숭이섬, 닥터피시 온천 그리고 아롱만 해수욕장 등이 있으며, 산을 좋아하는 사람들이라면 중부에 위치한 해남도에서 가장 높은 산인 오지산에 오르는 것도 좋은 경험이 될 수 있다.

20. 홍콩(香港)

현재는 중국의 영토이지만, 오랫동안 영국의 지배를 받았기 때문에 서양적인 요소가 강한 곳이다. 중국으로 반환된 후에도 일국양제의 영향으로 중국 본토와는 다르게 자본주의 시장경제체제를 유지하고 있으며 본토의 간섭을 받지 않는다. 홍콩의 대표적인 관광지 중 하나는 빅토리아 피크이다. 홍콩에서 가장 높은 산인데, 이곳을 올라갈 때는 피크트램을 이용한다. 피크 타워에 올라가면 홍콩의 아름다운 야경을 한눈에 볼 수 있다. 홍콩은 세계적으로 유명한 배우들이 많이 있어 그들의 손도장과 사인이 찍혀 있는 스타의 거리가 바닷가를 따라서 나 있으며 이곳에는 이소룡의 동상도 함께 있다. 홍콩 오션파크는 다양한 해양동물들을 볼 수 있을 뿐 아니라 여러 오락시설, 다양한 문화공연이 함께하는 복합레저파크로, 연 관광객이 400만 명에 달하는 명소이다. 또한 홍콩은 마카오와 연계된 관광코스가 발달되어 있다.

기본 회화 표현

UNIT
01
고마움을 나타낼 때

✪ 감사합니다.
谢谢!
xiè xie
씨에 시에

✪ 도와주셔서 고맙습니다.
很感谢你对我的帮助。
hěn gǎn xiè nǐ duì wǒ de bāng zhù
헌 깐 씨에 니 뚜이 워 더 빵주

✪ 대단히 감사합니다.
非常感谢。
fēi cháng gǎn xiè
페이 창 깐 씨에

✪ 수고하셨습니다.
您辛苦了。
nín xīn kǔ le
닌 씬 쿠 러

✪ 대단히 감사드립니다.
太谢谢你了。
tài xiè xie nǐ le
타이 씨에 시에 니 러

✪ 배려에 감사드립니다.
谢谢您的关心。
xiè xie nín de guān xīn
씨에 시에 닌 더 꽌 씬

✪ 폐가 많았습니다.
太麻烦你了。
tài má fán nǐ le
타이 마 판 니 러

✿ 어떻게 감사를 드려야 할지 모르겠습니다.
我真不知道怎么感谢您才好。
wǒ zhēn bù zhī dào zěn me gǎn xiè nín cái hǎo
워 전 뿌 즈 따오 쩐 머 깐 씨에 닌 차이 하오

UNIT 02 감사 표시에 대한 응답

✿ 별말씀을 다 하십니다.
不用客气。
bú yòng kè qi
뿌 융 커 치

✿ 감사할 필요까지야.
不用谢。
bú yòng xiè
뿌 융 씨에

✿ 천만의 말씀입니다.
哪里哪里。
nǎ lǐ nǎ lǐ
나 리 나 리

✿ 그러실 필요까지 없습니다.
你太见外了。
nǐ tài jiàn wài le
니 타이 지엔 와이 러

✿ 괘념치 마십시오.
请不要张罗。
qǐng bú yào zhāng luo
칭 부 야오 장 루어

✿ 별것 아닙니다.
沒什么。
méi shén me
메이 션 머

✿ 도움이 되어 다행입니다.
能帮上忙，我很高兴。
néng bāng shàng máng wǒ hěn gāo xīng
넝 빵 샹 망 워 헌 까오 씽

Chapter 02

사죄·사과를 할 때

UNIT 01 사과·사죄할 때

✿ 미안합니다.
对不起。
duì bù qǐ
뚜이 부 치

✿ 정말로 죄송합니다.
实在对不起。
shí zài duì bù qǐ
스 짜이 뚜이 부 치

✿ 죄송합니다.
很抱歉。
hěn bào qiàn
헌 빠오 치엔

✿ 폐를 끼쳐 드렸습니다.
给您添麻烦了。
gěi nín tiān má fán le
게이 닌 티엔 마 판 러

✿ 늦게 와서 죄송합니다.
对不起，我来晚了。
duì bù qǐ wǒ lái wǎn le
뚜이 부 치 워 라이 완 러

✿ 용서해주십시오.
请您原谅。
qǐng nín yuán liàng
칭 닌 위엔 량

✿ 부디 양해해 주십시오.
请原谅。
qǐng yuán liàng
칭 위엔 량

✿ 제가 잘못했습니다.
是我不对。
shì wǒ bù duì
스 워 부 뚜이

✿ 오래 기다리게 해서 죄송합니다.
对不起，让您久等了。
duì bù qǐ ràng nín jiǔ děng le
뚜이 부 치 랑 닌 지우 떵 러

✿ 폐가 많았습니다.
让您费心了。
ràng nín fèi xīn le
랑 닌 페이 씬 러

UNIT
02
실례할 때

✿ 실례합니다.
借光借光。
jiè guāng jiè guāng
지에 꾸앙 지에 꾸앙

✿ 미안합니다. 말씀 중에 실례합니다.
对不起，我说一句。
duì bù qǐ wǒ shuō yī jù
뚜이 부 치 워 쉬 이 쥐

UNIT
03
사과 · 사죄에 대한 응답

✿ 괜찮습니다.
没关系。
méi guān xì
메이 꽌 씨

✿ 마음에 두지 마십시오.
你不必担心。
ni bù bì dǎn xīn
니 부 비 딴 씬

31

✪ 천만에요.
不用谢。
bù yòng xiè
뿌 용 씨에

✪ 사양하지 마세요.
你不要客气。
nǐ bù yào kè qì
니 뿌 야오 커 치

✪ 개의치 마세요.
您别介意。
nín bié jiè yì
닌 비에 지에 이

✪ 사과하실 필요가 없습니다.
你不用陪礼。
nǐ bù yòng péi lǐ
니 부 용 페이 리

✪ 피차일반입니다.
彼此，彼此。
bǐ cǐ bǐ cǐ
비 츠 비 츠

Chapter 03 축하를 할 때

UNIT 01 축하할 때

🎉 **축하합니다.**
祝贺你。
zhù hè nǐ
쭈 허 니

🎉 **축하드립니다.**
恭喜恭喜。
gōng xǐ gōng xǐ
꽁 씨 꽁 씨

🎉 **생일 축하합니다.**
祝你生日快乐。
zhù nǐ shēng rì kuài lè
쭈 니 셩 르 콰이 러

🎉 **취직을 축하드립니다.**
祝贺你参加工作。
zhù hè nǐ cān jiā gōng zuò
쭈 허 니 찬 쟈 꽁 쭤

🎉 **승진을 축하합니다.**
恭喜你升职。
gōng xǐ nǐ shēng zhí
꽁 씨 니 셩 즈

🎉 **대학 합격을 축하합니다.**
祝贺你考上大学。
zhù hè nǐ kǎo shàng dà xué
쭈 허 니 카오 상 따 쉬

🎉 **졸업을 축하합니다.**
祝贺你毕业。
zhù hè nǐ bì yè
쭈 허 니 삐 예

✪ 임신을 축하합니다.
祝贺你怀孕。
zhù hè nǐ huái yùn
쭈 허 니 화이 윈

✪ 아들이 태어났다니 축하하네.
恭喜你生了个儿子。
gōng xǐ nǐ shēng le gè ér zi
꿍 씨 니 셩 러 거 얼 즈

UNIT 02 행운을 빌 때

✪ 행운이 있기를 바랍니다.
祝你好运。
zhù nǐ hǎo yùn
쭈 니 하오 윈

✪ 건강하시기를 빌겠습니다.
祝你身体健康。
zhù nǐ shēn tǐ jiàn kāng
쭈 니 션 티 지엔 캉

✪ 잘 다녀오시기 바랍니다.
祝你一路顺风。
zhù nǐ yī lù shùn fēng
쭈 니 이 루 순 펑

✪ 성공을 빌겠습니다.
祝你成功。
zhù nǐ chéng gōng
쭈 니 쳥 꿍

✪ 좋은 성적을 거두기를 바랍니다.
祝你取得好成绩。
zhù nǐ qǔ dé hǎo chéng jī
쭈 니 취 더 하오 쳥 지

✪ 모든 일이 순조롭기를 바랍니다.
祝你一切顺利。
zhù nǐ yí qiè shùn lì
쭈 니 이 치에 슌 리

UNIT 03 새해 인사를 할 때

✪ 새해 복 많이 받으십시오.
新年快乐。
xīn nián kuài lè
씬 니엔 콰이 러

✪ 새해는 모든 일이 잘 되기를 바랍니다.
祝你在新的一年里马到成功。
zhù nǐ zài xīn de yì nián lǐ mǎ dào chéng gōng
쭈 니 짜이 씬 더 이 니엔 리 마 따오 청 꿍

✪ 새해에 즐겁게 보내시기 바랍니다.
祝你新年愉快。
zhù nǐ xīn nián yú kuài
쭈 니 씬 니엔 위 콰이

초대할 때

⭐ 함께 저녁식사를 합시다.
一起吃晚饭吧。
yì qǐ chī wǎn fàn bā
이 치 츠 완 판 바

⭐ 내일 저희 집에 놀러 오십시오.
明天请到我家来玩儿吧。
míng tiān qǐng dào wǒ jiā lái wán r bā
밍 티엔 칭 따오 워 쟈 라이 왈 바

⭐ 저희 집에 놀러 오세요.
请您来我家作客。
qǐng nín lái wǒ jiā zuò kè
칭 닌 라이 워 쟈 쭤 커

⭐ 점심을 대접하고 싶습니다.
我想请你吃午饭。
wǒ xiǎng qǐng nǐ chī wǔ fàn
워 쌍 칭 니 츠 우 판

⭐ 오늘 오후에 시간이 있습니까?
今天下午有空吗?
jīn tiān xià wǔ yǒu kōng ma
진 티엔 쌰 우 여우 콩 마

⭐ 술을 대접하고 싶습니다.
我想请你喝酒。
wǒ xiǎng qǐng nǐ hē jiǔ
워 쌍 칭 니 허 지

⭐ 오늘은 제가 한턱내겠습니다.
今天我请客。
jīn tiān wǒ qǐng kè
찐 티엔 워 칭 커

✿ 6시에 마중을 나가겠습니다.
六点钟我去接你。
liù diǎn zhōng wǒ qù jiē nǐ
리우 디엔 중 워 취 지에 니

✿ 나중에 저희 집으로 초대하고 싶은데요.
我想请您到我家做客。
wǒ xiǎng qǐng nín dào wǒ jiā zuò kè
워 쌍 칭 닌 따오 워 쟈 쭤 커

✿ 제 초청을 받아주시겠습니까?
肯接受我的邀请吗?
kěn jiē shòu wǒ de yāo qǐng ma
컨 지에 소우 워 더 야오 칭 마

UNIT 02
초대에 응할 때

✿ 좋습니다. 가겠습니다.
好，我愿意去。
hǎo wǒ yuàn yì qù
하오 워 위엔 이 취

✿ 네, 기꺼이 가겠습니다.
是，我乐意去。
shì wǒ lè yì qù
스 워 러 이 취

✿ 기꺼이 방문하겠습니다.
我乐意拜访您。
wǒ lè yì bài fǎng nín
워 러 이 빠이 팡 닌

✿ 꼭 갈게.
我肯定去。
wǒ kěn dìng qù
워 컨 딩 취

✪ 죄송합니다만, 다른 약속이 있습니다.
抱歉，我有别的约会。
bào qiàn wǒ yǒu bié de yuē huì
빠오 치엔 워 여우 비에 더 위에 후이

✪ 그날 저는 스케줄이 있습니다.
那天我有个安排。
nà tiān wǒ yǒu gè ān pái
나 티엔 워 여우 거 안 파이

✪ 감사하지만, 됐습니다.
谢谢，我看免了吧。
xiè xie wǒ kàn miǎn le bā
씨에 시에 워 칸 미엔 러 바

✪ 몸이 안 좋습니다.
我不舒服。
wǒ bù shū fú
워 뿌 수 푸

✪ 오늘은 너무 바쁩니다.
今天我太忙了。
jīn tiān wǒ tài máng le
찐 티엔 워 타이 망 러

Chapter 05 방문을 할 때

UNIT 01 방문지에서

😊 초대해 주셔서 감사합니다.
谢谢您的招待。
xiè xie nín de zhāo dài
씨에 시에 닌 더 자오 따이

😊 와 주셔서 감사합니다.
欢迎光临。
huān yíng guāng lín
환 잉 꾸앙 린

😊 어서 들어오십시오.
快请进吧。
kuài qǐng jin ba
콰이 칭 진 바

😊 이쪽으로 오시죠.
往这边来。
wǎng zhè biān lái
왕 저 비엔 라이

😊 초대해주셔서 고맙습니다.
谢谢你的招待。
xiè xie nǐ dė zhāo dài
씨에 시에 니 더 자오 따이

😊 초대를 해주셔서 영광입니다.
很荣幸能够接受你邀请。
hěn róng xìng néng gòu jiē shòu nǐ yāo qǐng
헌 룽 씽 넝 꺼우 지에 쇼우 니 야오 칭

😊 와주셔서 감사합니다.
谢谢你的光临。
xiè xie nǐ de guāng lín
씨에 시에 니 더 꽝 린

☻ 편하게 하세요.
随便一点。
suí biàn yī diǎn
쑤이 비엔 이 디엔

☻ 아무 데나 편하게 앉으세요.
请随便坐。
qǐng suí biàn zuò
칭 쑤이 비엔 쮜

☻ 사양치 마시고 편하게 제집처럼 여기세요.
别客气，你就当是自己的家。
bié kè qi nǐ jiù dāng shì zì jǐ de jiā
비에 커 치 니 지우 땅 스 쯔 지 더 쟈

UNIT
02 대접을 할 때

☻ 차 드세요.
请喝茶。
qǐng hē chá
칭 흐어 차

☻ 뭘 드시겠어요?
您要喝点儿什么?
nín yào hē diǎn r shén me
닌 야오 허 디알 션 머

☻ 커피 한 잔 끓여드릴게요.
我给您煮杯咖啡吧。
wǒ gěi nín zhǔ bēi kā fēi ba
워 게이 닌 주 뻬이 카 페이 바

☻ 녹차 한 잔 하시겠어요?
要不要来一杯绿茶?
yào bú yào lái yì bēi lǜ chá
야오 부 야오 라이 이 뻬이 뤼 차

40

⭐ 음료수 한 잔 가져올까요?
来一杯饮料怎么样?
lái yì bēi yǐn liào zěn me yàng
라이 이 뻬이 인 랴오 쩐 머 양

⭐ 마음껏 드세요.
多吃一点儿啊。
duō chī yì diǎn r a
뛰 츠 이 디알 아

UNIT 03 방문을 마칠 때

⭐ 집에 가야겠습니다.
我该回家了。
wǒ gāi huí jiā le
워 까이 후이 쟈 러

⭐ 시간을 너무 빼앗고 싶지 않습니다.
我不想占用你太多时间。
wǒ bù xiǎng zhàn yòng nǐ tài duō shí jiān
워 뿌 쌍 잔 융 니 타이 뛰 스 지엔

⭐ 융숭한 대접에 감사 드립니다.
谢谢你的盛情款待。
xiè xie nǐ de shèng qíng kuǎn dài
씨에 시에 니 더 셩 칭 콴 따이

⭐ 늦었는데 이만 가봐야겠습니다.
时间不早了，我得告辞了。
shí jiān bù zǎo le wǒ děi gào cí le
스 지엔 뿌 짜오 러 워 떼이 까오 츠 러

✿ 지금 가신다는 말씀이세요?

你这就要走?

nǐ zhè jiù yào zǒu

니 쩌 지우 야오 저우

✿ 좀 더 계시다 가세요.

再多坐一会儿吧!

zài duō zuò yí huì r ba

짜이 뛰 쭤 이 후일 바

✿ 그럼, 더 이상 붙들지 않겠습니다.

那我就不在挽留你了。

nà wǒ jiù bú zài wǎn liú nǐ le

나 워 지우 부 짜이 완 리우 니 러

✿ 제가 차로 모셔다 드리겠습니다.

我用车送你吧。

wǒ yòng chē sòng nǐ ba

워 융 처 쑹 니 바

✿ 아직 이른데 저녁식사를 하고 가세요.

时间还早呢, 吃晚饭再走吧。

shí jiān hái zǎo ne chī wǎn fàn zài zǒu ba

스 지엔 하이 자오 너 츠 완 판 짜이 저우 바

✿ 살펴 가세요. 시간이 있으면 또 놀러 오세요.

您走好。有时间再来玩儿啊。

nín zǒu hǎo yǒu shí jiān zài lái wán r a

닌 저우 하오 여우 스 지엔 짜이 라이 왈 아

Chapter 06 약속을 할 때

UNIT 01 만남을 제의할 때

😊 시간이 있으세요?
您看有时间吗?
nín kàn yǒu shí jiān ma
닌 칸 여우 스 지엔 마

😊 만나고 싶은데요.
我想与您见面。
wǒ xiǎng yǔ nín jiàn miàn
워 씨앙 위 닌 지엔 미엔

😊 이쪽으로 와주실 수 없으세요?
您能不能到我这里来?
nín néng bú néng dào wǒ zhè lǐ lái
닌 넝 부 넝 따오 워 쩌 리 라이

😊 언제 한번 만나요.
找时间见个面吧。
zhǎo shí jiān jiàn ge miàn ba
자오 스 지엔 지엔 거 미엔 바

😊 잠깐 만날 수 있을까요?
我能见见你吗?
wǒ néng jiàn jiàn nǐ ma
워 넝 지엔 지엔 니 마

😊 내일 한번 만날까요?
明天咱们见个面?
míng tiān zán men jiàn ge miàn
밍 티엔 잔 먼 지엔 거 미엔

😊 이번 주말에 시간 있으세요?
这个周末你有时间吗?
zhè ge zhōu mò nǐ yǒu shí jiān ma
쩌 거 저우 모 니 여우 스 지엔 마

43

✱ 내일 약속 있으세요?
明天有沒有约会?
míng tiān yǒu méi yǒu yuē huì
밍 티엔 여우 메이 여우 위에 후이

UNIT 02 약속 제의에 응답할 때

✱ 좋아요, 시간 괜찮아요.
好，我有时间。
hǎo wǒ yǒu shí jiān
하오 워 여우 쓰 지엔

✱ 이번 주말엔 별다른 계획이 없어요.
这个周末沒有别的约会。
zhè ge zhōu mò méi yǒu bié de yuē huì
쩌 거 저우 모 메이 여우 비에 더 위에 후이

✱ 미안해요, 제가 오늘 좀 바빠서요.
对不起，今天我有点忙。
duì bù qǐ jīn tiān wǒ yǒu diǎn máng
뚜이 부 치 찐 티엔 워 여우 디엔 망

✱ 시간이 없는데요.
沒有时间啊。
méi yǒu shí jiān a
메이 여우 스 지엔 아

✱ 선약이 있어서요.
我已經有约会。
wǒ yǐ jīng yǒu yuē huì
워 이 징 여우 위에 후이

✱ 다음으로 미루는 게 좋겠어요.
推迟下次好了。
tuī chí xià cì hǎo le
투이 츠 쌰 츠 하오 러

⭐ 이번 주말엔 다른 계획이 있어요.
这个周末我另有计划。
zhè ge zhōu mò wǒ lìng yǒu jì huá
쩌 거 저우 모 워 링 여우 지 후아

약속 날짜와 시간을 정할 때

⭐ 언제 방문하면 좋겠습니까?
什么时候拜访您好呢?
shén me shí hòu bài fǎng nín hǎo ne
션 머 스 허우 빠이 팡 닌 하오 너

⭐ 몇 시로 했으면 좋겠어요?
你说定几点好?
nǐ shuō dìng jǐ diǎn hǎo
니 쉬 딩 지 디엔 하오

⭐ 몇 시가 편하십니까?
几点钟方便?
jǐ diǎn zhōng fāng biàn
지 디엔 중 팡 비엔

⭐ 언제 시간이 나십니까?
您什么时候有空?
nín shén me shí hòu yǒu kōng
닌 션 머 스 허우 여우 콩

⭐ 오전 9시는 어떻습니까?
上午九点怎么样?
shàng wǔ jiǔ diǎn zěn me yàng
샹 우 지우 디엔 쩐 머 양

⭐ 어느 정도 시간을 내주실 수 있습니까?
能抽出多长时间?
néng chōu chū duō cháng shí jiān
넝 처우 추 뛰 창 스 지엔

✪ 어디서 뵐까요?
我们在什么地方见面?
wǒ men zài shén me dì fāng jiàn miàn
워 먼 짜이 션 머 띠 팡 지엔 미엔

✪ 장소는 어디가 좋을까요?
在哪儿见面好呢?
zài nǎ r jiàn miàn hǎo ne
짜이 날 지엔 미엔 하오 너

✪ 이곳으로 올 수 있습니까?
你能到这里来吗?
nǐ néng dào zhè lǐ lái ma
니 넝 따오 쩌 리 라이 마

✪ 그곳이 좋을 것 같습니다.
我看那个地方好。
wǒ kàn nà gè dì fāng hǎo
워 칸 나 꺼 띠 팡 하오

✪ 어디서 만나야 하지?
在哪儿见面呢?
zài nǎ r jiàn miàn ne
짜이 날 지엔 미엔 너

✪ 네가 장소를 결정해.
你决定地点吧。
nǐ jué dìng dì diǎn ba
니 줴 딩 디 디엔 바

Chapter 07 제안을 할 때

UNIT 01 제안할 때

😊 우리 돌아가야 하지 않겠어요?
我们是不是该回去了?
wǒ men shì bú shì gāi huí qù le
워 먼 스 부 스 까이 훼이 취 러

😊 지금 출발해야겠어요.
我们得出发了。
wǒ men děi chū fā le
워 먼 데이 추 파 러

😊 시험삼아 한번 해 봅시다.
那我们就试一试。
nà wǒ men jiù shì yí shì
나 워 먼 지우 스 이 스

😊 털어놓고 얘기합시다.
咱们打开天窗说亮话。
zán men dǎ kāi tiān chuāng shuō liàng huà
짠 먼 따 카이 티엔 추앙 쉬 량 화

😊 오늘은 이만합시다.
今天就到这儿吧。
jīn tiān jiù dào zhè r ba
진 티엔 지우 따오 쩔 바

😊 이런 식으로 표현하는 것이 어떨까요?
就这个方式表达可不可以?
jiù zhè ge fāng shì biǎo dá kě bù kě yǐ
지우 쩌 거 팡 쓰 빠오 다 커 부 커 이

😊 화해합시다.
咱们和好吧。
zán men hé hǎo ba
짠 먼 허 하오 바

☀ 내게 좋은 생각이 있어요.
我倒有个好主意。
wǒ dào yǒu gè hǎo zhǔ yi
워 따오 여우 거 하오 주 이

☀ 괜찮다면 같이 가시죠.
方便的话一起走吧。
fāng biàn de huà yì qǐ zǒu ba
팡 비엔 더 화 이 치 조우 바

UNIT
02
계안에 대한 응대

☀ 좋습니다.
好吧。
hǎo ba
하오 바

☀ 네, 그렇게 하겠습니다.
好，就那样吧。
hǎo jiù nà yàng ba
하오 지우 나 양 바

☀ 그거 좋은 생각이군요.
那想法真不错。
nà xiǎng fǎ zhēn bú cuò
나 쌍 파 전 부 춰

☀ 그렇게 합시다.
就那么的吧。
jiù nà me de ba
지우 나 머 더 바

☀ 고맙지만, 됐습니다.
谢谢，不用了。
xiè xie bú yòng le
씨에 씨에 부 용 러

☀ 그럴 생각이 없습니다.
我不想那样。
wǒ bù xiǎng nà yàng
워 뿌 샹 나 양

PART

1

여행 중국어를 위한 워밍업

중국어의 병음

1. 운모(韻母)

❶ 단운모(単韻母)

운모 중 가장 기본이 되는 발음이며, 발음할 때 처음부터 끝까지 입모양과 혀의 위치가 변하지 않는 것으로 다음과 같이 6가지가 있다.

a   입을 크게 벌리고 [아] 하고 발음한다.

o   입 모양을 둥글게 하고 [오]와 [어]의 중간 발음을 한다.

e   입을 반쯤 벌리고 [으–어]라고 발음한다.

i   한글 발음의 [이] 하고 발음할 때보다 좌우로 더 벌려 [이]라고 발음한다. (단, 단독으로 음절을 구성할 때는 [yi]라고 표기한다.)

u   입술을 둥글게 오므리면서 앞으로 내밀고 [우]라고 발음한다. (단, 단독으로 음절을 구성할 때는 [wu]라고 표기한다.)

ü   [우]보다 약간 더 앞으로 내밀며 [위]라고 발음한다.(단, 단독으로 음성을 구성할 때는 [yu]라고 표기하며 j, q, x와 결합할 때는 위의 두 점은 생략한다. [위] 발음은 발음이 끝날 때까지 입 모양을 변하게 해서는 안 된다. 보통 한글 발음은 [위–이]로 발음하지만, 중국에서는 [위–위]라고 끝난다.

❷ 복운모(復韻母)

두 개의 단운모가 결합하여 이루어진 것으로, 입 모양과 혀의 위치는 발음을 시작할 때와 끝날 때가 각각 다르며, 아래 4가지가 있다.

ai   [a] 쪽에 강세를 두어 [i]를 가볍게 붙여 읽는다.

ei   [e] 쪽에 강세를 두어 [i]를 가볍게 붙여 읽는다.

ao   [a] 쪽에 강세를 두어 [o]를 가볍게 붙여 읽는다.

ou   [o] 쪽에 강세를 두어 [u]를 가볍게 붙여 읽는다.

❸ 부성운모(附声韵母)

단운모에 비음운미 n·ng가 결합하여 이루어진 것으로 아래와 같이 4개가 있다. 입 모양과 혀의 위치는 시작할 때와 끝날 때가 각각 다르다.

an   먼저 [a] 발음을 내다가 우리말의 [ㄴ] 받침을 붙여 발음한다. 이때 [ㄴ]은 비음으로 나온다.

en   [e]를 발음하면서 [ㄴ] 받침을 붙여 발음한다. 이때 [ㄴ]은 비음으로 나온다.

ang   [a]를 발음하면서 [ㅇ] 받침을 붙여 발음한다. 이때 [ㄴ]은 비음으로 나온다.

eng   [e]를 발음하면서 [ㅇ] 받침을 붙여 발음한다. 이때 [ㄴ]은 비음으로 나온다.

❹ 권설운모(捲舌韵母)

성모와 결합하지 않고 항상 단독으로 쓰이는데, 때로는 단어의 끝에 붙어서 발음변화를 일으키기도 한다.

er   [e]를 발음하면서 혀끝을 말아서 [ㄹ] 받침을 붙여 발음한다.

❺ 결합운모(结合韵母)

개구음인 a·o·e와, 이들을 주요 운모로 하는 i·u가 결합하여 만들어진다.

① i와 결합하는 것

| ia | [a] 쪽에 강세를 두어 [이아 → 야]처럼 발음한다.

| ie | 우리나라 말의 [이에]와 비슷하나, [예]에 가깝게 들린다. 결합운모로 되는 것은 ie와 e 두 가지가 있다.

| iao | 주모음은 [a]이므로 강하게 읽어 [야오] 같이 읽는다.

| iou | 주모음은 [o]이므로 이를 강하게 읽어 [여우]같이 읽는다. iou는 앞에 성모가 오면 o가 없어지고, -iu로 표기되니 주의한다.

| ian | 표기대로 하면 [이안]이나 실제발음은 [옌]과 같이 발음되므로 특히 주의한다.

| in | [i] 발음에 우리말 [ㄴ] 받침을 붙이는 것과 비슷하다.

| iang | 주모음 [a]에 강세를 두어 [양]같이 발음된다.

| ing | [i] 발음에 [ㅇ] 받침을 붙인 것과 같다.

| iong | [i] 발음에 [웅] 발음을 더한 것과 같다. 우리말 [융]과 비슷하게 발음한다.

★ i가 성모와 결합하여 그 뒤에 놓이는 경우엔 그대로 i로 표기하지만, 성모와 결합하지 않고 그 자체로 음절을 이루게 될 경우에는 i를 y로 고쳐 표기하게 된다. 예 ya

② u와 결합하는 것

| ua | [u]와 [a]의 결합으로 [a]에 강세를 두어서 읽는다.

| uo | [u]와 [o]의 결합으로 [o]에 강세를 두어서 읽는다.

| uai | 주모음인 [a]에 강세를 두어 읽게 된다.

uei 주모음인 [e]에 강세를 주어 발음한다. 그러나 자음과 결합하면 표기는 [-ui]으로 바뀌고 발음은 '우이'로 된다. 예 dui

uan 주모음인 [a]에 강세를 주어 우리말의 [완]처럼 발음한다.

uen 주모음인 [e]에 강세를 주어 발음한다. 그러나 자음과 결합하면 표기는 [-un]으로 바뀌게 되고 발음은 [운]처럼 읽는다. 예 dun

uang 주모음인 [a]에 강세를 주어 읽는다.

ueng 주모음인 [e]에 강세를 주어 읽는다. 그러나 자음과 결합하면 표기는 [-ong]으로 바뀌게 되고 발음은 '옹'처럼 읽는다. 예 tong

★ u가 성모와 결합하여 그 뒤에 놓이는 경우엔 그대로 u로 표기하지만, 성모와 결합하지 않고 그 자체로 음절을 이루게 될 경우에는 u를 w로 고쳐 표기하게 된다. 예 wa

③ ü와 결합하는 것

üa [ü]와 [e]의 결합으로 [e] 쪽에 강세를 주어 읽는다.

üan 표기대로 읽으면 [위안]이 되지만, 실제로는 발음이 변하여 [위옌]처럼 발음되므로 주의한다.

ün [ü] 발음에 [ㄴ]을 붙인 것과 같다.

★ ü는 성모 j, q, x와 결합할 때 u로 표기되고 n, l 뒤에 놓이는 경우에는 ü로 표기한다. 성모와 결합하지 않고 그 자체로 음절을 이루게 될 경우에는 의 두 점을 생략하고 동시에 그 앞에 y를 첨가하여 yu로 고쳐 표기한다. 예 xue, lüe, yue.

2. 성모(声母)

❶ 순음(脣音)

윗입술과 아랫입술, 또는 윗니와 아랫입술이 작용하여 내는 소리. [o]를 붙여서 읽는다.

- **b** 아래 위 입술을 다물었다가 떼면서 우리말의 [ㅂ] 음을 낸다.

- **p** b의 발음요령과 같으나 입김을 더 강하게 내보내면서 우리말의 [ㅍ] 음을 낸다.

- **m** 아래 위 입술을 다물었다가 떼면서 우리말의 [ㅁ] 음을 낸다. 비음이다.

- **f** 윗니의 끝에다 아랫입술을 가볍게 갖다 대고 그 사이로 기류를 마찰시켜 내는 소리로 영어의 f 발음와 비슷하다.

❷ 설첨음(舌尖音)

혀끝과 윗잇몸이 작용하여 내는 소리이다. [e]를 붙여서 읽는다.

- **d** 혀끝을 윗잇몸에 붙이고 있다가 떼면서 우리말의 [ㄷ] 음을 낸다.

- **t** d의 발음요령과 같으나 입김을 더 강하게 내보내면서 우리말의 [ㅌ] 음을 낸다.

- **n** 혀끝을 윗잇몸에 붙이고 있다가 떼면서 우리말의 [ㄴ] 음을 낸다. 비음이다.

- **l** 혀끝을 세워 잇몸 앞에 붙이고 있다가 떼면서 영어의 [l] 발음을 낸다.

❸ 설근음(舌根音)

혀뿌리와 여린입천장이 작용하여 내는 소리이다. [e]를 붙여 발음한다.

- **g** 혀뿌리를 올려 연구개에 붙였다가 떼면서 우리말의 [ㄱ] 음을 낸다.

- **k** g와 발음요령은 같으나 입김을 더 강하게 내보내면서 우리말의 [ㅋ] 음을 낸다.

(**h**) 혀뿌리를 올려 연구개에 접근시키고 그 사이로 기류를 마찰시켜 우리말의 [ㅎ] 같은 음을 낸다.

❹ 설면음(舌面音)

혓바닥과 경구개(단단입천장: 입천장 앞쪽의 단단한 부분)가 작용하여 내는 소리이다. [i]를 붙여 발음한다.

(**j**) 혓바닥을 올려 경구개에 가볍게 붙였다가 떼면서 그 사이로 기류를 마찰시켜 우리말의 [ㅈ]처럼 발음한다.

(**q**) j와 발음요령은 같으나 입김을 더 강하게 내보내면서 우리말의 [ㅊ] 음을 낸다.

(**x**) 혓바닥을 올려 경구개에 가볍게 붙였다가 떼면서 그 사이로 기류를 마찰시켜 우리말의 [ㅅ]처럼 발음한다. 이때 혀가 이에 닿지 않도록 주의한다. [i]를 발음할 때는 우리말 [이]를 발음할 때보다 약간 더 양옆으로 입을 벌려 준다. 여기서 혀는 입안 어느 부위에서 닿아서는 안 된다. 어떤 사람들처럼 [x](시) 발음을 영어의 [s]처럼 이에 대고 발음하면 안 된다.

❺ 권설음(捲舌音)

혀끝 뒤편과 경구개가 작용하여 나는 소리이다. 음가 없는 [i](으)를 붙여 발음한다.

(**zh**) 혀끝을 안쪽으로 말아올려 혀끝 뒤쪽이 경구개에 가볍게 닿게 한 뒤 약간 떼면서 기류를 그 사이로 마찰시켜 우리말의 [ㅈ] 음을 낸다. (혀는 앞으로 펴지 않고 그 모양을 유지한다.)

(**ch**) zh와 발음요령은 같으나 입김을 더 강하게 내보내면서 우리말의 [ㅊ] 음을 낸다.

(**sh**) 혀끝을 안쪽으로 말아올려 혀끝 뒤쪽이 경구개에 닿을 듯 말 듯한 상태에서 그 사이로 기류를 마찰시켜 [ㅅ]음을 낸다.

r sh의 발음요령은 같으나 성대를 울리면서 우리말의 [ㄹ] 비슷한 음을 낸다.

❻ 권설음(捲舌音)

혀를 말아서 입천장에 대고 내는 발음이다. 혀로 입천장을 대보면 딱딱한 부분이 있고 약간 더 들어가면 연한 부분이 있다. 그 딱딱한 부분을 '경구개' 그리고 연한 부분은 '연구개'라고 한다.

❼ 설치음(舌齒音)

혀끝과 윗니가 작용하여 내는 소리이다. 음가 없는 [i](으)를 붙여 발음한다.

z 아랫니와 윗니를 맞물고 혀끝을 앞으로 쭉 뻗쳐 윗니에 붙였다가 떼면서 그 사이로 기류를 마찰시켜 우리말의 [ㅉ] 음을 낸다.

c z와 발음요령은 같으나 입김을 더 강하게 내보면서 우리말의 [ㅊ] 음를 낸다.

s 아랫니와 윗니를 맞물고 혀끝이 윗앞니 뒷면에 닿을 듯 말 듯한 상태에서 그 사이로 기류를 마찰시켜 우리말의 [ㅆ] 음을 낸다.

중국어의 성조

1. 사성(四声: sìshēng)

중국어는 다른 언어와 다르게 특별한 높낮이를 갖는다. 이것을 네 가지로 구분해서 소리를 내는데 이것을 4성(四声)이라고 한다. 보통 성조를 표시할 때 아래와 같은 그림으로써 높낮이 구분을 한다. 여기서 중간음은 일반적인 대화를 할 때 자신이 내는 음의 높이를 말한다. 이 중간음을 기준으로 조금 높게 발음하면 고음 즉, 1성의 소리 영역이 되고 이 중간음에서 약간 낮게 발음하면 3성을 낼 수가 있다. 보통 말하는 톤은 개인마다 다르기 때문에 그 음역도 따라서 달라진다. 일반적으로 남자는 좀 더 낮은 톤으로 여자는 높은 톤으로 발음한다.

1성	높고 길게 발음한다.
2성	중간에서 높은 음으로 올리며 내는 소리이다.
3성	중저음에서 저음으로 내렸다가 다시 올리면서 발음한다.
4성	짧고 세게 발음한다.

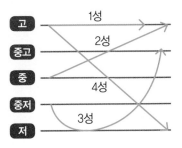

2. 성조의 변화

❶ 반 3성

3성에 해당하는 글자 뒤에 3성이 아닌 글자가 오면 이어서 발음할 때, 3성 성조의 앞부분 즉, 내려오는 부분만 발음하는 것을 말한다. 표기는 그대로 한다. 3성+3성일 때는 앞 3성은 2성으로 발음한다. 표기는 그대로 한다.

❷ 경성

두 음절 이상의 단어 중에서 마지막 음절이 종종 본래의 성조를 잃고 짧고 약하게 발음되는 경우가 있는데 이것을 경성(轻声)이라고 하며 일반적으로 성조 표시를 하지 않는다.

① 각종 조사
② 각종 접미사
③ 동음이 중첩된 명사나 동사의 두 번째 음절
④ 방위사
⑤ 방향 보어
⑥ 중복동사 사이의 一(yī 이) 와 不(bù 뿌)

❸ 성조 부호 표시법

성조 부호는 주요 모음 a, e, o, i, u 위에 붙인다. 모음이 두 개 이상일 경우 두 모음 중 입이 더 벌려지는 순서로 표기한다.

❹ 儿化(얼화)

[r] 발음이 다른 음절 뒤에 접미사로 쓰여서 어음을 변화시키는 것을 儿化라고 한다.

箇	→ 个	動	→ 动	習	→ 习	戰	→ 战
開	→ 开	頭	→ 头	實	→ 实	錢	→ 钱
關	→ 关	樂	→ 乐	兒	→ 儿	際	→ 际
觀	→ 观	蘭	→ 兰	亞	→ 亚	從	→ 从
乾	→ 乾	淚	→ 泪	藥	→ 药	遲	→ 迟
塊	→ 块	歷	→ 历	業	→ 业	進	→ 进
橋	→ 桥	陸	→ 陆	葉	→ 叶	車	→ 车
階	→ 阶	龍	→ 龙	藝	→ 艺	廳	→ 厅
鷄	→ 鸡	隣	→ 邻	烟	→ 烟	總	→ 总
貴	→ 贵	買	→ 买	郵	→ 邮	親	→ 亲
軍	→ 军	滅	→ 灭	衛	→ 卫	沈	→ 沈
劇	→ 剧	無	→ 无	遠	→ 远	湯	→ 汤
幾	→ 几	門	→ 门	園	→ 园	筆	→ 笔
機	→ 机	發	→ 发	雜	→ 杂	蝦	→ 虾
喫	→ 吃	飛	→ 飞	長	→ 长	漢	→ 汉
農	→ 农	賓	→ 宾	將	→ 将	護	→ 护
壇	→ 坛	氷	→ 冰	醬	→ 酱	華	→ 华
達	→ 达	書	→ 书	災	→ 灾	歡	→ 欢
圖	→ 图	歲	→ 岁	電	→ 电	換	→ 换
東	→ 东	術	→ 术	專	→ 专	還	→ 还

UNIT 01 인사의 표현

사람을 만나면 모르는 사람이라도 你好(니하오)!라고 가볍게 인사를 나눠 봅시다. 윗사람에게 您好(닌하오)!라고 하면 더욱 정중한 표현이 됩니다. 먼저 你好!라고 인사를 하면 你好!라고 대답을 해도 되며, 아침, 낮, 저녁 구분하지 않고 사용합니다. 그러나 시간대에 따라서 아침에는 你早(니자오)!, 저녁에는 晚上好(완상하오)!라고도 합니다.

Q : 안녕하세요.
Hi.
你好。
nǐ hǎo
니 하오

A : 안녕하세요.
Hello.
你好。
nǐ hǎo
니 하오

🛄 안녕하세요.
Good morning(afternoon, evening).
你好。
nǐ hǎo
니 하오

🛄 잘 지내셨습니까?
How are you?
你好吗?
nǐ hǎo ma
니 하오 마

60

🔊 잘 지냅니다. 당신은요?
Fine thank you. And you?
我很好，你呢?
wǒ hěn hǎo nǐ ne
워 헌 하오 니 너

🔊 만나서 반갑습니다.
Nice to meet you.
见到你很高兴。
jiàn dào nǐ hěn gāo xīng
지엔 따오 니 헌 까오 씽

🔊 저 역시 만나서 반갑습니다.
Nice to meet you, too.
认识你我也很高兴。
rèn shí nǐ wǒ yě hěn gāo xìng
런 스 니 워 예 헌 까오 씽

🔊 안녕히 계십시오.
Goodbye.
再见。
zài jiàn
짜이 찌엔

🔊 안녕히 가십시오.
Goodbye.
请慢走。
qǐng màn zǒu
칭 만 저우

🔊 내일 또 만납시다.
See you tomorrow.
明天再见。
míng tiān zài jiàn
밍 티엔 짜이 찌엔

🔊 한국에서 다시 만납시다.
See you in Korea.
到韩国再见。
dào hán guó zài jiàn
따오 한 궈 짜이 찌엔

UNIT
02

감사의 표현

남에게 뭔가를 받았을 때는 항상 谢谢(씨에씨에)!라고 감사의 마음을 전하는 것을 잊지 않도록 합시다. 谢谢, 谢谢라고 두 번 반복해서 말하면 고마움의 표현이 한층 더해집니다. 여기에 대해 상대는 不客气(뿌커치)라고 대답을 할 것입니다. 이것은 '천만에요'라는 뜻이므로 이 두 표현이 자연스럽게 입밖으로 나올 수 있도록 많은 연습을 합시다.

Q : 감사합니다.
Thank you.
谢谢。
xiè xie
씨에 씨에

A : 천만에요.
You're welcome.
不客气。
bú kè qi
뿌 커 치

📖 고마워요.
Thanks.
谢谢。
xiè xie
씨에 씨에

📖 대단히 감사합니다.
Thank you very much.
非常感谢。
fēi cháng gǎn xiè
페이 창 깐 씨에

🔊 감사드립니다.
I appreciate it.
谢谢您。
xiè xie nín
씨에 씨에 닌

🔊 친절에 감사드립니다.
Thank you for your kindness.
谢谢您的热情款待。
xiè xie nín de rè qíng kuǎn dài
씨에 씨에 닌 더 러 칭 콴 따이

🔊 도와주셔서 감사드립니다.
Thank you for your help.
谢谢您的帮助。
xiè xie nín de bāng zhù
씨에 씨에 닌 더 방 주

🔊 여러모로 감사드립니다.
Thank you for everything.
谢谢你为我做的所有事。
xiè xie nǐ wèi wǒ zuò de suǒ yǒu shì
씨에 씨에 니 웨이 워 쮀 더 쉬 여우 스

🔊 진심으로 감사드립니다.
Heartily, thank you.
真心感谢您。
zhēn xīn gǎn xiè nín
전 신 간 씨에 닌

🔊 천만에요.
You're welcome.
不客气。
bú kè qi
뿌 커 치

🔊 아뇨, 괜찮습니다.
No, thank you.
不，没关系。
bù méi guān xi
뿌 메이 꽌 씨

UNIT

03

사과의 표현

対不起(뚜이부치)란 기본적으로 '미안하다, 죄송하다'라는 의미로, 자신의 실수나 좋지 못한 행위, 폐를 끼쳤다고 생각될 때 상대에게 사과하는 마음으로 쓰는 표현입니다. 일상에서 사죄의 정도가 높을 경우에는 很对不起(헌뚜이부치), 真对不起(전뚜이부치)라고 합니다. 사죄에 대한 대답으로는 보통 没什么(메이선머), 没关系(메이꽌씨)라고 합니다.

Q : 미안합니다.
I'm sorry.
对不起。
duì bu qǐ
뚜 이 부 치

A : 괜찮습니다.
That's all right.
没关系。
méi guān xi
메 이 꽌 씨

🛄 정말로 죄송합니다.
I'm really sorry.
真对不起。
zhēn duì bu qǐ
전 뚜 이 부 치

🛄 늦어서 미안합니다.
I'm sorry I'm late.
对不起, 迟到了。
duì bu qǐ chí dào le
뚜 이 부 치 츠 따오 러

📧 실례합니다(실례했습니다).
Excuse me.
打扰了。
dǎ rǎo le
따 라오 러

📧 제가 잘못했습니다.
It's my fault.
是我对不起。
shì wǒ duì bù qǐ
스 워 뚜이 부 치

📧 당신 잘못이 아닙니다.
That's not your fault.
不是你的错。
bù shì nǐ de cuò
뿌 스 니 더 춰

📧 제 잘못이 아닙니다.
That's not my fault.
不是我的错。
bù shì wǒ de cuò
뿌 스 워 더 춰

📧 용서하십시오.
Please forgive me.
请原谅。
qǐng yuán liàng
칭 위엔 량

📧 걱정하지 마십시오.
Don't worry.
请不要担心。
qǐng bú yào dān xīn
칭 뿌 야오 단 씬

📧 폐를 끼쳐서 죄송합니다.
I'm sorry for interrupting you.
对不起打扰了。
duì bù qǐ dǎ rǎo le
뚜이 부 치 따 라오 러

UNIT
04 응답의 표현

남에게 뭔가를 질문 받았을 때는 분명하게 대답하는 것이 중요합니다. '~입니까?'의 뜻인 是不是(스뿌스)?라는 질문에는 '예'의 뜻인 是, '아니오'의 뜻인 不是로 대답합니다. 对不对에는 对나 不对로 대답하는데, 이것은 본래는 '올바르다'라는 뜻이므로, 상대의 말을 인정하여 '맞습니다', '그렇지 않습니다'라는 판단이 담겨 있습니다.

Q : 커피 더 드시겠습니까?
More coffee?
还需要咖啡吗?
hái xū yào kā fēi ma
하이 쉬 야오 카 페이 마

A : 예, 주십시오.
Yes, please.
好，请再给我一杯咖啡。
hǎo qǐng zài gěi wǒ yì bēi kā fēi
하오, 칭 자이 께이 워 이 뻬이 카 페이

🛄 예. / 아니오.
Yes. / No.
好。 / 不用了。
hǎo / bú yòng le
하오 / 뿌 융 러

🛄 예, 그렇습니다.
Yes, it is.
好的。
hǎo de
하오 더

🔊 아니오, 그렇지 않습니다.
No, it isn't.
不，不是那样。
bù bú shì nà yàng
뿌 뿌 스 나 양

🔊 예, 고마워요.
Yes, thank you.
好，谢谢。
hǎo xiè xie
하오 씨에 씨에

🔊 아니오, 괜찮습니다.
No, thank you.
不，不用了。
bù bú yòng le
뿌 뿌 융 러

🔊 맞습니다.
That's right.
是的。
shì de
스 더

🔊 알았습니다.
I understand.
知道了。
zhī dao le
즈 따오 러

🔊 모르겠습니다.
I don't know.
不知道。
bù zhī dào
뿌 즈 따오

🔊 괜찮습니다.
I'm OK.
没关系
méi guān xi
메이 꽌 씨

UNIT

05 되물음의 표현

익숙하지 않는 중국어로 대화를 하다 보면 말이 빨라서, 혹은 모르는 단어가 있어 제대로 알아듣지 못할 경우가 많습니다. 따라서 모르는 말이 나왔을 때는 '모르겠습니다'의 뜻인 听明白了(칭밍빠이러)보다는 정중하게 '죄송합니다, 다시 한번 말씀해 주십시오'의 뜻인 对不起, 请你再说一遍(뚜이부치, 칭니자이슈오이삐엔)이라고 정중하게 말하는 것이 좋습니다

Q : 저도 여기는 처음입니다.
I'm new here too.
这儿我也是第一次来。
zhè r wǒ yě shì dì yí cì lái
절 워 예 스 띠 이 츠 라이

A : 예, 뭐라고요?
Pardon me?
什么?
shén me
션 머

🗣 뭐라고 하셨습니까?
What did you say?
您说什么?
nín shuō shén me
닌 슈오 션 머

🗣 다시 한번 말씀해 주시겠습니까?
Could you say that again?
请再说一遍?
qǐng zài shuō yí biàn
칭 짜이 슈오 이 삐엔

🔊 좀 더 천천히 말씀해 주십시오.
Please speak more slowly.
请再慢点说，好吗。
qǐng zài màn diǎn shuō hǎo ma
칭 짜이 만 디엔 슈오 하오 마

🔊 뭐라고요?
What?
您说什么?
nín shuō shén me
닌 슈오 선 머

🔊 그건 무슨 뜻입니까?
What does it mean?
那是什么意思?
nà shì shén me yì si
나 스 선 머 이 스

🔊 이건 어떻게 발음합니까?
How do you pronounce it?
这怎么发音?
zhè zěn me fā yīn
쩌 전 머 파 인

🔊 제가 말하는 것을 알겠습니까?
Do you understand me?
明白我说什么吗?
míng bai wǒ shuō shén me ma
밍 빠이 워 슈오 선 머 마

🔊 써 주십시오.
Write it down, please.
写一下可以吗。
xiě yí xià kě yǐ ma
시에 이 샤 커 이 마

🔊 이건 어떻게 발음합니까?
How do you pronounce it?
这个音怎么发?
zhè ge yīn zěn me fā
저 거 인 쩐 머 파

구체적인 질문 표현

请问은 '묻겠습니다'의 뜻이지만, 호텔이나 레스토랑 등에서 사람을 부를 때 말하는 '잠깐 실례합니다'로도 쓰입니다. 다른 사람에게 뭔가를 부탁할 때는 정중하게 麻烦你(마판니)~나 劳驾(라오쟈)를 사용합니다. 전화에서 쓰이는 '여보세요'는 喂(웨이)라고 합니다. 喂는 전화 이외에 사람을 부를 때도 쓰이지만, 이것은 점잖은 표현이 아니므로 너무 많이 사용해서는 안 됩니다.

Q : 이건 무엇입니까?
What's this?
这是什么?
zhè shì shén me
저 스 선 머

A : 한국 인스턴트 식품입니다.
It's Korean instant foods.
是韩国便利食品。
shì hán guó biàn lì shí pǐn
스 한 궈 삐엔 리 스 핀

🔊 이건 무엇에 쓰는 것입니까?
What's this for?
这是用来干什么的?
zhè shì yòng lái gàn shén me de
저 스 융 라이 깐 선 머 더

🔊 저 빌딩은 무엇입니까?
What's that building?
那高层建筑物是什么?
nà gāo céng jiàn zhù wù shì shén me
나 까오 청 지엔 주 우 스 선 머

🔊 이름이 뭡니까?
What's your name?
叫什么名字?
jiào shén me míng zi
쟈오 선 머 밍 쯔

🔊 그건 뭡니까?
What's that?
那是什么?
nà shì shén me
나 스 선 머

🔊 무얼 찾고 있습니까?
What are you looking for?
在找什么?
zài zhǎo shén me
짜이 자오 선 머

🔊 무슨 일을 하십니까?
What do you do?
做什么工作?
zuò shén me gōng zuò
쥐 선 머 꽁 쥐

🔊 전화번호는 몇 번입니까?
What's your phone number?
电话号码是多少?
diàn huà hào mǎ shì duō shǎo
디엔 화 하오 마 스 뒤 샤오

🔊 이것이 무엇인지 아십니까?
Do you know what this is?
知道这是什么吗?
zhī dào zhè shì shén me ma
즈 따오 쩌 스 선 머 마

🔊 지금 몇 시입니까?
What time is it now?
现在几点了?
xiàn zài jǐ diǎn le
씨엔 자이 지 디엔 러

UNIT

07

장소에 관한 표현

'누구'谁(수이), '무엇'什么(선머), '언제'什么时候(선머스허우), '몇 시' 几点(지디엔), '어디'哪里(나리), 哪儿(날), '어느 것' 哪个(나거), '왜' 为什么(웨이선머) 등의 의문을 나타내는 표현은 여러 가지 질문의 장면에서 활약합니다. 중국어의 의문사는 영어와는 다르게 문장 앞에도 오고 뒤에도 옵니다.

Q : 화장실은 어디입니까?

Where's the rest room?

洗手间在哪儿?

xǐ shǒu jiān zài nǎ r

씨 셔우 지엔 짜이 날

A : 입구 근처에 있습니다.

It's by the entrance.

在入口附近。

zài rù kǒu fù jìn

짜이 루 커우 푸 진

🕮 여기는 어디입니까?

Where are we?

这里是哪里?

zhè lǐ shì nǎ lǐ

저 리 스 나리

🕮 어디에서 오셨습니까?

Where are you from?

从哪儿来?

cóng nǎ r lái

총 날 라이

🛄 면세점은 어디에 있습니까?
Where's the duty-free shop?
免税店在哪儿?
miǎn shuì diàn zài nǎ r
미엔 수이 띠엔 짜이 날

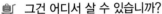

🛄 입구는 어디입니까?
Where's the entrance?
入口在哪儿?
rù kǒu zài nǎ r
루 커우 짜이 날

🛄 그건 어디서 살 수 있습니까?
Where can I buy it?
那个在哪能买到?
nà ge zài nǎ néng mǎi dào
나 거 짜이 나 넝 마이 따오

🛄 버스정류소는 어디입니까?
Where's the bus stop?
公共汽车站在哪儿?
gōng gòng qì chē zhàn zài nǎ r
꽁 공 치 처 잔 짜이 날

🛄 저는 이 지도의 어디에 있습니까?
Where am I on this map?
我在这个地图的哪个位置?
wǒ zài zhè ge dì tú de nǎ ge wèi zhi
워 짜이 저 거 디 투 더 나 거 웨이 즈

🛄 어디에서 얻을 수 있습니까?
Where can I get it?
在哪儿能买到?
zài nǎ r néng mǎi dào
짜이 날 넝 마이 따오

🛄 어느 것이 좋습니까?
Which one do you like?
哪个好?
nǎ ge hǎo
나 거 하오

UNIT

08

정도의 표현

多少(뛰사오)~?는 분량이나 정도를 묻는 표현으로, 물건을 살 때 가격을 묻는 多少钱(뛰사오 치엔)?은 그 하나입니다. 돈 이외에 시간, 거리, 사람 수가 어느 정도인가를 물을 때도 쓰입니다. 그 밖에 정도를 나타내는 표현으로 10 정도까지의 숫자를 상정하고 '몇 개'라고 묻는 경우가 있습니다. 이럴 때는 几(지)를 사용합니다.

Q : 얼마입니까?
How much is it?
多少钱?
duō shǎo qián
뛰 사오 치엔

A : 100위엔입니다.
It's Yuan 100.
一百元。
yì bǎi yuán
이 빠이 위엔

入 입장료는 얼마입니까?
How much is it to get in?
入场费多少钱?
rù chǎng fèi duō shǎo qián
루 창 페이 뛰 사오 치엔

入 공항까지 얼마입니까?
How much is it to the airport?
到机场多少钱?
dào jī chǎng duō shǎo qián
따오 지 창 뛰 사오 치엔

🛎 이 넥타이는 얼마입니까?

How much is this tie?

这个领带多少钱?

zhè ge lǐng dài duō shǎo qián

저 거 링 따이 뛰 사오 치엔

🛎 얼마나 걸립니까?

How much does it cost?

需要多长时间?

xū yào duō cháng shí jiān

쉬 야오 뛰 창 스 지엔

🛎 박물관까지 얼마나 됩니까? (거리)

How far is it to the museum?

到博物馆有多远?

dào bó wù guǎn yǒu duō yuǎn

따오 보 우 꽌 여우 뛰 위엔

🛎 역까지 얼마나 걸립니까?

How long does it take to the station?

到车站多长时间?

dào chē zhàn duō cháng shí jiān

따오 처 잔 뛰 창 스 지엔

🛎 자리는 몇 개 비어 있습니까?

How many seats are available?

有几个空位置?

yǒu jǐ gè kōng wèi zhì

여우 지 거 콩 웨이 즈

🛎 몇 살입니까?

How old are you?

几岁?

jǐ suì

지 수이

🛎 저 빌딩의 높이는 얼마입니까?

How high is that building?

那个楼有多高?

nà ge lóu yǒu duō gāo

나 거 러우 여우 뛰 까오

UNIT
09

유무에 관한 표현

해외여행의 여러 장면에서 이 질문을 할 경우가 많습니다. 有는 '가지고 있다' 라는 의미에서부터 '~가 있다'라는 일반적인 존재에 이르기까지 폭넓은 의미 로 쓰입니다. 백화점이나 레스토랑에서 자신이 갖고 싶은 것, 사고 싶은 것, 먹고 싶은 것이 있는지 없는지를 묻는 데 편리한 표현입니다.

Q : 필름은 있습니까?
Do you have any film?
有胶卷吗?
yǒu jiāo juǎn ma
여우 쟈오 쥐엔 마

A : 네. 여기 있습니다.
Yes. Right here.
有，在这。
yǒu zài zhè
여우 짜이 저

🛎 2인석은 있습니까?
Do you have a table for two?
有双人座吗?
yǒu shuāng rén zuò ma
여우 수앙 런 쭤 마

🛎 오늘 밤, 빈방은 있습니까?
Do you have a room for tonight?
今天晚上有空房间吗?
jīn tiān wǎn shàng yǒu kōng fáng jiān ma
진 티엔 완 상 여우 콩 팡 지엔 마

🗣 좀 더 큰 것은 있습니까?

Do you have a larger one?

有更大一点的吗?

yǒu gèng dà yì diǎn de ma

여우 껑 따 이 디엔 더 마

🗣 흰색 티셔츠는 있습니까?

Do you have any shirt in white?

有白色衬衫吗?

yǒu bái sè chèn shān ma

여우 빠이 써 천 산 마

🗣 관광지도는 있습니까?

Do you have a sightseeing map?

有观光地图吗?

yǒu guān guāng dì tú ma

여우 꽌 구앙 띠 투 마

🗣 야간관광은 있나요?

Do you have a night tour?

有夜间观光吗?

yǒu yè jiān guān guāng ma

여우 예 지엔 꽌 구앙 마

🗣 공중전화는 있나요?

Do you have a payphone?

有公用电话吗?

yǒu gōng yòng diàn huà ma

여우 꽁 융 디엔 화 마

🗣 단체할인은 있습니까?

Do you have a group discount?

有集体打折吗?

yǒu jí tǐ dǎ zhé ma

여우 지 티 따 저 마

🗣 여기에 경찰서는 있습니까?

Is there a police station here?

这里有警察局吗?

zhè lǐ yǒu jǐng chá jú ma

저 리 여우 징 차 쥐 마

의뢰에 관한 표현

请(칭)은 단독으로도 '자, 하십시오'라는 의미로 쓰일 뿐만 아니라, 상대에게 '~을 부탁합니다'라고 권유나 부탁을 할 때도 쓰이며, 영어의 Please와 아주 유사합니다. 남에게 뭔가를 부탁할 때 가장 편한 말이 请입니다. 请问은 '묻겠습니다'인데, 이처럼 请 뒤에 부탁하고 싶은 말(주로 동사)가 옵니다.

Q : 마실 것은 무얼로 하시겠습니까?
What would you like to drink?
需要喝点什么吗?
xū yào hē diǎn shén me ma
쉬 야오 허 디엔 선 머 마

A : 커피 주세요.
Coffee, please.
请给我咖啡。
qǐng gěi wǒ kā fēi
칭 께이 워 카 페이

🛎 계산을 부탁합니다.
Check, please.
结帐。
jié zhàng
지에 장

🛎 도와주시겠습니까?
Can you help me?
能帮一下忙吗?
néng bāng yí xià máng ma
넝 빵 이 샤 망 마

🔈 부탁이 있는데요.
Could you do me a favor?
想拜托一下，可以吗？
xiǎng bài tuō yí xià kě yǐ ma
시앙 빠이 퉈 이 쌰 커 이 마

🔈 이걸 하나 주세요.
Can I have this one.
给我一个这个。
gěi wǒ yí gè zhè ge
께이 워 이 거 저 거

🔈 지금 어디에 있는지 가르쳐 주세요.
Could you show me where I am now.
告诉我现在在哪儿。
gào su wǒ xiàn zài zài nǎ r
까오 수 워 시엔 자이 짜이 날

🔈 주문 부탁합니다.
Order, please.
想预约 (订) 一下。
xiǎng yù yuē (dìng) yí xià
씨앙 위 위에 (딩) 이 쌰

🔈 맥주를 주시겠어요?
Can I have a beer?
请给我啤酒？
qǐng gěi wǒ pí jiǔ
칭 께이 워 피 져우

🔈 이걸 주세요.
I'll take it.
请给我这个。
qǐng gěi wǒ zhè ge
칭 께이 워 저 거

🔈 선물을 골라 주시겠어요?
Could you choose a souvenir for me?
能帮我选礼物吗？
néng bāng wǒ xuǎn lǐ wù ma
넝 방 워 쉬엔 리 우 마

허락에 관한 표현

한국과는 습관이나 매너, 제도가 다른 나라를 여행할 때, 허락을 구하거나 가능성을 묻거나 하는 장면을 많이 부딪치게 됩니다. 可以(커이)~吗(마)?는 객관적인 조건으로서 '~해도 지장이 없느냐?'를 묻는 것으로, 可不可以(커뿌커이)~라고 말해도 되지만, 후자의 경우는 吗를 붙이지 않습니다.

Q : 사진을 찍어도 됩니까?

May I take a picture here?

可以照相吗?

kě yǐ zhào xiàng ma

커 이 자오 샹 마

A : 예, 괜찮습니다.

Yes, you may.

可以。

kě yǐ

커 이

여기에 앉아도 됩니까?

May I sit here?

可以坐这儿吗?

kě yǐ zuò zhè r ma

커 이 쭤 절 마

안으로 들어가도 되겠습니까?

May I come in?

可以到里面吗?

kě yǐ dào lǐ miàn ma

커 이 따오 리 미엔 마

🛄 여기서 담배를 피워도 됩니까?
May I smoke here?

可以在这里吸烟吗?
kě yǐ zài zhè li xī yān ma
커 이 짜이 저 리 시 옌 마

🛄 창문을 열어도 되겠습니까?
May I open the window?

可以打开窗户吗?
kě yǐ dǎ kāi chuāng hu ma
커 이 따 카이 추앙 후 마

🛄 잠깐 여쭤도 될까요?
May I ask you something?

可以打听一下吗?
kě yǐ dǎ tīng yí xià ma
커 이 따 팅 이 샤 마

🛄 방을 봐도 되겠습니까?
Can I see the room?

可以看一下房间吗?
kě yǐ kàn yí xià fáng jiān ma
커 이 칸 이 샤 팡 지엔 마

🛄 이것을 가져가도 됩니까?
Can I take this?

可以拿走这个吗?
kě yǐ ná zǒu zhè ge ma
커 이 나 쩌우 저 거 마

🛄 카드로 지불해도 됩니까?
Can I pay in credit card?

可以用卡支付吗?
kě yǐ yòng kǎ zhī fù ma
커 이 융 카 즈 푸 마

🛄 현금으로 지불해도 됩니까?
Can I pay in cash?

可以付现金吗?
kě yǐ fù xiàn jīn ma
커 이 푸 시엔 진 마

UNIT

12 긴급상황 시의 표현

여행지에서 곤란한 상황에 부딪치거나 하면 우선 옆에 있는 사람에게 곤란한 상황을 전하도록 합시다. 그러면 해결의 실마리를 찾을 수 있을 겁니다. 여기에 적힌 회화 예문은 가장 필요한 것만을 모은 것으로, 가능하면 모두 암기해서 여행을 떠나도록 합시다.

Q : 급합니다.
I'm in a hurry.
很着急。
hěn zháo jí
헌 자오 지

A : 최선을 다하겠습니다.
I'll do my best.
会尽力的。
huì jìn lì de
후이 진 리 더

🗨 긴급사태입니다.
I have an emergency.
是紧急情况。
shì jǐn jí qíng kuàng
스 진 지 칭 쿠앙

🗨 도와줘요(살려줘요)!
Help! / Help me!
救命啊!
jiù mìng a
져우 밍 아

🛎 그만둬요!
Stop it!
好了，算了!
hǎo le suàn le
하오 러 수안 러

🛎 도둑이야, 서!
Stop, thief!
小偷，站住!
xiǎo tōu zhàn zhù
샤오 터우 잔 주

🛎 저놈 잡아라!
Get him!
抓住他!
zhuā zhù tā
주아 주 타

🛎 경찰을 불러요!
Call the police!
叫警察!
jiào jǐng chá
쟈오 징 차

🛎 움직이지 마!
Hold it!
别动!
bié dòng
삐에 똥

🛎 손들어!
Hands up!
举起手!
jǔ qǐ shǒu
쥐 치 셔우

🛎 길을 잃었어요.
I'm lost.
我迷路了。
wǒ mí lù le
워 미 루 러

사물·장소·방향을 나타내는 말	
이것 / 그것	这个(zhège) 저거
저것	那个(nàge) 나거
어느 것	哪个(nǎge) 나거
여기 / 거기	这里(zhèlǐ) 저리
저기	那里(nàlǐ) 나리
어디	哪里(nǎlǐ) 나리
이쪽 / 그쪽	这边(zhèbiān) 저삐엔
저쪽	那边(nàbiān) 나삐엔
어느 쪽	哪边(nǎbiān) 나삐엔

사람을 가리키는 말	
저, 나	我(wǒ) 워
우리들	我们(wǒmen) 워먼
당신	你(nǐ) 니 您(nín) 닌
당신들	你们(nǐmen) 니먼
씨	先生(xiānsheng) 시엔성
양	小姐(xiǎojiě) 샤오지에
그, 그이	他(tā) 타
그녀	她(tā) 타

주로 쓰이는 의문사	
언제	什么时候(shénmeshíhòu) 선머스허우
어디	什么地方(shénmedìfang) 선머띠팡
어느 분	什么人(shénmerén) 선머런
누구	谁(shéi) 쉐이
무엇	什么(shénme) 선머
왜	为什么(wèishénme) 웨이선머
어떻게	怎么(zěnme) 쩐머 怎么样(zěnmeyàng) 쩐머양

방향을 나타내는 단어	
위	上(shàng) 상
가운데	中(zhōng) 종
아래	下(xià) 샤

84

왼쪽	左边(zuǒbiān) 쭤삐엔
오른쪽	右边(yòubiān) 여우삐엔
동쪽	东边(dōngbiān) 뚱삐엔
서쪽	西边(儿)(xībiān(r)) 시삐엔ㄹ
남쪽	南边(nánbiān) 난삐엔
북쪽	北边(běibiān) 베이삐엔
앞	前边(qiánbiān) 치엔삐엔
뒤	后边(hòubiān) 허우삐엔
옆 · 가로	旁边(pángbiān) 팡삐엔
~부터 ~까지	从(cóng) ~총~ 到(dào) ~따오~

시간 · 때를 나타내는 말

시간	时间(shíjiān) 스지엔
때, 시	时候(shíhòu) 스허우
시각	时刻(shíkè) 스커
틈, 여가	工夫(gōngfū) 꽁푸
현재	现在(xiànzài) 시엔자이
과거	过去(guòqù) 꿔취
미래	未来(wèilái) 웨이라이
이전	以前(yǐqián) 이치엔
이후	以后(yǐhòu) 이허우
그후, 이후	后来(hòulái) 허우라이
최근	最近(zuìjìn) 쭈이진
최초	最初(zuìchū) 쭈이추
최후	最后(zuìhòu) 쭈이허우
세기	世纪(shìjì) 스지
년, 해	年(nián) 니엔
재작년	前年(qiánnián) 치엔니엔
작년	去年(qùnián) 취니엔
올해, 금년	今年(jīnnián) 진니엔
내년	明年(míngnián) 밍니엔
내후년	后年(hòunián) 허우니엔
매년	每年(měinián) 메이니엔
신년, 새해	新年(xīnnián) 신니엔

월, 달	月(yuè) 위에
지난달	上个月(shànggeyuè) 상거위에
이번달	这个月(zhègeyuè) 저거위에
다음달	下个月(xiàgeyuè) 샤거위에
매달, 매월	每月(měiyuè) 메이위에
주간	星期(xīngqī) 싱치
주말	周末(zhōumò) 조우머
지난주	上个星期(shànggexīngqī) 상거싱치
이번주	这个星期(zhègexīngqī) 저거싱치
다음주	下个星期(xiàgexīngqī) 쌰거싱치
매주	每星期(měixīngqī) 메이싱치
일	日(rì) 르
날, 날짜	日子(rìzi) 르쯔
그제	前天(qiántiān) 치엔티엔
어제	昨天(zuótiān) 쭤티엔
오늘	今天(jīntiān) 진티엔
내일	明天(míngtiān) 밍티엔
모레	后天(hòutiān) 허우티엔
매일	天天(tiāntiān) 티엔티엔 每天(měitiān) 메이티엔
다음날	第二天(dìèrtiān) 디얼티엔
온종일	整天(zhěngtiān) 정티엔
반나절	半天(bàntiān) 빤티엔
새벽	天亮(tiānliàng) 티엔리앙
아침	早上(zǎoshang) 자오상
낮	白天(báitiān) 빠이티엔
오전	上午(shàngwǔ) 상우
정오	中午(zhōngwǔ) 종우
오후	下午(xiàwǔ) 샤우
저녁	晚上(wǎnshàng) 완상
밤	夜(yè) 예
한밤중	半夜(bànyè) 빤예

숫자 읽기

0. 영	零(líng) 링
1. 일	一(yī) 이
2. 이	二(èr) 얼 两(liǎng) 리앙
3. 삼	三(sān) 산
4. 사	四(sì) 쓰
5. 오	五(wǔ) 우
6. 육	六(liù) 리우
7. 칠	七(qī) 치
8. 팔	八(bā) 빠
9. 구	九(jiǔ) 져우
10. 십	十(shí) 스
20. 이십	二十(èrshí) 얼스
30. 삼십	三十(sānshí) 산스
40. 사십	四十(sìshí) 쓰스
50. 오십	五十(wǔshí) 우스
60. 육십	六十(liùshí) 리우스
70. 칠십	七十(qīshí) 치스
80. 팔십	八十(bāshí) 빠스
90. 구십	九十(jiǔshí) 져우스
100. 백	一百(yìbǎi) 이빠이
200. 이백	二百(èrbǎi) 얼빠이
300. 삼백	三百(sānbǎi) 싼빠이
400. 사백	四百(sìbǎi) 쓰빠이
500. 오백	五百(wǔbǎi) 우빠이
600. 육백	六百(liùbǎi) 리우빠이
700. 칠백	七百(qībǎi) 치빠이
800. 팔백	八百(bābǎi) 빠빠이
900. 구백	九百(jiǔbǎi) 져우빠이
1,000. 천	一千(yìqiān) 이치엔
1,010. 천십	一千一十(yìqiānyìshí) 이치엔이스
10,000. 만	一万(yíwàn) 이완
100,000. 십만	十万(shíwàn) 스완
1,000,000. 백만	一百万(yìbǎiwàn) 이빠이완

1에서 5까지는 우리와 동일하지만, 6 이상에서는 약간 다릅니다. 8은 한자의 八의 모양을 본뜬 것입니다. 10은 두 가지 방법이 있는데, ❷는 가로지는 것으로 한자의 十을 표현한 것입니다.

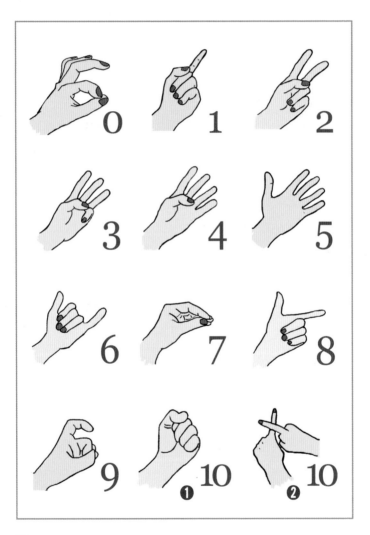

PART 2

출입국

출입국에 관한 정보

☀ 출입국 절차

① 인천국제공항 도착-비행기 출발 시간 2시간 전에는 공항에 도착하는 것이 좋다.

② 출입국카드를 작성한다.

③ 대한항공이나 아시아나항공의 회원카드를 만든다.

④ 비행기표, 여권과 항공사 회원카드를 가지고 티켓팅과 화물운송을 마친다.

⑤ 군미필자는 공항병무처리소에 가서 신고를 한다.

⑥ 인민폐는 200~300원 정도만 바꾸고 나머지는 모두 달러로 환전한다.

⑦ 출국장으로 가서 여권수속과 세관을 통과한다.

⑧ 여권수속과 세관을 모두 통과하고 나면 면세점이 보인다. 시간이 많이 남아 있다면 면세점에서 필요한 물품을 구입한다. (담배나 중국에 가져갈 선물 등)

⑨ 해당 탑승출입구로 가서 비행기에 탑승하면 된다.

⑩ 비행기에 오르면 승무원이 중국입국카드와 검역카드를 나누어 주므로 기록한다.

⑪ 한국과 중국의 시차는 1시간이다. 비행기에 오르면 시계를 중국 시간으로 맞춘다. 만일 한국시간으로 오전 11시라면 중국시간으로는 오전 10시가 된다.

⑫ 중국 공항에 도착 후 입국 심사장으로 가서 입국심사를 받는다. 자기 순서가 되면 준비한 여권과 비행기 안에서 작성한 입국신고서 등을 담당공안(경찰)에게 제출한다.

⑬ 입국심사가 끝나면 자신이 타고 온 비행기 편명이 적혀 있는 곳으로 가서 짐을 찾으면 된다.

⑭ 짐을 찾고 출구를 빠져 나오면 공항안내소에 가서 시내로 이동하는 교통편을 확인한다.

☀ 중국으로 입국하기

중국 공항에서의 입국 절차는 대체로 간단한 편이다. 그리고 입국 절차 시 필요한 서류는 중국으로 가는 비행기 안에서 승무원이 나누어 주는데, 이때 작성하면 된다.

① 입국심사

영문 또는 중문으로 작성한 입국신고서를 여권과 함께 제출한다.

② 검역

입국심사를 할 때 행하는데, 최근에 전염병이 발생한 지역을 여행하는 경우가 아니라면 특별한 예방접종증명 등은 필요 없다.

③ 짐 찾기

입국심사가 끝나면 짐 찾는 곳(行李領取处)으로 가서 탁송한 짐을 찾는다.

④ 세관

미리 작성한 세관신고서를 제출하는데, 작성할 때 카메라, 녹음기 등 개인사용 목적의 전자제품은 반드시 명시하고, 특히 세관 신고서의 사본은 잘 보관해야 한다. 출국수속을 할 때 신고서에 명시되지 않았는데 추가되었거나, 없어진 물건이 있다는 사실이 세관원에게 적발될 경우에는 관세를 물어야 하기 때문이다.

☀ 중국 입국 시 면세허용 범위

담배 400개비, 주류 2병 (1.5리터 이하), 적당량의 향수, 2,000위안 이하의 기타 물품

■ 반입 금지물품

각종 무기, 탄약 및 폭발물
위조화폐 및 위조 유가증권
중국의 정치, 경제, 문화, 도덕에 유해한 인쇄물, 필름, 사진, 녹음 및 녹화테이프, CD, 컴퓨터 자료
각종 독극물, 아편, 코카인, 헤로인, 대마 등 마약류 및 항 정신성 의약품
유해병충해에 감염된 식물 및 그 제품
전염병을 전파할 우려가 있는 감염지역으로부터 반입된 식품, 약품 및 기타용품

UNIT
01

기내에서

출국심사를 마치고 비행기에 탑승하면 이제 한국 땅을 떠나게 됩니다. 국제선의 기내는 그 항공사가 소속하는 나라의 영토 취급을 합니다.
한국 출발의 항공회사(airline/carrier)의 편(flight)에는 대개 한국인 승무원이 탑승하고 있어서 말이 통하지 않아 큰 불편은 없습니다.

> _____ 을(를) 주세요.
>
> _____ please.
>
> 请给我 _____ 。
> qǐng gěi wǒ
> 칭 께이 워

□	커피	coffee	咖啡(kāfēi)	카페이
□	홍차	tea	红茶(hóngchá)	홍차
□	오렌지주스	orange juice	橙汁(chéngzhī)	청쯔
□	맥주	a beer	啤酒(píjiǔ)	피져우

Q : (항공권을 보이며) 제 좌석은 어디인가요?
　　 Where's my seat?
　　 我的座位在哪儿?
　　 wǒ de zuò wèi zài nǎ r
　　 워 더 쮀 웨이 짜이 날

A : 이쪽 통로입니다.
　　 In this aisle.
　　 往这边走。
　　 wǎng zhè biān zǒu
　　 왕 저 삐엔 저우

좌석을 찾을 때

✈ (탑승권을 보이며) 12B 좌석은 어디입니까?

Where is seat 12(twelve) B?

B12座在哪儿?

B shí èr zuò zài nǎ r

비 스 얼 쭤 짜이 날

✈ 여기는 제 자리인데요.

I think this is my seat.

这是我的坐位。

zhè shì wǒ de zuò wèi

저 스 워 더 쭤 웨이

✈ 여기에 앉아도 되겠습니까?

Can I sit here?

可以坐这儿吗?

kě yǐ zuò zhè r ma

커 이 쭤 절 마

✈ (옆 사람에게) 자리를 바꿔 주시겠습니까?

Could I change seats?

能给我换一下位置吗?

néng gěi wǒ huàn yí xià wèi zhì ma

넝 께이 워 후안 이 샤 웨이 즈 마

✈ 저기 빈자리로 옮겨도 되겠습니까?

Could I move to an empty seat over there?

能到那个空位置吗?

néng dào nà ge kōng wèi zhì ma

넝 따오 나 거 콩 웨이 즈 마

✈ 잠깐 지나가도 될까요?

May I go through?

能过一下吗?

néng guò yí xià ma

넝 꿔 이 샤 마

✈ 음료는 뭐가 좋겠습니까?
What would you like to drink?
需要什么饮料?
xū yào shén me yǐn liào
쉬 야오 선 머 인 랴오

✈ 어떤 음료가 있습니까?
What kind of drinks do you have?
有什么饮料?
yǒu shén me yǐn liào
여우 선 머 인 랴오

✈ 콜라는 있습니까?
Do you have coke?
有可乐吗?
yǒu kě lè ma
여우 커 러 마

✈ 맥주를 주시겠습니까?
Can I have a beer?
请给我啤酒?
qǐng gěi wǒ pí jiǔ
칭 께이 워 피 져우

✈ 베개와 모포를 주세요.
May I have a pillow and a blanket, please.
请给我枕头和毛毯。
qǐng gěi wǒ zhěn tou hé máo tǎn
칭 께이 워 전 터우 허 마오 탄

✈ 한국어 신문(잡지)은 있습니까?
Do you have any Korean newspapers(magazines)?
有韩国报纸 (杂志) 吗?
yǒu hán guó bào zhǐ (zá zhì) ma
여우 한 궈 빠오 즈 (짜 즈) 마

✈ 소고기와 닭고기가 있는데, 어느 것으로 하시겠습니다.
Would you like beef or chicken?
有牛肉和鸡肉，需要什么?
yǒu niú ròu hé jī ròu xū yào shén me
여우 니우 러우 허 지 러우 쉬 야오 선 머

✈ 소고기로 주세요.
Beef, please.
请给我牛肉。
qǐng gěi wǒ niú ròu
칭 께이 워 니우 러우

✈ 식사는 다 하셨습니까?
Are you through with your meal?
用完餐了吗?
yòng wán cān le ma
융 완 찬 러 마

면세품 구입과 몸이 불편할 때

✈ 기내에서 면세품을 판매합니까?
Do you sell tax-free goods on the flight?
机内卖免税品吗?
jī nèi mài miǎn shuì pǐn ma
지 네이 마이 미엔 수이 핀 마

✈ 어떤 담배가 있습니까?
What cigarettes do you have?
有什么烟?
yǒu shén me yān
여우 선 머 옌

✈ (면세품 사진을 가리키며) 이것은 있습니까?
Do you have this?
有这个吗?
yǒu zhè ge ma
여우 저 거 마

✈ 한국 돈은 받습니까?
Do you accept Korean won?
收韩币吗?
shōu hán bì ma
셔우 한 삐 마

✈ 비행기 멀미약은 있습니까?
Do you have medicine for air-sickness?
有晕机药吗?
yǒu yūn jī yào ma
여우 윈 지 야오 마

✈ 좀 몸이 불편합니다. 약을 주시겠어요?
I feel a little sick. Can I have some medicine?
身体有点不舒服, 能给我药吗?
shēn tǐ yǒu diǎn bù shū fu néng gěi wǒ yào ma
선 티 여우 디엔 뿌 수 푸 넝 께이 워 야오 마

궁금한 사항을 물을 때

✈ 비행은 예정대로입니까?
Is this flight on schedule?
飞行情况, 是按预定的吗?
fēi xíng qíng kuàng shì àn yù dìng de ma
페이 씽 칭 쿠앙 스 안 위 딩 더 마

✈ 현지 시간으로 지금 몇 시입니까?
What is the local time?
当地时间, 现在几点?
dāng dì shí jiān xiàn zài jǐ diǎn
땅 디 스 지엔 시엔 짜이 지 디엔

✈ 이 서류 작성법을 가르쳐 주시겠어요?
Could you tell me how to fill in this form?
能告诉我这个文件怎么做吗?
néng gào su wǒ zhè ge wén jiàn zěn me zuò ma
넝 까오 수 워 저 거 원 지엔 쩐 머 쭤 마

✈ 환승 시간에 늦지 않을지 걱정입니다.

I'm anxious about my connecting flight.

我很担心换乘时间会不会迟到。

wǒ hěn dān xīn huàn chéng shí jiān huì bú huì chí dào

워 헌 딴 신 후안 청 스 지엔 후이 뿌 후이 츠 따오

✈ 이 공항에서 어느 정도 머뭅니까?

How long will we stop here?

在这个机场停留多长时间?

zài zhè ge jī chǎng tíng liú duō cháng shí jiān

짜이 저 거 지 창 팅 리우 뚸 창 스 지엔

✈ 환승 카운터는 어디입니까?

Where's the transfer counter?

换乘的地方在哪儿?

huàn chéng de dì fang zài nǎ r

후안 청 더 디 팡 짜이 날

✈ 환승수속은 어디서 하면 됩니까?

Where do I check in?

换乘手续在哪儿办?

huàn chéng shǒu xù zài nǎ r bàn

후안 청 셔우 쒸 짜이 날 빤

✈ 환승시간까지 얼마나 남았습니까?

How long is the layover?

离换乘时间还有多少?

lí huàn chéng shí jiān hái yǒu duō shǎo

리 후안 청 스 지엔 하이 여우 뚸 사오

✈ 환승은 몇 시부터입니까?

When do we board?

从几点开始换乘?

cóng jǐ diǎn kāi shǐ huàn chéng

총 지 디엔 카이 스 후안 청

✈ (승선권을 보이며) 제 선실은 어딘가요?
Where is my cabin?
我的客舱在哪里?
wǒ de kè cāng zài nǎ lǐ
워 더 커 창 짜이 나 리

✈ 천진에는 언제 도착합니까?
When can we get to Tianjin?
几点到天津?
jǐ diǎn dào tiān jīn
지 디엔 따오 티엔 진

✈ 어느 것이 제 침구입니까?
Which one is my bedclothes?
哪些是我的卧具?
nǎ xiē shì wǒ de wò jù
나 시에 스 워 더 워 쥐

✈ 매점은 어디에 있습니까?
Where can I buy something?
小卖部在哪里?
xiǎo mài bù zài nǎ lǐ
샤오 마이 부 짜이 나 리

✈ 식당은 있습니까?
Do you have a cafeteria?
有餐厅吗?
yǒu cān tīng ma
여우 찬 팅 마

✈ 상하이까지 몇 시간 걸립니까?
How long does it take to Shanghai?
到上海要几个小时?
dào shàng hǎi yào jǐ ge xiǎo shí
따오 상 하이 야오 지 거 샤오 스

✈ 파도는 거칩니까?
Are the waves running high?
浪大吗?
làng dà ma
랑 따 마

✈ 날씨는 좋습니까?
Is the climate good?
天气好吗?
tiān qì hǎo ma
티엔 치 하오 마

✈ 뱃멀미를 하는데요.
I'm seasick.
我晕船了。
wǒ yūn chuán le
워 윈 추안 러

✈ (뱃멀미로) 토할 것 같습니다.
I'm going throw up.
想吐。
xiǎng tǔ
시앙 투

✈ 의무실로 데리고 가 주십시오.
Please take me to the medical room.
请带我去医务室。
qǐng dài wǒ qù yī wù shì
칭 따이 워 취 이 우 스

에어컨 air-conditioner
空调(kōngtiáo)
콩티아오

전반 rack
架子(jiàzi)
지아쯔

통로 aisle
通道(tōngdào)
통따오

조명 light
灯光(dēngguāng)
떵꾸앙

창 window
窗户(chuānghù)
추앙후

좌석 seat
座位(zuòwèi)
쭈오웨이

구명동의 life jacket
救生衣(jiùshēngyī)
져우성이

스튜어디스 stewardess
空中小姐(kōngzhōngxiǎojiě)
콩쫑샤오지에

기내에서 볼 수 있는 게시판		
禁止吸烟	NO SMOKING	금연
系好安全带	FASTEN SEAT BELT	안전벨트 착용
厕所使用中	OCCUPIED	화장실 사용 중
厕所没人使用	VACANT	비어 있음
紧急出口	EMERGENCY	비상구
叫出键	CALL BUTTON	호출버튼
垃圾筒	TOWEL DISPOSAL	쓰레기통

입국신고서		
성명	Name	姓名
성	Family name	姓
이름	Givens names	名字
국적	Nationality	国籍
생년월일	Day, Month, Year	出生日期
남, 여	Male, Female	性别
현주소	Home address	现在地址
직업	Occupation	职业
중국의 연락처	Address in China	中国联络处
여권번호	Passport No.	护照号码
항공기 편명 / 선명	Flight No. / Vessel	航班号 / 船次
탑승지	Fort of Embarkation	出发地
여행목적	Purpose of visit	旅行目的
서명	Signature	签名
중국체류예정기간	Entered Length of stay in China	在中国停留时间

UNIT 02 입국심사

外国人이라고 표시한 곳에 줄을 서서 여권과 출입국신고서를 제출하면 입국심사에서는 여권·비자의 유효기간을 검사하고 입국목적, 체류기간 등을 묻습니다. 미리 출입국 신고서에 방문목적, 체류기간, 묵을 곳의 주소, 이름, 전화 등을 정확히 기재하면 별도의 질문을 받지 않아도 됩니다.

약 _____ 입니다.

For _____ .

是 _____ 。
shì
스

☐ 1주일	one week	一周(yìzhōu)	이쩌우
☐ 10일	ten days	十天(shítiān)	스티엔
☐ 15일	fifteen days	十五天(shíwǔtiān)	스우티엔
☐ 1개월	one month	一个月(yígèyuè)	이거위에

Q : 여권을 보여 주시겠어요?
May I see your passport?
请出示一下您的护照?
qǐng chū shì yí xià nín de hù zhào
칭 추스 이 샤 닌 더 후 자오

A : 여기 있습니다.
Here it is.
在这儿。
zài zhè r
짜이 절

방문 목적을 물을 때

✈ 입국 목적은 무엇입니까?
What's the purpose of your visit?
入国的目的是什么?
rù guó de mù dì shì shén me
루 궈 더 무 디 스 선 머

✈ 관광입니다.
Sightseeing.
是观光。
shì guān guāng
스 꽌 구앙

✈ 공무입니다.
Official affairs.
是公事。
shì gōng shì
스 꽁 스

✈ 유학입니다.
Studying abroad.
是留学。
shì liú xué
스 리우 쉬에

체류 장소와 일정을 물을 때

✈ 얼마나 체류하십니까?
How long are you staying?
滞留多长时间?
zhì liú duō cháng shí jiān
즈 리우 뚸 창 스 지엔

✈ 1주일 체류합니다.
I'm staying for a week.
滞留一周。
zhì liú yì zhōu
즈 리우 이 저우

✈ 어디에 머무십니까?
Where are you staying?
在哪滞留?
zài nǎ zhì liú
짜이 나 즈 리우

✈ ○○호텔에 머뭅니다.
I'll stay at the ○○Hotel.
在○○宾馆滞留。
zài ○○ bīn guǎn zhì liú
짜이 ○ ○ 삔 관 즈 리우

✈ (메모를 보이며) 숙박처는 이 호텔입니다.
I'll stay at this Hotel.
我会住在这个酒店。
wǒ huì zhù zài zhè ge jiǔ diàn
워 후이 주 짜이 저 거 져우 띠엔

✈ (호텔은) 아직 정하지 않았습니다.
I don't know which one.
还没有决定。
hái méi yǒu jué dìng
하이 메이 여우 쮀에 띵

✈ (호텔은) 단체여행이라서 모릅니다.
I'm not sure, because I'm a member of group tour.
因为是集体旅行，所以不清楚。
yīn wèi shì jí tǐ lǚ xíng suǒ yǐ bù qīng chu
인 웨이 스 지 티 뤼 싱 쉬 이 뿌 칭 추

기타 질문 사항

✈ 돌아가는 항공권은 가지고 계십니까?
Do you have a return ticket?
回去时候的机票在手里吗?
huí qù shí hou de jī piào zài shǒu lǐ ma
후이 취 스 허우 더 지 퍄오 짜이 셔우 리 마

✈ 네, 가지고 있습니다.
Yes, it's right here.
是，在手里。
shì zài shǒu lǐ
스 짜이 셔우 리

✈ 현금은 얼마나 가지고 있습니까?
How much cash do you have with you?
有多少现金?
yǒu duō shǎo xiàn jīn
여우 뛰 사오 시엔 진

✈ 800위안 정도입니다.
I have about yuan 800.
八百元左右。
bā bǎi yuán zuǒ yòu
빠 바이 위엔 쮜 여우

✈ 이 나라는 처음입니까?
Is this your first visit(here)?
这个国家第一次来吗?
zhè ge guó jiā dì yí cì lái ma
저 거 꿔 쟈 디 이 츠 라이 마

✈ 네, 처음입니다.
Yes, it is.
是，第一次来。
shì dì yí cì lái
스 디 이 츠 라이

✈ 됐습니다.
Good.
可以了。
kě yǐ le
커 이 러

UNIT

03 세관검사

입국심사가 끝나면 턴테이블이 있는 곳으로 가서 자신이 타고 온 항공사와 편명이 표시된 턴테이블로 짐이 나오므로 그 주위에서 기다렸다 찾으면 됩니다. 짐을 찾으면 税关의 표시를 따라 세관으로 가서 여권과 세관신고서를 담당에게 보여 주고 통과를 기다리면 됩니다.

이것은 _____ 입니다.

This is _____.

这是 _____。
zhè shì
저 스

□ 선물	a gift	礼物(lǐwù)	리우
□ 일용품	daily necessities	日用品(rìyòngpǐn)	르용핀
□ 라면	ramyon	快速面(kuàisùmiàn)	콰이쑤미엔
□ 약	medicine	药(yào)	야오

Q : 신고할 것이 있습니까?

Do you have anything to declare?

有要申报的吗?
yǒu yào shēn bào de ma
여우 야오 선 빠오 더 마

A : 없습니다.

No, I don't.

没有。
méi yǒu
메이 여우

짐을 찾을 때

✈ 짐은 어디서 찾습니까?
Where can I get my baggage?
行李到哪取?
xíng li dào nǎ qǔ
싱 리 따오 나 취

✈ 이건 714편 턴테이블입니까?
Is this baggage conveyer for flight 714?
这个行李转动机是714号班机?
zhè ge xíng li zhuǎn dòng jī shì qī yī sì hào bān jī
저 거 싱 리 주안 동 지 스 치 이 쓰 하오 빤 지

✈ 714편 짐은 나왔습니까?
Has baggage from flight 714 come out?
714号行李出来了吗?
qī yī sì hào xíng li chū lái le ma
치 이 쓰 하오 싱 리 추 라이 러 마

✈ 제 짐이 보이지 않습니다.
I can't find my baggage.
怎么找不到我的行李。
zěn me zhǎo bú dào wǒ de xíng li
쩐 머 자오 뿌 따오 워 더 싱 리

✈ 당장 보상해 주세요.
Pay for me right now.
请立刻赔偿我。
qǐng lì kè péi cháng wǒ
칭 리 커 페이 창 워

✖ **여권과 신고서를 보여 주십시오.**
Your passport and declaration card, please.
请出示申请书和护照。
qǐng chū shì shēn qǐng shū hé hù zhào
칭 추 스 선 칭 수 허 후 자오

✖ **세관신고서는 가지고 계십니까?**
Do you have your customs declaration form?
税关申请书在手里吗?
shuì guān shēn qǐng shū zài shǒu lǐ ma
수이 꽌 선 칭 수 짜이 셔우 리 마

✖ **신고서는 가지고 있지 않습니다.**
I don't have a declaration card.
申请书不在手里。
shēn qǐng shū bú zài shǒu lǐ
선 칭 수 뿌 자이 셔우 리

✖ **신고할 것은 있습니까?**
Do you have anything to declare?
有什么要申请的吗?
yǒu shén me yào shēn qǐng de ma
여우 선 머 야오 선 칭 더 마

✖ **일용품뿐입니다.**
I only have personal belongings.
就只有日用品。
jiù zhǐ yǒu rì yòng pǐn
져우 즈 여우 르 용 핀

✖ **이 가방을 열어 주십시오.**
Please open this bag.
请打开这个包。
qǐng dǎ kāi zhè ge bāo
칭 따 카이 저 거 빠오

✈ 내용물은 무엇입니까?
What's in it?
里面有什么?
lǐ miàn yǒu shén me
리 미엔 여우 선 머

✈ 이건 뭡니까?
What's this?
这是什么?
zhè shì shén me
저 스 선 머

✈ 친구에게 줄 선물입니다.
Gifts for my friends.
给朋友的礼物。
gěi péng yǒu de lǐ wù
께이 펑 여우 더 리 우

✈ 다른 짐은 있나요?
Do you have any other baggage?
有其他的行李吗?
yǒu qí tā de xíng li ma
여우 치 타 더 싱 리 마

✈ 이건 과세 대상이 됩니다.
You have to pay duty on it.
这个东西需要交税。
zhè ge dōng xi xū yào jiāo shuì
저 거 똥 씨 쉬 야오 쟈오 수이

✈ 과세액은 얼마입니까?
How much is the duty?
税额是多少?
shuì é shì duō shǎo
수이 어 스 뛰 사오

Travel Chinese

UNIT
04

공항에서

공항 로비의 안내소에는 무료 지도, 관광 가이드나 호텔 가이드 등의 팸플릿
이 준비되어 있습니다. 시내의 교통수단, 호텔이 위치한 장소나 택시 요금 등
필요한 정보를 모으도록 합시다. 대형 공항에서는 호텔 예약, 렌터카 등의 별
도의 부스가 있기도 합니다.

_____ 은(는) 어디에 있습니까?

Where is the _____ ?

_____ 在哪里?
zài nǎ lǐ
짜이 나 리

□	안내소	Information	咨询台(zīxúntái)	지쉰타이
□	환전	exchange	换钱处(huànqiánchù)	후안치엔추
□	화장실	rest room	洗手间(xǐshǒujiān)	씨셔우지엔
□	택시승강장	taxi stand	出租车乘车处(chūzūchēchéngchēchù)	추쭈처청처추

Q : 어디에서 환전을 합니까?
Where can I exchange money?
在哪换钱?
zài nǎ huàn qián
짜이 나 후안 치엔

A : '환전'이라고 써진 곳으로 가십시오.
Go to "Currency Exchange."
请到写着"换钱"的地方去。
qǐng dào xiě zhe "huàn qián" de dì fang qù
칭 따오 시에 저 "후안 치엔" 더 디 팡 취

110

✖ 이걸 환전해 주시겠어요?

Could you exchange this?

请帮我换一下这些钱?

qǐng bāng wǒ huàn yí xià zhè xiē qián

칭 빵 워 후안 이 샤 저 시에 치엔

✖ 여행자수표를 현금으로 바꿔 주세요.

Please cash these traveler's checks.

请把旅行者支票换成现金。

qǐng bǎ lǚ xíng zhě zhī piào huàn chéng xiàn jīn

칭 바 뤼 씽 저 즈 퍄오 후안 청 시엔 진

✖ 잔돈도 섞어 주세요.

I'd like some small change.

零钱也换一些。

líng qián yě huàn yì xiē

링 치엔 예 후안 이 시에

✖ 계산이 틀린 것 같은데요.

I think the amount is incorrect.

计算好象出现错误了。

jì suàn hǎo xiàng chū xiàn cuò wù le

지 쑤안 하오 샹 추 시엔 춰 우 러

✖ 수수료는 얼마입니까?

How much is your commission?

手续费是多少?

shǒu xù fèi shì duō shǎo

셔우 쉬 페이 스 뛰 사오

✖ 계산서를 주시겠어요?

May I have a receipt?

请给我账单?

qǐng gěi wǒ zhàng dān

칭 께이 워 장 딴

✈ 시가지도와 관광 팸플릿을 주시겠어요?
Can I have a city map and tourist brochure?
请给我城市地图和简介?
qǐng gěi wǒ chéng shì dì tú hé jiǎn jiè
칭 께이 워 청 스 디 투 허 지엔 지에

✈ 매표소는 어디에 있습니까?
Where is the ticket office?
售票处在哪里?
shòu piào chù zài nǎ lǐ
셔우 퍄오 추 짜이 나 리

✈ 여기서 렌터카를 예약할 수 있습니까?
Can I reserve rental car here?
在这里可以借到车吗?
zài zhè li kě yǐ jiè dào chē ma
짜이 저 리 커 이 지에 따오 처 마

✈ 출구는 어디입니까?
Where is the exit?
出口在哪里?
chū kǒu zài nǎ lǐ
추 커우 짜이 나 리

✈ 여기서 호텔을 예약할 수 있습니까?
Can I reserve a hotel here?
在这里可以预约宾馆吗?
zài zhè li kě yǐ yù yuē bīn guǎn ma
짜이 저 리 커 이 위 위에 삔 꾸안 마

✈ 시내 호텔을 예약해 주시겠어요?
Could you reserve a hotel in the city?
请给我预约位于市中心的宾馆?
qǐng gěi wǒ yù yuē wèi yú shì zhōng xīn de bīn guǎn
칭 께이 워 위 위에 웨이 위 스 종 씬 더 삔 꾸안

✈ 어떤 호텔을 찾으십니까?
What kind of hotel are you looking for?
需要什么样的宾馆?
xū yào shén me yàng de bīn guǎn
쉬 야오 선 머 양 더 삔 꾸안

✈ 번화가에 가까운 호텔을 부탁합니다.
One near downtown.
请帮我找位于繁华地带的宾馆。
qǐng bāng wǒ zhǎo wèi yú fán huá dì dài de bīn guǎn
칭 방 워 자오 웨이 위 판 후아 디 따이 더 삔 꾸안

✈ 역에서 가까운 호텔을 부탁합니다.
I'd like a hotel close to the station.
请帮我找离车站近的宾馆。
qǐng bāng wǒ zhǎo lí chē zhàn jìn de bīn guǎn
칭 방 워 자오 리 처 잔 진 더 삔 꾸안

✈ 그 호텔은 어디에 있습니까?
Where's the hotel?
那个宾馆在哪儿?
nà ge bīn guǎn zài nǎ r
나 거 삔 꾸안 짜이 날

UNIT 05

시내로 이동

北京首都空港, 上海浦东空港, 大连周水子空港, 西岸咸阳空港 등은 시내에서 차로 20분에서 1시간 거리에 있습니다. 시내와 공항을 직접 연결하는 리무진 버스 이외에 노선버스, 택시(요금이 비싸므로 가급적 피하는 게 좋다) 등의 교통 수단이 있는데 리무진버스가 가장 확실합니다.

_____까지 부탁합니다.

For _____ , please

到 _____ 。
dào
따오

○○호텔	○○hotel	○○宾馆(bīnguǎn)	○○빈꾸안
시내	downtown	市内(shìnèi)	스네이
○○역	○○Station	○○车站(chēzhàn)	○○처잔
○○박물관	○○museum	○○博物馆(bówùguǎn)	○○보우구안

Q : 어디서 택시를 탑니까?
Where can I get a taxi?
在哪儿坐出租车?
zài nǎr zuò chū zū chē
짜이 날 쭤 추 주 처

A : 바로 앞쪽에 택시 승강장이 있습니다.
There's a taxi stand up ahead.
出租车乘车处就在前面。
chū zū chē chéng chē chù jiù zài qián miàn
추 주 처 청 처 추 쪄우 짜이 치엔 미엔

✈ 포터를 찾고 있습니다.

I'm looking for a porter.

正在找行李员。

zhèng zài zhǎo xíng lǐ yuán

정 짜이 자오 싱 리 위엔

✈ 포터를 불러 주세요.

Please get me a porter.

请叫行李员。

qǐng jiào xíng lǐ yuán

칭 쟈오 싱 리 위엔

✈ 이 짐을 택시승강장까지 옮겨 주세요.

Please take this baggage to the taxi stand.

请把这行李运到出租车乘车处。

qǐng bǎ zhè xíng li yùn dào chū zū chē chéng chē chù

칭 바 저 싱 리 원 따오 추 주 처 청 처 추

✈ 이 짐을 버스정류소까지 옮겨 주세요.

Please take this baggage to the bus stop.

请把这行李运到公共汽车站。

qǐng bǎ zhè xíng li yùn dào gōng gòng qì chē zhàn

칭 빠 저 싱 리 원 따오 꽁 공 치 처 잔

✈ 카트는 어디에 있습니까?

Where are the baggage carts?

手推车在哪里?

shǒu tuī chē zài nǎ lǐ

셔우 퇴이 처 짜이 나 리

✈ 고맙습니다. 얼마입니까?

Thank you. How much is it?

谢谢，多少钱?

xiè xie duō shǎo qián

씨에 씨에 뚸 사오 치엔

✈ **택시 승강장은 어디입니까?**
Where is the taxi stand?
等出租车的地方在哪里?
děng chū zū chē de dì fang zài nǎ lǐ
덩 추 주 처 더 띠 팡 짜이 나 리

✈ **어디서 택시를 탑니까?**
Where can I get a taxi?
在哪儿坐出租车?
zài nǎ r zuò chū zū chē
짜이 날 쭤 추 주 처

✈ **어디까지 가십니까?**
Where are you going?
到哪里?
dào nǎ lǐ
따오 나 리

✈ **○○호텔로 가 주세요.**
To ○○Hotel, please.
到○○宾馆。
dào ○○ bīn guǎn
따오 ○ ○ 삔 꾸안

✈ **(주소를 보이며) 이리 가 주세요.**
Take me to this address, please.
请往这儿走。
qǐng wǎng zhè r zǒu
칭 왕 절 저우

✈ **짐을 트렁크에 넣어 주세요.**
Please put my baggage in the trunk.
请把行李放进后备箱。
qǐng bǎ xíng li fàng jìn hòu bèi xiāng
칭 바 싱 리 팡 진 허우 베이 시앙

✈ 시내로 가는 가장 빠른 교통수단은 무엇입니까?
What's the fastest way to downtown?

到市里最快的方法是坐什么车?
dào shì lǐ zuì kuài de fāng fǎ shì zuò shén me chē
따오 스 리 쭈이 콰이 더 팡 파 스 쮀 선 머 처

✈ 시내로 가는 싼 교통수단은 무엇입니까?
What's the cheapest way to downtown?

到市里便宜的方法是坐什么车?
dào shì lǐ pián yi de fāng fǎ shì zuò shén me chē
따오 스 리 피엔 이 더 팡 파 스 쮀 선 머 처

✈ 시내로 가는 버스는 있습니까?
Is there a bus going downtown?

有到市里的车吗?
yǒu dào shì lǐ de chē ma
여우 따오 스 리 더 처 마

✈ 매표소는 어디입니까?
Where is the ticket office?

售票处在哪儿?
shòu piào chù zài nǎ r
셔우 퍄오 추 짜이 날

✈ 시간은 어느 정도 걸립니까?
How long does it take to get there?

得多长时间?
děi duō cháng shí jiān
데이 뚸 창 스 지엔

✈ 도착하면 알려 주시겠어요?
Could you tell me when we get there?

到了请告诉我一声?
dào le qǐng gào su wǒ yì shēng
따오 러 칭 까오 쑤 워 이 성

공항에서 볼 수 있는 표지판		
出发口	DEPARTURE GATE	출발입구
到站口	ARRIVAL GATE	도착입구
搭乘口	BOARDING GATE	탑승입구
搭乘中	NOW BOARDING	탑승 수속 중
正点	ON TIME	정각에
延迟	DELAYED	지연
换乘飞机	CONNECTING FLIGHT	환승 비행기
待机	STAND BY	공석 대기
换钱	EXCHANGE / MONEY EXCHANGE	환전소
国内航班	DOMESTIC	국내선

PART 3

숙박

숙박에 관한 정보

☀ 중국 호텔의 급수와 서비스 및 시설

① 등급이 없는 곳: 1성, 2성

시설은 TV, 에어컨(개인이 조절불가), 샤워, 화장실 등은 기본적으로 구비되어 있으나 급이 낮을수록 간혹 없는 경우도 있다. 역겨운 화장실 냄새와 문이 없는 화장실, 세면대 바닥에는 물이 넘쳐나는 등, 사용하기 불가능하다. 공동화장실이 아닌 개인화장실인 경우도 역시 마찬가지이다. 개인 방일 경우 마음에 안 들면 단호하게 말하여 바꾸어 달라고 요구를 하자. 뜨거운 물은 정해진 시간에만 나오므로 미리 시간을 잘 알아두어야 한다. 이 시간에 나오는 물은 매우 뜨겁고 어떤 때는 차가운 물이 나오지 않으므로 조심하여 사용해야 한다. 프런트와 식당은 대체로 있으나 서비스는 기대하지 않는 것이 좋다.

② 3성

TV, 중앙조절에어컨, 샤워, 화장실, 전화 등, 기본적인 호텔시설은 갖춰져 있다. 또한 뜨거운 물도 24시간 나온다. 프런트(24H), 레스토랑, 커피숍, 이용실, 미용실, 상점 등 일반적인 시설은 모두 되어 있다.

③ 4성 및 5성

고급 호텔다운 정취가 있으며 우리나라의 호텔보다 좋은 곳이 많다. 일반적인 단체 여행을 할 때 주로 이용하는 곳으로서 세계적인 호텔의 서비스를 기대할 수 있다. 가격은 100달러 이상이며 봉사료가 추가된다. 신용카드로 결제가 가능하다. 한국에서 여행사를 통해 예약을 하면 저렴하게 이용할 수 있다.

☀ 숙박요금

저렴한 호텔은 수십 원에서부터 최고급 호텔의 100달러 이상의 호텔들이 있다. 3성급 이상은 항상 봉사료가 10~20%의 추가요금이 붙는다. 방은 기본적으로 2인용 룸이다. 1인용 룸도 있지만 간혹 2인용 룸보다 높은 경우도 있다. 보통 조식이 포함되는 경우도 있지만 그렇지 않은 경우도 많으므로 조식이 포함되어 있는지 반드시 문의해야 한다. 일반적으로 본인이 직접 호텔에 가서 예약하는 것보다 여행사를 통해 예약을 하면 많게는 50%까지 저렴하다.

● 좋은 호텔을 선정하는 방법

그 지방에 도착하면 먼저 지도를 구입한다. 지도에 기재되어 있는 호텔은 비교적 좋은 호텔이다. XX HOTEL이라고 적혀 있는 곳은 주로 2성급 이상이다. 문앞에 도어맨이 있는 경우는 3성급 이상이며, 이런 호텔을 발견하면 먼저 여권을 제시하고 외국인이 묵을 수 있는지 물어보고 호텔 선정을 하도록 한다. 역에서 쪽지를 내놓고 호객하는 곳은 절대로 가지 말자. 같은 중국인들도 그곳에서 강도를 당하는 수가 많다. 가능한 한 2성급 이상, 외국인이 자주 이용하는 호텔에서 묵도록 한다.

● 체크인 · 체크아웃

일반적으로 14시 이후에는 체크인이 가능하다. 체크인할 때 여권을 보여주고 체크인 카드에 필요한 것을 기재한 후에 제시한다. 낮은 등급일 경우 각 층마다 안내원이 있어 문을 열어 주므로 특별한 열쇠가 없다. 간혹 '야진'이라 하여 보증금을 받기도 한다. 호텔 안에서 커피와 서비스를 받고 체크아웃할 때 정산하기도 하는데, 그런 경우 간혹 보증금을 요구하기도 한다. 체크아웃은 기본적으로 12시이다. 프런트에서 체크아웃의 의사를 표시하면 1차적으로 방을 체크한 후에 지불하면 된다.

● 한국에서 호텔 예약방법

항공권을 구매하는 곳에서 보통 예약을 대행하여 주기도 하며, 보통 3성급 이상이어야만 가능하다. 현지에서 여행사를 통해 예약할 경우 수수료를 받으므로 그다지 큰 차이는 나지 않는다.

UNIT

01 호텔 예약

호텔을 현지에서 찾을 때는 공항이나 시내의 观光案内所(Tourist Information)에서 물어보도록 합시다. 예약을 해주는 곳도 있기는 하지만, 우선 가능하면 한국에서 출발하기 전에 예약을 해두는 것이 좋습니다. 예약할 때는 요금, 입지, 치안 등을 고려해서 정하도록 합시다.

_____ (으)로 부탁합니다.

I'd like a _____ .

请给我 _____ 。
qǐng gěi wǒ
칭 께이 워

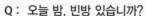

☐ 싱글 룸	single room	单人房(dānrénfáng)	단런팡
☐ 트윈 룸	twin room	双人房(shuāngrénfáng)	수앙런팡
☐ 더블 룸	double room	套间(tàojiān)	타오지엔
☐ 욕실이 있는 방	room with a bath	有浴室的房间(yǒuyùshidefángjiān)	여우위스더팡지엔

Q : 오늘 밤, 빈방 있습니까?

Do you have a room for tonight?

今天晚上有空房间吗?
jīn tiān wǎn shàng yǒu kōng fáng jiān ma
진 티엔 완 상 여우 콩 팡 지엔 마

A : 몇 분이십니까?

For how many of you?

几位?
jǐ wèi
지 웨이

122

✈ 여기서 호텔 예약할 수 있습니까?
Can I make reservation here?
在这里能预约宾馆吗?
zài zhè lǐ néng yù yuē bīn guǎn ma
짜이 저 리 넝 위 위에 빈 꾸안 마

✈ 어떤 방이 좋겠습니까?
What type of room would you like?
需要什么样的房间?
xū yào shén me yàng de fáng jiān
쉬 야오 선 머 양 더 팡 지엔

✈ 역까지 데리러 옵니까?
Could you pick me up at the station?
到车站来接我吗?
dào chē zhàn lái jiē wǒ ma
따오 처 잔 라이 지에 워 마

✈ 공항까지 데리러 옵니까?
Could you pick me up at the airport?
到机场来接我吗?
dào jī chǎng lái jiē wǒ ma
따오 지 창 라이 지에 워 마

✈ 그 호텔은 어디에 있습니까?
Where is the hotel located?
那个宾馆在哪儿?
nà ge bīn guǎn zài nǎ r
나 거 빈 꾸안 짜이 날

✈ 다른 호텔을 소개해 주십시오.
Could you tell me where another hotel is?
请给我介绍别的宾馆。
qǐng gěi wǒ jiè shào bié de bīn guǎn
칭 께이 워 지에 사오 삐에 더 빈 꾸안

✈ 오늘 밤, 빈방 있습니까?
Do you have any vacancies tonight?
今天晚上有空房间吗?
jīn tiān wǎn shàng yǒu kōng fáng jiān ma
진 티엔 완 상 여우 콩 팡 지엔 마

✈ 숙박요금은 얼마입니까?
How much is the room charge?
住宿费多少钱?
zhù sù fèi duō shǎo qián
주 쑤 페이 뚸 사오 치엔

✈ 1박에 얼마입니까?
How much for one night?
一天晚上多少钱?
yì tiān wǎn shang duō shǎo qián
이 티엔 완 상 뚸 사오 치엔

✈ 요금에 조식은 포함되어 있나요?
Does the room charge include breakfast?
房费里包含早餐吗?
fáng fèi lǐ bāo hán zǎo cān ma
팡 페이 리 빠오 한 짜오 찬 마

✈ 봉사료와 세금은 포함되어 있습니까?
Does it include service charge and tax?
包含服务费和税金吗?
bāo hán fú wù fèi hé shuì jīn ma
빠오 한 푸 우 페이 허 수이 진 마

✈ 예약을 하고 싶은데요.
I'd like to make a reservation.
我想预约。
wǒ xiǎng yù yuē
워 시앙 위 위에

✈ 몇 박을 하실 겁니까?
How long would you like to stay?
住几宿?
zhù jǐ xiǔ
주 지 시우

✈ 오늘 밤부터 2박 할 겁니다.
I'll stay two nights.
从今天晚上开始住两宿。
cóng jīn tiān wǎn shàng kāi shǐ zhù liǎng xiǔ
총 진 티엔 완 상 카이 스 주 리앙 쑤

✈ 트윈 룸으로 부탁합니다.
A double room, please.
请给我双人房间。
qǐng gěi wǒ shuāng rén fáng jiān
칭 께이 워 수앙 런 팡 지엔

✈ 욕실이 있는 방으로 부탁합니다.
I'd like a room with a bath.
请给我有浴室的房间。
qǐng gěi wǒ yǒu yù shì de fáng jiān
칭 께이 워 여우 위 스 더 팡 지엔

✈ 선불인가요?
Do you need a deposit?
先付钱吗?
xiān fù qián ma
시엔 푸 치엔 마

✈ 홍길동입니다. 스펠링은 HONG KILDONG입니다.
My name is Kil-dong Hong. The spelling is HONG KILDONG.
我的名字是洪吉童。拼写成 HONG KILDONG。
wǒ de míng zì shì hóng jí tóng pīn xiě chéng HONGKILDONG
워 더 밍 즈 스 홍 지 퉁 핀 씨에 청 HONGKILDONG

호텔 스텝의 역할

❶ 회계(cashier) 요금 정산, 환전, 금고 관리	会计人员(huìjìrényuán) 후이지런위엔
❷ 레지스트레이션(registration) 체크인, 체크아웃	登记员(dēngjìyuán) 덩지위엔
❸ 접수(reception) 룸키, 메시지	接待处(jiēdàichù) 지에따이추
❹ 안내(information) 안내 및 예약 상담 등	咨询台(zīxúntái) 즈쉰타이
❺ 포터(porter) 차에서 프런트까지 짐 운반	行李员(xínglǐyuán) 싱리위엔
❻ 도어맨(doorman) 현관에서 숙박객의 송영	门卫(ménwèi) 먼웨이
❼ 벨캡틴(bell captain) 벨보이 책임자	领班(lǐngbān) 링빤
❽ 벨보이(bellboy) 로비와 객실간의 짐 운반 등	侍者(shìzhě) 스저
❾ 보이(valet) 룸서비스 운반	男仆(nánpú) 난푸
❿ 룸 메이드(room maid) 침대 정리나 방 청소	清扫女工(qīngsǎonǚgōng) 칭사오뉘꽁

126

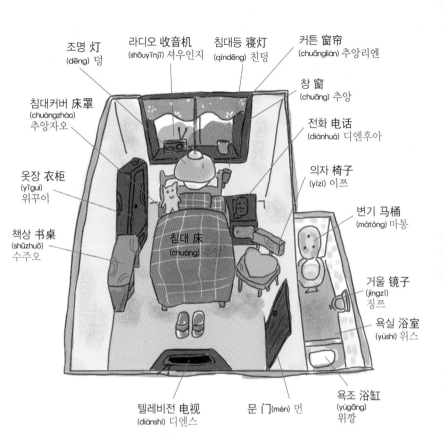

조명 灯 (dēng) 떵

라디오 收音机 (shōuyīnjī) 셔우인지

침대등 寝灯 (qíndēng) 친떵

커튼 窗帘 (chuānglián) 추앙리엔

침대커버 床罩 (chuángzhào) 추앙자오

창 窗 (chuāng) 추앙

전화 电话 (diànhuà) 디엔후아

옷장 衣柜 (yīguì) 위꾸이

의자 椅子 (yǐzi) 이쯔

책상 书桌 (shūzhuō) 수주오

변기 马桶 (mǎtǒng) 마통

침대 床 (chuáng) 추앙

거울 镜子 (jìngzi) 징쯔

욕실 浴室 (yùshì) 위스

텔레비전 电视 (diànshi) 디엔스

문 门 (mén) 먼

욕조 浴缸 (yùgāng) 위깡

DO NOT DISTURB

문에 손잡이에 거는 카드

DO NOT DISTURB
请勿打扰(qǐngwùdǎrǎo) 칭우따오라오
방해하지 마세요

PLEASE MAKE UP
请清扫(qǐngqīngsǎo) 칭칭사오
방을 청소해 주세요

127

UNIT 02

호텔 체크인

호텔의 체크인 시각은 보통 오후 2시부터입니다. 호텔 도착 시간이 오후 6시를 넘을 때는 예약이 취소되는 경우도 있으므로 늦을 경우에는 호텔에 도착시간을 전화로 알려두는 것이 좋습니다. 방의 형태, 설비, 요금, 체재 예정 등을 체크인할 때 확인 하도록 합시다.

_____ 으로 부탁합니다.

I'd like a _____ .

请给我 _____ 。
qǐng gěi wǒ
칭 께이 워

☐ 조용한 방   peaceful room   安静的房间(ānjìngdefángjiān)   안징더팡지엔

☐ 더 좋은 방   better room   更好的(gènghǎode)   껑하오더

☐ 전망이 좋은 방   room with a nice view   能看风景的房间 (néngkànfēngjǐngdefángjiān)   넝칸펑징더팡지엔

Q : 안녕하세요. 어서 오십시오.
Hi. May I help you?
您好。欢迎光临。
nín hǎo huān yíng guāng lín
닌 하오 후안 잉 꾸앙 린

A : 체크인 해 주세요.
I'd like to check in, please.
请给我开个房间。
qǐng gěi wǒ kāi ge fáng jiān
칭 께이 워 카이 거 팡 지엔

✖ 예약은 하셨습니까?
Did you make a reservation?
您预约了吗?
nín yù yuē le ma
닌 위 위에 러 마

✖ 예약했습니다.
I made a reservation.
预约了。
yù yuē le
위 위에 러

✖ 확인서는 여기 있습니다.
Here is my confirmation slip.
确认书在这里。
què rèn shū zài zhè lǐ
취에 런 수 짜이 저 리

✖ 예약은 한국에서 했습니다.
I made one from Korea.
在韩国预约的。
zài hán guó yù yuē de
짜이 한 궈 위 위에 더

✖ 아직 예약을 하지 않았습니다.
I haven't made a reservation.
还没有预约。
hái méi yǒu yù yuē
하이 메이 여우 위 위에

✖ 오늘 밤 빈방은 있습니까?
Can I get a room for tonight?
今天晚上有空房间吗?
jīn tiān wǎn shàng yǒu kōng fáng jiān ma
진 티엔 완 상 여우 콩 팡 지엔 마

✈ 성함을 말씀하십시오.
May I have your name?
请说姓名。
qǐng shuō xìng míng
칭 수오 싱 밍

✈ 숙박 쿠폰을 가지고 있습니다.
I have a travel agency coupon.
住宿券在我手里。
zhù sù quàn zài wǒ shǒu lǐ
주 쑤 취엔 짜이 워 셔우 리

✈ 조용한 방으로 부탁합니다.
I'd like a quiet room.
请给我个安静的房间。
qǐng gěi wǒ ge ān jìng de fáng jiān
칭 께이 워 거 안 징 더 팡 지엔

✈ 전망이 좋은 방으로 부탁합니다.
I'd like a room with a nice view.
请给我个能看风景的房间。
qǐng gěi wǒ ge néng kàn fēng jǐng de fáng jiān
칭 께이 워 거 넝 칸 펑 징 더 팡 지엔

✈ 방을 보여 주세요.
May I see the room?
请给我看一下房间。
qǐng gěi wǒ kàn yí xià fáng jiān
칭 께이 워 칸 이 샤 팡 지엔

✈ 좀 더 큰 방은 없습니까?
Do you have anything bigger?
有更大一点的房间吗?
yǒu gèng dà yì diǎn de fáng jiān ma
여우 껑 따 이 디엔 더 팡 지엔 마

✈ 좀 더 좋은 방은 없습니까?
Do you have anything better?
有没有更好的房间?
yǒu méi yǒu gèng hǎo de fáng jiān
여우 메이 여우 껑 하오 더 팡 지엔

✈ 이 방으로 하겠습니다.

I'll take this room.

就住这个房间吧。

jiù zhù zhè ge fáng jiān ba

져우 주 저 거 팡 지엔 바

✈ 숙박카드에 기입해 주십시오.

Please fill out the registration card.

请记录到住宿卡里。

qǐng jì lù dào zhù sù kǎ lǐ

칭 지 루 따오 주 쑤 카 리

✈ 이게 방 열쇠입니다.

Here is your room key.

这是房间钥匙。

zhè shì fáng jiān yào shi

저 스 팡 지엔 야오 스

✈ 귀중품을 보관해 주시겠어요?

Can you keep my valuables?

可以保管贵重物品吗?

kě yǐ bǎo guǎn guì zhòng wù pǐn ma

커 이 빠오 꾸안 꾸이 종 우 핀 마

✈ 벨보이가 방으로 안내하겠습니다.

The bellboy will show you your room.

服务员会带您到房间。

fú wù yuán huì dài nín dào fáng jiān

푸 우 위엔 후이 따이 닌 따오 팡 지엔

✈ 짐을 방까지 옮겨 주겠어요?

Could you bring my baggage?

能把行李搬到房间吗?

néng bǎ xíng li bān dào fáng jiān ma

넝 빠 싱 리 반 따오 팡 지엔 마

✈ 여기가 손님방입니다.

This is your room.

这就是客人的房间。

zhè jiù shì kè rén de fáng jiān

저 져우 스 커 런 더 팡 지엔

숙박카드

HILL HOTEL GUEST REGISTRATION		
성명 / Full name		
Last	First	Middle
자택주소 자택번호 / Home Address:		Tel:
여권번호 국적, 나이 / Passport No:	Nationality:	Age:
차 번호 / License Plate Number:		
자동차 메이커 자동차 모델명 연식 / Make:	Model:	Year:
서명 / Signature:		
호텔측 기입사항 / Method of Payment: ☐ Cash _____ ☐ Credit Card ☐ Other _____		Arrival Date: Departure Date: Room No:
All of us at the Hill Hotel are grateful for your patronage.		

✈ (늦을 경우) 8시에 도착할 것 같습니다.
I'll arrive at your hotel at eight.
大概八点钟能到。
dà gài bā diǎn zhōng néng dào
따 가이 빠 디엔 종 넝 따오

✈ 예약을 취소하지 마세요.
Please don't cancel my reservation.
不要取消预约。
bú yào qǔ xiāo yù yuē
뿌 야오 취 샤오 위 위에

✈ (예약되어 있지 않을 때) 다시 한번 제 예약을 확인해 주십시오.
Check my reservation again, please.
请再帮我确认一下预约内容。
qǐng zài bāng wǒ què rèn yí xià yù yuē nèi róng
칭 짜이 방 워 취에 런 이 샤 위 위에 네이 롱

✈ 방을 취소하지 않았습니다.
I didn't cancel the room.
没有取消房间。
méi yǒu qǔ xiāo fáng jiān
메이 여우 취 샤오 팡 지엔

✈ 다른 호텔을 찾아 주십시오.
Would you refer me to another hotel.
请找别的宾馆。
qǐng zhǎo bié de bīn guǎn
칭 자오 삐에 더 빈 꾸안

✈ 좀 더 큰 방으로 바꿔 주세요.
Could you give me a larger room.
请给我换更大一点的房间。
qǐng gěi wǒ huàn gèng dà yì diǎn de fáng jiān
칭 께이 워 후안 겅 따 이 디엔 더 팡 지엔

UNIT
03

룸서비스

방에 도착하면 짐을 가져다 준 보이에게 팁을 줍니다. 방의 설비에 대해서 모르는 점이 있으면 그때 물어보도록 합시다. 요즘 호텔에서는 자동으로 모닝콜을 하는 곳이 많습니다. 조작을 모를 때는 프런트에 연락을 하고, 호텔 방에서 아침 식사를 할 경우에는 중국요리나 양식요리가 준비되어 있으므로 취향에 맞게 선택하면 됩니다.

_____ 가져오세요.

_____ please.

请给我 _____ 。
qǐng gěi wǒ
칭 께이 워

☐ 커피 두 잔	two coffees	两杯咖啡(liǎngbēikāfēi)	리앙뻬이카페이
☐ 신문	a news paper	报纸(bàozhǐ)	빠오즈
☐ 병따개	a bottle opener	瓶启子(píngqǐzi)	핑치즈
☐ 아침식사	reakfast	早餐(zǎocān)	자오찬

Q : 누구세요?
Who is it?
您是谁?
nín shì shéi
닌 스 쉐이

A : 룸서비스입니다.
Room service.
是房间服务员。
shì fáng jiān fú wù yuán
스 팡 지엔 푸 우 위엔

✖ 룸서비스를 부탁합니다.
Room service, please.
请叫房间服务员。
qǐng jiào fángjiān fú wù yuán
칭 자오 팡 지엔 푸 우 위엔

✖ 내일 아침 8시에 아침을 먹고 싶은데요.
Breakfast at 8 a.m. tomorrow morning, please.
我想明天早上八点钟吃早餐。
wǒ xiǎng míng tiān zǎo shàng bā diǎn zhōng chī zǎo cān
워 씨앙 밍 티엔 짜오 상 빠 디엔 종 츠 자오 찬

✖ 여기는 1234호실입니다.
This is Room 1234.
这里是1234房间。
zhè lǐ shì yī qiān èr bǎi sān shí sì fáng jiān
저 리 스 이 치엔 얼 빠이 싼 스 쓰 팡 지엔

✖ 도와주시겠어요?
Can you give me a hand?
能帮忙吗?
néng bāng máng ma
넝 빵 망 마

✖ 어느 정도 시간이 걸립니까?
How long will it take?
需要多长时间?
xū yào duō cháng shí jiān
쉬 야오 뚸 창 스 지엔

✖ 세탁 서비스는 있습니까?
Do you have valet service?
有洗衣服务项目吗?
yǒu xǐ yī fú wù xiàng mù ma
여우 시 이 푸 우 씨앙 무 마

✈ 따뜻한 마실 물이 필요한데요.
I'd like a pot of boiled water.
需要热水。
xū yào rè shuǐ
쉬 야오 러 수이

✈ 모닝콜을 부탁합니다.
I'd like a wake-up call, please.
需要叫早。
xū yào jiào zǎo
쉬 야오 쟈오 자오

✈ 몇 시에 말입니까?
What time?
几点钟?
jǐ diǎn zhōng
지 디엔 종

✈ 7시에 부탁합니다.
7 o'clock tomorrow morning.
七点钟。
qī diǎn zhōng
치 디엔 종

✈ 방 번호를 말씀하십시오.
Your room number, please.
请告诉我您的房间号。
qǐng gào su wǒ nín de fáng jiān hào
칭 까오 수 워 닌 더 팡 지엔 하오

✈ 한국으로 전화를 하고 싶은데요.
I'd like to make a phone call to Korea.
我想往韩国打电话。
wǒ xiǎng wǎng hán guó dǎ diàn huà
워 시앙 왕 한 궈 따 디엔 후아

✈ 마사지를 부탁합니다.
I'd like a massage, please.
请给我按摩。
qǐng gěi wǒ àn mó
칭 께이 워 안 모

✈ 식당 예약 좀 해 주시겠어요?
Would you make a reservation for a restaurant for me?
请帮我预定位子?
qǐng bāng wǒ yù dìng wèi zi
칭 빵 워 위 딩 웨이 즈

룸서비스가 들어올 때

✈ (노크하면) 누구십니까?
Who is it?
您是谁?
nín shì shéi
닌 스 쉐이

✈ 잠시 기다리세요.
Just a moment, please.
请稍等。
qǐng shāo děng
칭 사오 덩

✈ 들어오세요.
Please, come in.
请进。
qǐng jìn
칭 진

✈ 이건 팁입니다.
Here's your tip.
这是小费。
zhè shì xiǎo fèi
저 스 샤오 페이

Travel Chinese

호텔시설 이용하기

호텔 내의 시설이나 설비, 서비스 내용은 체크인할 때 확인해두도록 합시다. 예약이나 트러블, 문의 사항은 대부분 프런트 데스크에 부탁하면 해결을 해주지만, 클리닝, 룸서비스 등의 내선번호는 방에 준비되어 있는 안내서에 적혀 있습니다.

_____ 은(는) 있습니까?

Do you have a _____ in the hotel?

有 _____ 吗?

yǒu   ma

여우   마

☐	구내식당	dining room	食堂(shítáng)	스탕
☐	피부 미용샵	hair salon	美容院(měiróngyuàn)	메이룽위엔
☐	이발소	barbershop	理发店(lǐfàdiàn)	리파띠엔
☐	디스코	disco	迪厅(dítīng)	디팅

Q : 호텔에는 어떤 시설이 있습니까?

What kind of facilities are there in the hotel?

宾馆有什么设施?

bīn guǎn yǒu shén me shè shī

빈 꾸안 여우 선 머 서 스

A : 거의 모두 다 있습니다.

Everything you could possibly want.

几乎都有。

jǐ hū dōu yǒu

지 후 떠우 여우

✖ 자판기는 있습니까?
Is there a vending machine?
有自动售货机吗?
yǒu zì dòng shòu huò jī ma
여우 즈 동 셔우 훠 지 마

✖ 식당은 어디에 있습니까?
Where is the dining room?
餐厅在哪儿?
cān tīng zài nǎ r
찬 팅 짜이 날

✖ 몇 시까지 영업합니까?
How late is the dining room open?
营业到几点?
yíng yè dào jǐ diǎn
잉 예 따오 지 디엔

✖ 이 호텔에 테니스코트는 있습니까?
Is there a tennis court at this hotel?
有网球场吗?
yǒu wǎng qiú chǎng ma
여우 왕 치우 창 마

✖ 커피숍은 어디에 있습니까?
Where's the coffee shop?
咖啡厅在哪儿?
kā fēi tīng zài nǎ r
카 페이 팅 짜이 날

✖ 바는 언제까지 합니까?
How late is the bar room open?
酒吧营业到几点?
jiǔ bā yíng yè dào jǐ diǎn
져우 바 잉 예 따오 지 디엔

✈ 가라오케는 어디서 할 수 있나요?
Where can I sing karaoke?
在哪儿可以唱歌?
zài nǎ r kě yǐ chàng gē
짜이 날 커 이 창 거

✈ 이메일을 체크하고 싶은데요.
I want to check my e-mail.
我想检查我的电子邮件。
wǒ xiǎng jiǎn chá wǒ de diàn zǐ yóu jiàn
워 시앙 지엔 차 워 더 띠엔 즈 여우 지엔

✈ 팩스(복사기)는 있습니까?
Do you have a fax machine(photocopier)?
有传真机(复印机)吗?
yǒu chuán zhēn jī (fù yìn jī) ma
여우 추안 전 지 (푸 인 지) 마

✈ 여기서 관광버스 표를 살 수 있습니까?
Can I get a ticket for the sightseeing bus here?
在这里可以买观光车票吗?
zài zhè li kě yǐ mǎi guān guāng chē piào ma
짜이 저 리 커 이 마이 꽌 구앙 처 퍄오 마

✈ 피부 미용샵은 어디입니까?
Is there a beauty salon?
美容院在哪儿?
měi róng yuàn zài nǎ r
메이 롱 위엔 짜이 날

✈ 계산은 방으로 해 주세요.
Will you charge it to my room?
请一起算到房费里。
qǐng yī qǐ suàn dào fáng fèi lǐ
칭 이 치 쑤안 따오 팡 페이 리

✈ 세탁서비스는 있나요?
Do you have laundry service?

有洗衣服务吗?
yǒu xǐ yī fú wù ma
여우 시 이 푸 우 마

✈ 세탁을 부탁합니다.
I'd like to drop off some laundry.

请帮我洗一下衣服。
qǐng bāng wǒ xǐ yí xià yī fu
칭 방 워 시 이 샤 이 푸

✈ 언제 됩니까?
When will it be ready?

什么时候可以?
shén me shí hòu kě yǐ
선 머 스 허우 커 이

✈ 빨리 해 주시겠어요?
Could you do it as soon as possible, please?

可以快点吗?
kě yǐ kuài diǎn ma
커 이 콰이 디엔 마

✈ 이 얼룩은 빼 주겠어요?
Can you get this stain out?

这个污渍能洗掉吗?
zhè gè wū zì néng xǐ diào ma
저 거 우 즈 넝 시 댜오 마

✈ 이 와이셔츠를 다려 주세요.
I'd like this shirt pressed.

可以帮我熨一下这衬衫吗。
kě yǐ bāng wǒ yùn yí xià zhè chèn shān ma
커 이 방 워 윈 이 샤 저 천 산 마

✈ 피부 미용샵은 있습니까?
Is there a beauty salon?
有美容院吗?
yǒu měi róng yuàn ma
여우 메이 롱 위엔 마

✈ 오늘 오후에 예약할 수 있습니까?
Can I make an appointment for the afternoon?
今天下午可以预约吗?
jīn tiān xià wǔ kě yǐ yù yuē ma
진 티엔 샤 우 커 이 위 위에 마

✈ (헤어스타일을) 어떻게 할까요?
How would you like your hair?
怎么弄?
zěn me nòng
쩐 머 농

✈ 샴푸와 세트를 부탁합니다.
Shampoo and set, please.
请给我洗头和做型。
qǐng gěi wǒ xǐ tóu hé zuò xíng
칭 께이 워 시 터우 허 쭤 싱

✈ 커트와 샴푸만 해 주세요.
Haircut and shampoo, please.
请给我洗头和剪头。
qǐng gěi wǒ xǐ tóu hé jiǎn tóu
칭 께이 워 시 터우 허 지엔 터우

✈ 가볍게 파마를 해 주세요.
A soft permanent, please.
请给我稍微烫一下头。
qǐng gěi wǒ shāo wēi tàng yí xià tóu
칭 께이 워 사오 웨이 탕 이 샤 터우

✄ 커트와 면도를 부탁합니다.
Haircut and shave, please.
请给我剪头和剃须。
qǐng gěi wǒ jiǎn tóu hé tì xū
칭 께이 워 지엔 터우 허 티 쉬

✄ 조금만 깎아 주세요.
Just trim it, please.
稍微帮我剪一下。
shāo wēi bāng wǒ jiǎn yí xià
사오 웨이 방 워 지엔 이 샤

✄ 짧게 깎아 주세요.
Cut it short, please.
剪短一点。
jiǎn duǎn yì diǎn
지엔 뚜안 이 디엔

✄ 너무 짧게 하지 마세요.
Please don't cut it too short.
不要剪太短。
bú yào jiǎn tài duǎn
뿌 야오 지엔 타이 뚜안

✄ 뒤를 조금 잘라 주세요.
A little more off the back.
后面稍微剪一点。
hòu miàn shāo wēi jiǎn yì diǎn
허우 미엔 사오 웨이 지엔 이 디엔

✄ 옆을 조금 잘라 주세요.
A little more off the sides.
旁边稍微剪一点。
páng biān shāo wēi jiǎn yì diǎn
팡 삐엔 사오 웨이 지엔 이 디엔

UNIT
05

호텔에서의 전화·우편

국제전화는 호텔에서 다이얼로 직접 거는 방법 이외에 오퍼레이터를 통해서 번호지정 통화, 지명통화, 컬렉트콜 등을 이용할 수 있습니다. 국제자동전화를 이용할 때는 일본의 국제자동전화 식별번호→우리나라의 국가번호(82)→ 국가내의 지역번호(숫자 0은 생략)→가입자의 번호 순으로 다이얼을 돌리면 됩니다.

_____ (으)로 부탁합니다.

By _____ please.

请给我 _____ 。
qǐng gěi wǒ
칭 께이 워

- □ 번호통화   station-to-station call   **拨号通话**(bōhàotōnghuà)   보하오통후아
- □ 지명통화   person-to-person call   **转机通话**(zhuǎnjītōnghuà)   주안진통후아
- □ 컬렉트콜   collect call   **对方付款电话**   뚜이팡푸콴디엔후아
                                                     (duìfāngfùkuǎndiànhuà)

Q : 한국으로 전화를 하고 싶은데요.
I'd like to make a phone call to Korea.
想往韩国打电话。
xiǎng wǎng hán guó dǎ diàn huà
시앙 왕 한 궈 따 디엔 후아

A : 몇 번입니까?
What's the number?
多少号?
duō shǎo hào
뚸 사오 하오

전화를 이용할 때

✈ (교환수) 누구를 불러 드릴까요?
To whom are you calling?
请问您找谁?
qǐng wèn nín zhǎo shuí
칭 원 닌 자오 쉐이

✈ (교환수) 당신의 이름과 호실을 말씀하십시오.
Your name and room number, please.
请说一下您的姓名和房间号。
qǐng shuō yí xià nín de xìng míng hé fáng jiān hào
칭 수오 이 샤 닌 더 씽 밍 허 팡 지엔 하오

✈ (교환수) 그대로 기다리십시오.
Hold on, please.
请稍等。
qǐng shāo děng
칭 사오 덩

✈ (교환수) 전화를 끊고 잠시 기다려 주십시오.
Please hang up and wait.
挂断电话后，请稍等。
guà duàn diàn huà hòu qǐng shāo děng
꾸아 뚜안 디엔 후아 허우 칭 샤오 덩

✈ (교환수) 자, 말씀하십시오.
Go ahead, please.
请说。
qǐng shuō
칭 슈오

✈ (교환수) 통화중입니다.
The line is busy.
正在通话中。
zhèng zài tōng huà zhōng
정 짜이 통 후아 종

✈ (교환수) 응답이 없습니다.
There's no answer.
无应答。
wú yīng dá
우 잉 따

✈ (공중전화에서) 이 전화는 한국에 걸립니까?
Can I call Korea with this telephone?
这部电话能挂到韩国吗?
zhè bù diàn huà néng guà dào hán guó ma
저 뿌 디엔 후아 넝 꾸아 따오 한 궈 마

✈ 먼저 얼마를 넣으면 됩니까?
How much should I deposit?
需要先放进多少钱?
xū yào xiān fàng jin duō shǎo qián
쒸 야오 시엔 팡 진 뚸 사오 치엔

✈ 한국으로 팩스를 보내고 싶은데요.
I'd like to send a fax to Korea.
我想给韩国发传真。
wǒ xiǎng gěi hán guó fā chuán zhēn
워 샹 꼐이 한 궈 파 추안 전

✈ (공중전화에서) 이 전화는 한국에 걸립니까?
Can I call Korea with this telephone?
这个电话能打到韩国吗?
zhè ge diàn huà néng dǎ dào hán guó ma
저 거 디엔 후아 넝 따 다오 한 궈 마

✈ 전화요금은 얼마입니까?
How much is the charge?
电话费是多少钱?
diàn huà fèi shì duō shǎo qián
디엔 후아 페이 스 뚸 사오 치엔

✈ 이 근처에 우체국은 있습니까?
Is there a post office near here?
这附近有邮局吗?
zhè fù jìn yǒu yóu jú ma
저 푸 진 여우 여우 쥐 마

✈ 우표는 어디서 살 수 있나요?
Where can I buy stamps?
邮票在哪儿买?
yóu piào zài nǎ r mǎi
여우 퍄오 자이 날 마이

✈ 우표 자동판매기는 어디에 있습니까?
Where's a stamp vending machine?
邮票自动售货机在哪?
yóu piào zì dòng shòu huò jī zài nǎ
여우 퍄오 즈 동 셔우 훠 지 짜이 나

✈ 한국까지 항공편으로 보내 주세요.
By airmail to Korea, please.
帮我托运到韩国。
bāng wǒ tuō yùn dào hán guó
방 워 퉈 윈 따오 한 궈

✈ 이 소포를 한국으로 보내고 싶은데요.
I'd like to send this parcel to Korea.
我想把邮包邮到韩国。
wǒ xiǎng bǎ yóu bāo yóu dào hán guó
워 시앙 바 여우 빠오 여우 따오 한 궈

✈ 이 편지를 부쳐 주세요.
Please send this letter.
请帮我寄这封信。
qǐng bāng wǒ jì zhè fēng xìn
칭 방 워 지 저 펑 신

UNIT
06

호텔에서의 트러블

호텔 방이 100% 안전하다고 과신해서는 안 됩니다. 비품이 제대로 갖추어져 있지 않거나 불의의 사고로 다치거나, 종업원(服务员)을 가장해 방에 들어와 물건을 훔치는 경우도 적지 않습니다. 문제가 발생했을 때는 그냥 넘어가지 말고 반드시 프런트 데스크에 연락을 취해 해결하도록 합시다.

_____ (이)가 고장 났습니다.

The _____ doesn't work.

_____ 出故障了。
chū gù zhàng le
추 꾸 장 러

☐	열쇠	lock	钥匙(yàoshi)	야오츠
☐	에어컨	air-conditioner	空调(kōngtiáo)	콩티아오
☐	수도꼭지	faucet	水龙头(shuǐlóngtóu)	수이롱터우
☐	히터	heater	暖风机(nuǎnfēngjī)	누안펑지

Q : 잠깐 와 주시겠어요?
Could you send someone up to my room?
能过来一下吗?
néng guò lái yí xià ma
넝 꿔 라이 이 샤 마

A : 네, 무슨 일이십니까?
Sure, what's the problem?
有什么事吗?
yǒu shén me shì ma
여우 선 머 스 마

✈ 마스터키를 부탁합니다.
The master key, please.
请给我钥匙的原本可以吗。
qǐng gěi wǒ yào shi de yuán běn kě yǐ ma
칭 께이 워 야오 스 더 위엔 번 커 이 마

✈ 열쇠가 잠겨 방에 들어갈 수 없습니다.
I locked myself out.
房门锁着进不去。
fáng mén suǒ zhe jìn bú qù
팡 먼 쉬 저 진 뿌 취

✈ 열쇠를 방에 두고 나왔습니다.
I left the key in my room.
钥匙落在房里了。
yào shi luò zài fáng lǐ le
야오 스 뤄 짜이 팡 리 러

✈ 카드키는 어떻게 사용합니까?
How do I use the card key?
钥匙卡怎么用？
yào shi kǎ zěn me yòng
야오 스 카 쩐 머 융

✈ 방 번호를 잊어버렸습니다.
I forgot my room number.
忘了房间号码。
wàng le fáng jiān hào mǎ
왕 러 팡 지엔 하오마

✈ 복도에 이상한 사람이 있습니다.
There is a strange person in the corridor.
走廊有奇怪的人。
zǒu láng yǒu qí guài de rén
저우 랑 여우 치 꽈이 더 런

✘ 옆방이 무척 시끄럽습니다.
The next room is very noisy.
隔壁房间太吵了。
gé bì fáng jiān tài chǎo le
거 삐 팡 지엔 타이 차오 러

✘ (시끄러워서) 잠을 잘 수 없습니다.
I can't sleep.
太吵了，睡不着觉。
tài chǎo le shuì bù zháo jiào
타이 차오 러 수이 뿌 자오 쟈오

✘ 다른 방으로 바꿔 주시겠어요?
Could you give me a different room?
请给我换别的房间?
qǐng gěi wǒ huàn bié de fáng jiān
칭 께이 워 후안 삐에 더 팡 지엔

✘ 화장실 물이 잘 흐르지 않습니다.
This toilet doesn't flush well.
洗手间水流不好。
xǐ shǒu jiān shuǐ liú bù hǎo
시 셔우 지엔 수이 리우 뿌 하오

✘ 뜨거운 물이 나오지 않는데요.
There's no hot water.
不出热水。
bù chū rè shuǐ
뿌 추 러 수이

✘ 물이 샙니다.
The water is leaking.
漏水。
lòu shuǐ
러우 수이

150

✈ 수도꼭지가 고장 났습니다.
The faucet is broken.
水龙头出故障了。
shuǐ lóng tóu chū gù zhàng le
수이 롱 터우 추 꾸 장 러

✈ 물이 뜨겁지 않습니다.
The water isn't hot enough.
水不烫。
shuǐ bú tàng
수이 뿌 탕

✈ 빨리 고쳐 주세요.
Could you fix it now?
请快帮我修一下。
qǐng kuài bāng wǒ xiū yí xià
칭 콰이 방 워 시우 이 샤

청소가 안 됐거나 비품이 없을 때

✈ 방 청소가 아직 안 되었습니다.
My room hasn't been cleaned yet.
房间还没有打扫。
fáng jiān hái méi yǒu dǎ sǎo
팡 지엔 하이 메이 여우 따 사오

✈ 미니바가 비어 있습니다.
The mini-bar is empty.
迷你巴台空了。
mí nǐ bā tái kōng le
미 니 바 타이 콩 러

✈ 타월을 바꿔 주세요.
Can I get a new towel?
请帮我换毛巾。
qǐng bāng wǒ huàn máo jīn
칭 방 워 후안 마오 진

UNIT
07

체크아웃

아침 일찍 호텔을 떠날 때는 가능하면 전날 밤 짐을 꾸려 다음 날 아침 짐을 가지러 오도록 미리 벨캡틴에게 부탁해두면 좋습니다. 택시를 부르거나 공항 버스 시각을 알아두고 체크아웃 예약도 전날 밤 해두면 편하게 출발할 수 있습니다. 방을 나갈 때는 잃은 물건이 없는지 확인하도록 합시다.

	은(는) 무엇입니까?
What is the	?
这	是什么?
zhè	shì shén me
저	스 선 머

□	요금	charge for	费用(fèiyòng)	페이용
□	숫자	figure	数字(shùzì)	수쯔
□	추가요금	additional charge for	附加费用(fùjiāfèiyòng)	푸쟈페이용

Q : 체크아웃을 부탁합니다.
I'd like to check out now.
请给我退房。
qǐng gěi wǒ tuì fáng
칭 께이 워 투이 팡

A : 몇 호실입니까?
What's your room number?
几号房间?
jǐ hào fáng jiān
지 하오 팡 지엔

✖ 체크아웃은 몇 시입니까?
When is check out time?
退房是几点?
tuì fáng shì jǐ diǎn
투이 팡 스 지 디엔

✖ 몇 시에 떠날 겁니까?
What time are you leaving?
几点钟离开?
jǐ diǎn zhōng lí kāi
지 디엔 종 리 카 이

✖ 하룻밤 더 묵고 싶은데요.
I'd like to stay one more night.
想再住一晚。
xiǎng zài zhù yì wǎn
씨앙 자이 주 이 완

✖ 하루 일찍 떠나고 싶은데요.
I'd like to leave one day earlier.
想提前一天离开。
xiǎng tí qián yì tiān lí kāi
시앙 티 치엔 이 티엔 리 카이

✖ 오후까지 방을 쓸 수 있나요?
May I use the room till this afternoon?
房间可以用到下午吗?
fáng jiān kě yǐ yòng dào xià wǔ ma
팡 지엔 커 이 용 따오 쌰 우 마

✖ 오전 10시에 택시를 불러 주세요.
Please call a taxi for me at 10 a.m.
请帮我上午十点钟叫出租车。
qǐng bāng wǒ shàng wǔ shí diǎn zhōng jiào chū zū chē
칭 방 워 상 우 스 디엔 종 쟈오 추 주 처

✈ (전화로) 체크아웃을 하고 싶은데요.
Check out, please.
我想退房。
wǒ xiǎng tuì fáng
워 시앙 투이 팡

✈ 1234호실 홍길동입니다.
My name is Kil-dong Hong, Room 1234.
我是1234号房间的洪吉童。
wǒ shì yī èr sān sì hào fáng jiān de hóng jí tóng
워 스 이 얼 싼 스 하오 팡 지엔 더 홍 지 통

✈ 포터를 보내 주세요.
A porter, please.
请给我叫一下行李员。
qǐng gěi wǒ jiào yí xià xíng lǐ yuán
칭 께이 워 쟈오 이 샤 싱 리 위엔

✈ 맡긴 귀중품을 꺼내 주세요.
I'd like my valuables from the safe.
请给我寄存的贵重物品。
qǐng gěi wǒ jì cún de guì zhòng wù pǐn
칭 께이 워 지 춘 더 꾸이 종 우 핀

✈ 출발할 때까지 짐을 맡아 주시겠어요?
Could you keep my baggage until my departure time?
出发之前能给我看一下行李吗?
chū fā zhī qián néng gěi wǒ kàn yí xià xíng li ma
추 파 즈 치엔 넝 께이 워 칸 이 샤 싱 리 마

✈ 방에 물건을 두고 나왔습니다.
I left something in my room.
我把东西忘在房间里了。
wǒ bǎ dōng xi wàng zài fáng jiān lǐ le
워 빠 뚱 시 왕 짜이 팡 지엔 리 러

✈ 계산을 부탁합니다.
My bill, please.
请结帐。
qǐng jié zhàng
칭 지에 장

✈ 신용카드도 됩니까?
Do you accept a credit card?
刷卡可以吗?
shuā kǎ kě yī ma
수아 카 커 이 마

✈ 여행자수표도 됩니까?
Do you accept a traveler's checks?
旅行者支票可以吗?
lǚ xíng zhě zhī piào kě yī ma
뤼 싱 저 즈 퍄오 커 이 마

✈ 전부 포함된 겁니까?
Is everything included?
全包括在内吗?
quán bāo kuò zài nèi ma
취엔 빠오 쿼 자이 네이 마

✈ 계산이 틀린 것 같은데요.
I think there is a mistake on this bill.
好象计算错了。
hǎo xiàng ji suàn cuò le
하오 샹 지 수안 춰 러

✈ 고맙습니다. 즐겁게 보냈습니다.
Thank you. I enjoyed my stay.
谢谢! 我过得很好。
xiè xie wǒ guò de hěn hǎo
씨에 씨에 워 꿔 더 헌 하오

호텔에서 볼 수 있는 게시판		
入口	ENTRANCE	입구
出口	EXIT / WAY OUT	출구
物品保管处	CLOAKROOM	휴대품 보관소
分馆	ANNEX	별관
男厕所	GENTLEMEN / MEN	남자 화장실
女厕所	LADIES / WOMEN	여자 화장실
现金出纳	CASHIER	현금 출납원
房间清扫中	MAKE UP ROOM	방 청소 중
接待处	REGISTRATION / FRONT DESK	접수처
紧急出口	EMERGENCY EXIT / FIRE EXIT	비상구
外部人员禁止出入	EMPLOYEES ONLY	관계자 외 출입금지
请勿打扰	DO NOT DISTURB	면회사절
餐厅	DINING ROOM	식당
咖啡厅	COFFEE SHOP	커피숍
观光酒店	TOURIST HOTEL	관광호텔
清扫女工	MAID	메이드
经理	MANAGER	지배인
大厅	LOBBY	로비

PART

4

식사

식사에 관한 정보

☀ 중국의 여러 가지 요리

중국의 요리는 전국적으로 여러 계통이 있지만, 그중에서도 유명한 것이 4대 요리이다. 광둥성을 중심으로 남쪽지방에서 발달한 광둥요리와 쓰촨성을 중심으로 산악지대의 풍토에 영향을 받은 쓰촨요리, 황허 하류의 평야 지대를 중심으로 발달하여 상하이로 대표되는 상하이요리, 수도인 베이징의 고도를 중심으로 궁정요리가 발달한 베이징요리 등이다. 그밖에 지방마다 특색있는 요리가 있어 그 종류만 하더라도 헤아릴 수 없이 많은 것이 중국음식이다.

① **광둥요리(广东料理)** : 중국 동남부에 있는 광둥성(广东省), 푸젠성(福建省), 광시성(广西省) 등지에서 주로 먹는 요리를 통칭하는데, 다시 세분하면 광저우요리, 차오저우(潮州)요리, 푸저우(福州)요리로 나뉜다. 그 중에서 모체는 차오저우요리이다. 중국에서도 가장 종류가 많은 것이 이 요리로, 재료는 4발 달린 짐승이면 무엇이든 된다고 할 정도이다. 특히 뱀이나 고양이 등 우리가 상식적으로 생각하지 못하는 것까지 요리의 재료가 된다. 뿐만 아니라 지리적 조건도 바다, 산, 강, 들판 등 다양하므로 곳곳에서 얻을 수 있는 다채로운 재료를 쓴다. 이곳은 특히 외국과의 교류도 많은 지역이라 쇠고기, 서양채소, 토마토케첩 등, 서양요리의 재료와 조미료를 받아들인 이국적인 요리도 발달해 있다는 것이 또 하나의 특징이다.

② **쓰촨요리(四川料理)** : 중국 내륙부의 쓰촨성(四川省), 구이저우성(貴州省), 후난성(湖南省) 등지에서 발달한 요리이다. 이곳은 내륙부의 분지이기 때문에 여름은 매우 덥다. 이 기후가 요리에 많은 영향을 주어서 쉽게 부패하는 것을 막기 위해 향신료를 많이 사용한다는 것이 특징이다. 특히 매운 요리의 대명사 격으로 고추, 후추, 마늘, 파 등이 많이 사용되어 느끼한 중국요리들 중에서 단연 한국 사람들의 입맛에 맞는 음식이라고 할 수 있다. 또 산악지대이기 때문에

재료를 소금으로 절이거나 말려서 보존하는 방법이 발달하였다. 대체로 신맛, 매운 맛, 톡 쏘는 맛 등이 주류를 이루고 있다고 보면 된다. 예를 들면 우리에게 가장 알려져 있는 쓰촨요리 중의 하나가 마파두부이다.

③ **산둥요리(山东料理)** : 황허유역을 중심으로 발달한 요리로, 중국 북부지역에 유행하는 북방요리의 대표격이다. 산둥성 안에 베이징이 있기 때문에 베이징요리는 이 산둥요리를 기본으로 하여 발달했다. 열효율을 최대한 살려서 하는 조리법이 특징이다. 즉 고온에서 단시간에 익혀야 하기 때문에 볶음요리가 많다. 황허유역은 고대 문명의 발상지로 공자나 맹자 등의 성인을 배출하여 그들의 영향을 많이 받은 것도 이 요리의 특징으로 공부채(孔府菜)라는 요리도 있다.

④ **궁정요리(宫廷料理)** : 궁중에서 황제를 위해 만든 요리로, 청대에 이르러 그 절정에 이른 것이다. 베이징이 그 본고장으로 베이징요리라고도 한다. 궁정요리는 각지의 진귀하고 좋은 재료를 골라 쓰는 것이 기본이다. 그리고 가장 맛깔스러운 모양을 꾸미는 것이다. 역시 영양 면에서도 다른 어떤 요리보다 으뜸이다. 보기만 해도 황제들이 먹던 음식임을 알 수 있다.

⑤ **정진요리(精进料理)** : 수도하는 불교도들이 살생을 할 수 없었기 때문에 어류나 육류를 이용하지 않고 채소만을 이용하여 만든 요리이다. 육류를 이용하지 않고 버섯이나 기타 다른 채소를 이용하여 고기맛이 나도록 한 것이 특색이다. 정진요리는 다른 어떤 요리보다 요리사의 연구와 노력의 결과가 많이 들어갔다고 볼 수 있다. 맛은 대체로 담백한 것이 특징이다. 주로 사찰 내에 음식점이 있으며 가격은 조금 비싼 편이다.

⑥ **약선요리(药膳料理)** : 각종 한방약의 재료로 쓰이는 것들을 요리에 사용하여 만든 건강식이다. 약선요리는 중국에서 기원전부터 전통적으로 내려오는 요리로 의식동원(医食同源)의 사상에서 유래한다. 그러나 약선요리는 한방약처럼 사람의 몸에 어떤 효과를 단기간에 기대할 수는 없으며 단지 지속적으로 체질에 맞게 먹어야 한다. 다른 요리보다 좀 더 다양한 재료를 사용한다.

UNIT

01

식당 찾기·예약하기

유명한 레스토랑은 미리 가이드북 등에서 확인하거나 호텔 인포메이션에서
물어봅시다. 공항에서 탄 택시기사에게 물어보면 서민적이고 맛있는 레스토
랑도 가르쳐 줄 것입니다. 거리에서 식사를 할 경우 영업시간에 주의해야 합
니다. 밤에는 대개 9시가 지나면 문을 닫습니다. 노점이나 인기 있는 레스토
랑은 예약을 하고 가는 게 좋겠습니다.

가장 가까운	_____	식당은 어디입니까?
Where is the nearest	_____	restaurant?
最近的	_____	饭店在哪儿?
zuì jìn de		fàn diàn zài nǎ r
쭈 이 진 더		판 띠엔 짜이 날

☐ 한국	Korean	韩国(hánguó)	한궈
☐ 일본	Japanese	日本(rìběn)	르번
☐ 중국	Chinese	中国(zhōngguó)	종궈
☐ 프랑스	French	法国(fǎguó)	파궈

Q : 예약이 필요합니까?
　　Do we need a reservation?
　　需要预约?
　　xū yào yù yuē
　　쉬 야오 위 위에

A : 아니오. 그냥 오셔도 됩니다.
　　No, sir. Walk right in.
　　没关系。直接来也可以。
　　méi guān xì zhí jiē lái yě kě yǐ
　　메이 꾸안 시 즈 지에 라이 예 커 이

✈ 이 근처에 맛있게 하는 음식점은 없습니까?
Is there a good restaurant around here?
这附近有特别好吃的饭店吗?
zhè fù jìn yǒu tè bié hǎo chī de fàn diàn ma
저 푸 진 여우 터 삐에 하오 츠 더 판 띠엔 마

✈ 이곳에 한국 식당은 있습니까?
Do you have a Korean restaurant?
这里有韩国饭店吗?
zhè li yǒu hán guó fàn diàn ma
저 리 여우 한 궈 판 띠엔 마

✈ 이 지방의 명물요리를 먹고 싶은데요.
I'd like to have some local food.
我想吃这地方的特色菜。
wǒ xiǎng chī zhè dì fang de tè sè cài
워 시앙 츠 저 디 팡 더 터 서 차이

✈ 음식을 맛있게 하는 가게가 있으면 가르쳐 주세요.
Could you recommend a popular restaurant.
如果有不错的餐厅请告诉我。
rú guǒ yǒu bú cuò de cān tīng qǐng gào su wǒ
루 꾸어 여우 뿌 추오 더 찬 팅 칭 까오 수 워

✈ 싸고 맛있는 가게는 있습니까?
Do you know a nice, reasonably-priced restaurant?
有既便宜又好吃的店铺吗?
yǒu jì pián yi yòu hǎo chī de diàn pù ma
여우 지 삐엔 이 여우 하오 츠 더 띠엔 푸 마

✈ 가볍게 식사를 하고 싶은데요.
I'd like to have a light meal.
想随便吃点东西。
xiǎng suí biàn chī diǎn dōng xi
시앙 수이 삐엔 츠 디엔 뚱 시

✈ 이 시간에 문을 연 가게는 있습니까?
Is there a restaurant open at this time?
这个时候有营业的店吗?
zhè ge shí hòu yǒu yíng yè de diàn ma
저 거 스 허우 여우 잉 예 더 띠엔 마

✈ (책을 보이며) 이 식당은 어디에 있습니까?
Where is this restaurant?
这个饭店在哪儿?
zhè ge fàn diàn zài nǎ r
저 거 판 띠엔 자이 날

✈ 이 지도 어디에 있습니까?
Would you show me on this map?
在这个地图的哪个位置?
zài zhè ge dì tú de nǎ ge wèi zhi
자이 저 거 디 투 더 나 거 웨이 즈

✈ 걸어서 갈 수 있습니까?
Can I get there on foot?
能走着去吗?
néng zǒu zhe qù ma
넝 저우 저 취 마

✈ 몇 시부터 엽니까?
What time does it open?
从几点开始?
cóng jǐ diǎn kāi shǐ
총 지 디엔 카이 스

✈ 조용한 분위기의 레스토랑이 좋겠습니다.
I'd like a quiet restaurant.
喜欢安静的餐厅。
xǐ huan ān jing de cān tīng
시 후안 안 징 더 찬 팅

✈ 붐비는 레스토랑이 좋겠습니다.
I'd like a restaurant with a cheerful atmosphere.
喜欢热闹的餐厅。
xǐ huan rè nao de cān tīng
시 후안 러 나오 더 찬 팅

✈ 식당이 많은 곳은 어디입니까?
Where is the main area for restaurants?
饭店多的地方是哪儿?
fàn diàn duō de dì fang shì nǎ r
판 띠엔 뚸 더 디 팡ㅅ 날

✈ 로마라는 이탈리아 식당을 아십니까?
Do you know an Italian restaurant called Roma?
知道叫罗马的意大利餐厅吗?
zhī dào jiào luó mǎ de yì dà lì cān tīng ma
즈 따오 쟈오 뤄 마 더 이 따 리 찬 팅 마

✈ 이곳 사람들이 많이 가는 식당은 있습니까?
Is there any restaurant where mostly local people go?
有没有这个地方的人常去的饭店?
yǒu méi yǒu zhè ge dì fang de rén cháng qù de fàn diàn
여우 메이 여우 저 거 디 팡 더 런 창 취 더 판 띠엔

✈ 예약이 필요한가요?
Do we need a reservation?
需要预定吗?
xū yào yù dìng ma
쉬 야오 위 딩 마

식당 예약할 때

✈ 그 레스토랑을 예약해 주세요.
Make a reservation for the restaurant, please.
请给我预约那个餐厅。
qǐng gěi wǒ yù yuē nà ge cān tīng
칭 께이 워 위 위에 나 거 찬 팅

✈ 여기서 예약할 수 있나요?
Can we make a reservation here?
在这里可以预约吗?
zài zhè lǐ kě yǐ yù yuē ma
짜이 저 리 커 이 위 위에 마

✖ 오늘 밤 예약하고 싶은데요.
I'd like to make a reservation for tonight.
想今天晚上预约。
xiǎng jīn tiān wǎn shàng yù yuē
시앙 진 티엔 완 상 위 위에

✖ (주인) 손님은 몇 분이십니까?
How large is your party?
几位客人?
jǐ wèi kè rén
지 웨이 커 런

✖ 오후 6시 반에 5명이 갑니다.
Five persons ar 6:30 p.m.
下午六点半去五名。
xià wǔ liù diǎn bàn qù wǔ míng
샤 우 리우 디 엔 빤 취 우 밍

✖ 전원 같은 자리로 해 주세요.
We'd like to have a table together.
我希望全体坐在一起。
wǒ xī wàng quán tǐ zuò zài yì qǐ
워 시 왕 취엔 티 쬒 자이 이 치

✖ 거기는 어떻게 갑니까?
How can I get there?
那儿怎么去?
nà r zěn me qù
날 쩐 머 취

✖ (주인) 몇 시라면 좋으시겠습니까?
What time are you available?
最好几点钟?
zuì hǎo jǐ diǎn zhōng
쭈이 하오 지 디엔 종

✖ 몇 시라면 자리가 납니까?
What time can we reserve a table?
几点中有位子?
jǐ diǎn zhōng yǒu wèi zi
지 디엔 종 여우 웨이 즈

✈ 복장에 규제는 있습니까?
Is there a dress code?

服裝有規定吗?
fú zhuāng yǒu guī dìng ma
푸 주앙 여우 꾸이 딩 마

✈ 금연(흡연)석으로 부탁합니다.
We'd like a non-smoking(smoking) table.

我想定一个禁烟(吸烟)席的位子。
wǒ xiǎng dìng yí gè jìn yān (xī yān) xí de wèi zi
워 시앙 딩 이 거 진 옌 (씨 옌) 시 더 웨이 즈

✈ 미안합니다. 예약을 취소하고 싶습니다.
I'm sorry, but I want to cancel my reservation.

对不起我想取消预定。
duì bu qǐ wǒ xiǎng qǔ xiāo yù dìng
뚜이 부 치 워 시앙 취 샤오 위 딩

UNIT
02

식사 주문

레스토랑에 들어설 때는 시간, 사람 숫자, 이름 등을 분명하게 말해야 합니다. 중국의 레스토랑에는 북경요리, 광동요리 등 여러 가지 종류가 있지만, 메뉴를 쓰는 법, 순서는 거의 비슷합니다. 전채는 冷盘/拼盘, 주음식은 主菜, 해산물은 水产菜, 닭과 오리는 鸡鸭类, 육고기는 肉菜类, 야채요리는 素菜类, 수프, 탕은 汤类, 면, 밥, 점심은 面点이라는 말이 붙습니다.

_____ 을(를) 주세요.

_____ please.

请给我 _____ 。
qǐng gěi wǒ
칭 께이 워

☐ 해삼요리　　　　　海参类(hǎicānlèi)　　　　　하이찬레이

☐ 북경오리구이　　　北京烤鸭(běijīngkǎoyā)　　베이징카오야

☐ 국수　　　　　　　面(miàn)　　　　　　　　미엔

Q : 주문하시겠습니까?
Are you ready to order?
要点菜吗?
yào diǎn cài ma
야오 디엔 차이 마

A : 아직 정하지 않았습니다.
Not yet.
还没决定。
hái méi jué dìng
하이 메이 쮀에 딩

✖ 안녕하세요. 예약은 하셨습니까?
Good evening. Do you have a reservation?

您好，预约了吗?
nín hǎo yù yuē le ma
닌 하오 위 위에 러 마

✖ 6시에 예약한 홍길동입니다.
My name is Kil-dong Hong. I have a reservation at six.

六点钟预约的洪吉童。
liù diǎn zhōng yù yuē de hóng jí tóng
리우 디엔 종 위 위에 더 홍 지 퉁

✖ 예약을 하지 않았습니다.
We don't have a reservation.

没有预约。
méi yǒu yù yuē
메이 여우 위 위에

✖ 몇 분이십니까?
How many are there in your party?

几位?
jǐ wèi
지 웨이

✖ 안내해드릴 때까지 기다려 주십시오.
Please wait to be seated.

请稍等，一会儿有人会来招呼您。
qǐng shāo děng yí huì er yǒu rén huì lái zhāo hu nín
칭 사오 덩 이 후 얼 여우 런 후이 라이 자오 후 닌

✖ 조용한 안쪽 자리로 부탁합니다.
We'd like to have a table in a quiet corner.

请给我里面安静的位子。
qǐng gěi wǒ lǐ miàn ān jìng de wèi zi
칭 께이 워 리 미엔 안 징 더 웨이 즈

식
사

식
사
주
문

167

✖ 메뉴 좀 보여 주세요.
May I see the menu?
请给我看菜单。
qǐng gěi wǒ kàn cài dān
칭 께이 워 칸 차이 딴

✖ 한국어 메뉴는 있습니까?
Do you have a menu in Korean?
有韩国语菜单吗?
yǒu hán guó yǔ cài dān ma
여우 한 궈 위 차이 딴 마

✖ 메뉴에 대해서 가르쳐 주세요.
Would you help me with this menu.
对于这个菜单请给我介绍一下。
duì yú zhè ge cài dān qǐng gěi wǒ jiè shào yí xià
뚜이 위 저 거 차이 딴 칭 께이 워 지에 사오 이 샤

✖ 이 지방의 명물요리는 있습니까?
Do you have any local dishes?
有这地方的特色料理吗?
yǒu zhè dì fang de tè sè liào lǐ ma
여우 저 디 팡 더 터 서 랴오 리 마

✖ 무엇을 권하시겠습니까?
What do you recommend?
要推荐什么?
yào tuī jiàn shén me
야오 투이 지엔 선 머

✖ 나중에 다시 오실래요?
Could you come back later?
能请您再来一次吗?
néng qǐng nín zài lái yí cì ma
넝 칭 닌 짜이 라이 이 츠 마

✘ (웨이터) 주문하시겠습니까?
Are you ready to order?
点什么菜?
diǎn shén me cài
디엔 선 머 차이

✘ 잠깐 기다려 주세요.
We need a little more time.
请稍等。
qǐng shāo děng
칭 사오 덩

✘ (웨이터를 부르며) 주문받으세요.
We are ready to order.
服务员，点菜。
fú wù yuán diǎn cài
푸 우 위엔 디엔 차이

✘ (웨이터) 술은 무엇으로 하시겠습니까?
What would you like to drink?
点什么酒?
diǎn shén me jiǔ
디엔 선 머 져우

✘ 이것으로 부탁합니다.
I'll take this one.
我要点这个。
wǒ yào diǎn zhè ge
워 야오 디엔 저 거

✘ 여기서 잘하는 요리는 무엇입니까?
What is the specialty of the house?
这里的拿手好菜是什么?
zhè li de ná shǒu hǎo cài shi shén me
저 리 더 나 셔우 하오 차이 스 선 머

✖ 오늘 특별 요리가 있습니까?
Do you have today's special?
今天的特别料理是什么?
jīn tiān de tè bié liào lǐ shì shén me
진 티엔 더 터 삐에 랴오 리 스 선 머

✖ (메뉴를 가리키며) 이것과 이것으로 주세요.
This and this, please.
请给我这个和这个。
qǐng gěi wǒ zhè ge hé zhè ge
칭 께이 워 저 거 허 저 거

✖ 저도 같은 것으로 주세요.
I'll have the same.
也请给我一样的。
yě qǐng gěi wǒ yí yàng de
예 칭 께이 워 이 양 더

✖ 빨리 되는 것은 있습니까?
Do you have anything to be ready quickly?
有快一点的吗?
yǒu kuài yì diǎn de ma
여우 콰이 이 디엔 더 마

✖ 저것과 같은 요리를 주시겠어요?
Can I have the same dish as that?
能给我和那个一样的菜吗?
néng gěi wǒ hé nà ge yí yàng de cài ma
넝 께이 워 허 나 거 이 양 더 차이 마

✖ 빨리 됩니까?
Can I have it right away?
快吗?
kuài ma
콰이 마

✖ 이것은 무슨 요리입니까?
What kind of dish is this?
这是什么菜?
zhè shì shén me cài
저 스 선 머 차이

✈ 어떤 요리인지 설명해 주시겠어요?
Can you explain this dish?
能介绍一下这道菜吗?
néng jiè shào yí xià zhè dào cài ma
넝 지에 사오 이 샤 저 따오 차이 마

✈ 요리재료는 뭡니까?
What are the ingredients?
这道菜的原料是什么?
zhè dào cài de yuán liào shì shén me
저 따오 차이 더 위엔 랴오 스 선 머

✈ 이건 맵습니까?
Is this spicy?
它辣吗?
tā là ma
타 라 마

✈ (웨이터) 다른 주문은 없으십니까?
Anything else?
还需要别的菜吗?
hái xū yào bié de cài ma
하이 쉬 야오 삐에 더 차이 마

✈ 디저트는 어떻게 하시겠습니까?
What would you like to have for dessert?
想要什么餐后点心?
xiǎng yào shén me cān hòu diǎn xin
시앙 야오 선 머 찬 허우 디엔 신

요리	
중국요리	中国菜(zhōngguócài) 종궈차이
한국요리	韩国菜(hánguócài) 한궈차이
일본요리	日本菜(rìběncài) 르뻔차이
양식	西餐(xīcān) 씨찬
북경요리	北京菜(běijīngcài) 베이징차이
사천요리	四川菜(sìchuāncài) 쓰추안차이
상해요리	上海菜(shànghǎicài) 상하이차이
광동요리	广东菜(guǎngdōngcài) 꾸앙동차이
식당	餐厅(cāntīng) 찬팅

식사	
아침밥	早饭(zǎofàn) 자오판
점심밥	午饭(wǔfàn) 우판
저녁밥	晚饭(wǎnfàn) 완판
간식	点心(diǎnxīn) 디엔신
간단한 식사	便餐(biàncān) 비엔찬
스낵	小吃(xiǎochī) 샤오츠
요리, 반찬	菜肴(càiyáo) 차이야오
요리, 식사	餐(cān) 찬
밤참, 야식	夜餐(yècān) 이에찬
노점	摊子(tānzi) 탄즈
식단, 메뉴	菜单(càidān) 차이딴
냅킨	餐巾纸(cānjīnzhǐ) 찬진즈

맛	
맛있다	好吃(hǎochī) 하오츠
맛없다	不好吃(bùhǎochī) 뿌하오츠
향기롭다	香(xīang) 시앙
달다	甜(tián) 티엔
쓰다	苦(kǔ) 쿠
싱겁다	淡(dàn) 딴
짜다	咸(xián) 시엔
맵다	辣(là) 라
시다	酸(suān) 쑤안
비리다	腥(xīng) 싱

조리	
삶다	煮(zhǔ) 주
약한 불로 삶다	炖(dùn) 뚠
볶다	炒(chǎo) 차오
강한 불로 빠르게 볶다	爆(bào) 빠오
튀기다	炸(zhá) 자
기름을 빼고 볶다	煎(jiān) 지엔
가열하다	烧(shāo) 사오
찌다	蒸(zhēng) 정
무치다	拌(bàn) 반
굽다	烤(kǎo) 카오
양념장을 얹다	溜(liū) 리우
삶아 양념장을 얹다	烩(huì) 후이

중국요리	
전채	拼盘(pīnpán) 핀판
제비둥지요리	燕窝类(yànwōlèi) 이엔워레이
상어지느러미	鱼翅类(yúchìlèi) 위츠레이
전복요리	鲍鱼类(bàoyúlèi) 바오위레이
해삼요리	海参类(hǎicānlèi) 하이찬레이
새우요리	虾类(xiālèi) 샤레이
게요리	蟹类(xièlèi) 시에레이
닭요리	鸡类(jīlèi) 지레이
오리요리	鸭类(yālèi) 야레이
북경오리구이	北京烤鸭(běijīngkǎoyā) 베이징카오야
돼지고기요리	猪肉类(zhūròulèi) 주러우레이
소고기요리	牛肉类(niúròulèi) 니우러우레이
생선요리	鱼类(yúlèi) 위레이
생선찜	请蒸全鱼(qīngzhēngquányú) 칭정취엔위
야채요리	蔬菜类(shūcàilèi) 수차이레이
두부요리	豆腐类(dòufǔlèi) 더우푸레이
수프류	汤类(tānglèi) 탕레이
달걀요리	鸡蛋类(jīdànlèi) 지딴레이
국수	面(miàn) 미엔

UNIT
03

식사를 하면서

중국의 테이블 매너는 서양처럼 까다롭지 않고 맛있는 것이나 많이 나오는 것을 먹는 것이 어디까지나 기본입니다. 원탁이나 사각형 테이블에 8명이나 10명이 앉을 수 있으며, 입구에서 가장 먼 곳이 상석으로 주인(주객)이 거기에 앉고 요리가 나오면 주인(주객)부터 집으며, 처음에는 조금씩 집고 전원이 다 집으면 다음에는 좋아하는 것을 집어서 먹으면 됩니다.

이봐요! _____ **좀 갖다 주시겠어요?**

Could I have some _____ please?

能给我 _____ **吗?**
néng gěi wǒ   ma
넝 께이 워   마

☐ 소금	salt	**盐**(yán)	옌
☐ 후춧가루	pepper	**胡椒粉**(hújiāofěn)	후쟈오펀
☐ 간장	soybean sauce	**醋**(cù)	추
☐ 설탕	sugar	**白糖**(báitáng)	빠이탕

Q : 여기요. 웨이터!
Excuse me. Waiter!
服务员，这里!
fú wù yuán zhè lǐ
푸 우 위엔 저 리

A : 네, 무슨 일입니까?
Yes. Can I help you?
有什么事吗?
yǒu shén me shì ma
여우 선 머 스 마

먹는 법 · 재료를 물을 때

✈ 먹는 법을 가르쳐 주시겠어요?
Could you tell me how to eat this?
能告诉我怎么吃吗?
néng gào su wǒ zěn me chī ma
넝 까오 수 워 쩐 머 츠 마

✈ 이건 어떻게 먹으면 됩니까?
How do I eat this?
这个怎么吃?
zhè ge zěn me chī
저 거 쩐 머 츠

✈ 이 고기는 무엇입니까?
What kind of meat is this?
这肉是什么?
zhè ròu shì shén me
저 러우 스 선 머

✈ 이것은 재료로 무엇을 사용한 겁니까?
What are the ingredients for this?
这个是拿什么作材料的?
zhè ge shì ná shén me zuò cái liào de
저 거 스 나 선 머 쮀 차이 랴오 더

필요한 것을 부탁할 때

✈ 빵을 좀 더 주세요.
Can I have more bread?
请再给我点面包。
qǐng zài gěi wǒ diǎn miàn bāo
칭 짜이 께이 워 디엔 미엔 빠오

✈ 디저트 메뉴는 있습니까?
Do you have a dessert menu?
有餐后点心菜谱吗?
yǒu cān hòu diǎn xin cài pǔ ma
여우 찬 허우 디엔 신 차이 푸 마

175

✈ 물 한 잔 주세요.

I'd like a glass of water, please.

请给我一杯水。

qǐng gěi wǒ yì bēi shuǐ

칭 께이 워 이 뻬이 수이

✈ 소금 좀 갖다 주시겠어요?

Could I have some salt, please?

能给我点盐吗?

néng gěi wǒ diǎn yán ma

넝 께이 워 디엔 옌 마

✈ 젓가락을 떨어뜨려버렸습니다.

I dropped my chopsticks.

筷子掉在地上了。

kuài zi diào zài dì shàng le

콰이 즈 땨오 자이 디 상 러

✈ 나이프(포크)를 떨어뜨려버렸습니다.

I dropped my knife(fork).

餐刀(叉子)掉了。

cān dāo (chā zǐ) diào le

찬 따오 (차 즈) 땨오 러

✈ ～을 추가로 부탁합니다.

I'd like to order some more～.

请再加点。

qǐng zài jiā diǎn

칭 짜이 쟈 디엔

✈ 디저트를 주세요.

I'd like a dessert, please.

请给我餐后点心。

qǐng gěi wǒ cān hòu diǎn xin

칭 께이 워 찬 허우 디엔 신

✈ 디저트는 뭐가 있나요?
What do you have for dessert?
餐后甜品有什么?
cān hòu tián pǐn yǒu shén me
찬 허우 티엔 핀 여우 선 머

✈ (디저트를 권할 때) 아뇨, 됐습니다.
No, thank you.
不，谢谢。
bù xiè xie
뿌 시에 시에

✈ 이걸 치워주시겠어요?
Could you please take this away?
能收拾一下这个吗?
néng shōu shí yí xià zhè ge ma
넝 셔우 스 이 샤 저 거 마

✈ (맛은) 어떠십니까?
Is everything all right?
味道怎么样?
wèi dào zěn me yàng
웨이 따오 쩐 머 양

✈ 맛있는데요!
This is good!
很好吃。
hěn hǎo chī
헌 하오 츠

✈ (동석한 사람에게) 담배를 피워도 되겠습니까?
May I smoke?
可以抽烟吗?
kě yǐ chōu yān ma
커 이 처우 이엔 마

UNIT
04

술집에서

연회는 중국의 의례문화의 일면을 엿볼 수 있는 좋은 기회입니다. 정식의 연회에서는 좌석이 정해져 있으므로 자신의 이름을 찾아서 착석합시다. 식사에 들어가면 주인이 좌우 손님 에게 음식을 나눠 줍니다. 만약 손님이 주인에게 나눠 준다면 그것은 예의에 어긋납니다. 중국의 술은 독한 것이 많으므로 권유를 받아도 너무 무리하지 말고 적당량을 마십시다.

_____을(를) 주시겠어요?

May I have a _____ , please?

能给我 _____ 吗?
néng gěi wǒ   ma
넝 께이 워   마

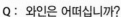

- 고량주   gaoliangjiu   高粮酒(gāoliángjiǔ)   까오리앙져우
- 와인   wine   葡萄酒(pútáojiǔ)   푸타오져우
- 생맥주   beer   啤酒(píjiǔ)   피져우
- 마오타이   maotai   茅台(máotái)   마오타이

Q : 와인은 어떠십니까?
Would you care for wine?
葡萄酒怎么样?
pú táo jiǔ zěn me yàng
푸 타오 져우 쩐 머 양

A : 와인 목록은 있습니까?
Do you have a wine list?
有葡萄酒菜单吗?
yǒu pú táo jiǔ cài dān ma
여우 푸 타오 져우 차이 딴 마

✖ 이 요리에는 어느 와인이 어울립니까?
Which wine goes with this dish?
这个菜配什么葡萄酒好?
zhè ge cài pèi shén me pú táo jiǔ hǎo
저 거 차이 페이 선 머 푸 타오 져우 하오

✖ 글라스로 주문됩니까?
Can I order it by the glass?
可以按杯预约吗?
kě yǐ àn bēi yù yuē ma
커 이 안 뻬이 위 위에 마

✖ 레드와인을 한 잔 주세요.
I'd like a glass of red wine.
给我一杯红酒。
gěi wǒ yì bēi hóng jiǔ
께이 워 이 뻬이 홍 져우

✖ 생맥주는 있습니까?
Do you have a draft beer?
有扎啤吗?
yǒu zā pí ma
여우 자 피 마

✖ 식사하기 전에 무슨 마실 것을 드릴까요?
Would you care for something to drink before dinner?
用餐之前需要喝什么饮料?
yòng cān zhī qián xū yào hē shén me yǐn liào
융 찬 즈 치엔 쉬 야오 허 선 머 인 랴오

✖ 이 지방의 독특한 술입니까?
Is it a local alcohol?
是这地方的特色酒吗?
shì zhè dì fang de tè sè jiǔ ma
스 저 디 팡 더 터 서 져우 마

✈ 어떤 맥주가 있습니까?

What kind of beer do you have?

都有什么啤酒?

dōu yǒu shén me pí jiǔ

떠우 여우 선 머 피 져우

✈ (웨이터) 음료는 어떻게 하시겠습니까?

Anything to drink?

需要什么饮料?

xū yào shén me yǐn liào

쉬 야오 선 머 인 랴오

✈ 물만 주시겠어요?

Can I just have water, please?

能给我水吗?

néng gěi wǒ shuǐ ma

넝 께이 워 수이 마

✈ 무슨 먹을 것은 없습니까?

Do you have something to eat?

有什么能吃的吗?

yǒu shén me néng chī de ma

여우 선 머 넝 츠 더 마

✈ 어떤 술입니까?

What kind of alcohol is it?

是什么酒?

shì shén me jiǔ

스 선 머 져우

✈ 가벼운 술이 좋겠습니다.

I'd like a light alcohol.

需要轻一点的酒。

xū yào qīng yì diǎn de jiǔ

쉬 야오 칭 이 디엔 더 져우

✈ **맥주가 별로 차갑지 않네요.**
The beer isn't cool enough.
啤酒不凉。
pí jiǔ bú liáng
피 져우 뿌 량

✈ **건배!**
Cheers!
干杯!
gān bēi
깐 뻬이

✈ **한 잔 더 주세요.**
Another one, please.
请再给一杯。
qǐng zài gěi yì bēi
칭 자이 께이 이 뻬이

✈ **한 병 더 주세요.**
May I have another one?
请再来一瓶。
qǐng zài lái yì píng
칭 짜이 라이 이 핑

✈ **제가 내겠습니다.**
It's on me, please.
我请客。
wǒ qǐng kè
워 칭 커

UNIT 05

식당에서의 트러블

테이블에 앉을 때는 오른손으로 의자를 잡아당겨 왼쪽에서 앉습니다. 테이블에는 각 담당의 웨이터가 정해져 있으므로 무언가를 부탁하거나 식사 중에 문제가 발생하면 먼저 담당 웨이터(服务员)를 부릅니다. 식사 중에 나이프나 포크를 떨어뜨렸으면 자신이 줍지 말고 웨이터를 불러 다시 가져오도록 합니다.

이건 너무 _____.

I think this is a little too _____.

这个太 _____。
zhè ge tài
저 거 타이

☐ 짭니다	salty	咸(xián)	시엔
☐ 답니다	sweet	甜(tián)	티엔
☐ 맵습니다	hot	辣(là)	라
☐ 싱겁습니다	sour	淡(dàn)	딴

Q : 이건 주문하지 않았는데요.
I didn't order this.
这个没有点。
zhè ge méi yǒu diǎn
저 거 메이 여우 디엔

A : 아, 그렇습니까?
You didn't, sir?
啊，是吗?
ā shi ma
아 스 마

✖ **주문한 게 아직 안 나왔습니다.**
My order hasn't come yet.
点的菜还没出来。
diǎn de cài hái méi chū lái
디엔 더 차이 하이 메이 추 라이

✖ **어느 정도 기다려야 합니까?**
How long do we have to wait?
还得等多长时间?
hái děi děng duō cháng shí jiān
하이 떼이 덩 뛰 창 스 지엔

✖ **조금 서둘러 주겠어요?**
Would you rush my order?
能快点吗?
néng kuài diǎn ma
넝 콰이 디엔 마

✖ **벌써 30분이나 기다리고 있습니다.**
I've been waiting for thirty minutes.
都已经等三十分钟了。
dōu yǐ jīng děng sān shí fēn zhōng le
떠우 이 징 덩 산 스 펀 종 러

✖ **커피를 두 잔 부탁했는데요.**
I ordered two cups of coffee.
要了两杯咖啡。
yào le liǎng bēi kā fēi
야오 러 리앙 뻬이 카 페이

✈ 이건 주문하지 않았는데요.

I don't think I ordered this.

没点这个菜。

méi diǎn zhè ge cài

메이 디엔 저 거 차이

✈ 주문을 확인해 주시겠어요?

Can you please check my order?

能确认一下点的菜吗?

néng què rèn yí xià diǎn de cài ma

넝 취에 런 이 샤 디엔 더 차이 마

✈ 주문을 취소하고 싶은데요.

I want to cancel my order.

想取消所点的。

xiǎng qǔ xiāo suǒ diǎn de

시앙 취 샤오 쒀 디엔 더

✈ 주문을 바꿔도 되겠습니까?

Can I change my order?

能换一下所点的菜吗?

néng huàn yí xià suǒ diǎn de cài ma

넝 후안 이 샤 쒀 디엔 더 차이 마

✈ 글라스가 더럽습니다.

The glass isn't clean.

杯子脏。

bēi zi zāng

뻬이 즈 장

✈ 새것으로 바꿔 주세요.

Please change this for new one.

请给我换新的。

qǐng gěi wǒ huàn xīn de

칭 께이 워 후안 신 더

✈ 수프에 뭐가 들어 있습니다.
There's something in the soup.
汤里有什么东西。
tāng lǐ yǒu shén me dōng xī
탕 리 여우 선 머 둥 시

✈ 이 스테이크는 너무 구워졌어요.
I think this steak is overdone.
牛排烤得太熟了。
niú pái kǎo de tài shú le
니우 파이 카오 더 타이 수 러

✈ 홍차가 식었습니다.
This tea isn't hot enough.
红茶冷了。
hóng chá lěng le
홍 차 렁 러

✈ 이 요리를 데워 주세요.
Please warm this dish up.
请热一下这个菜。
qǐng rè yí xià zhè ge cài
칭 러 이 샤 저 거 차이

✈ 너무 많아서 먹을 수 없습니다.
It is more than I can eat.
太多了，吃不完。
tài duō le chī bù wán
타이 뛰 러 츠 뿌 완

UNIT 06 패스트푸드점에서

패스트푸드는 레스토랑보다도 훨씬 가볍게 이용할 수 있습니다. 그 자리에서 만들어 주는 샌드위치나 핫도그, 포테이토칩 등은 시간이 없을 때 간단히 먹을 수 있는 것들입니다. 그 자리에서 먹을 때는 在这里吃(짜이저리츠)。라고 하고, 가지고 나갈 때는 带走(타이쩌우)。라고 하면 됩니다.

_____와(과) 미디엄 콜라 주세요.

_____and a medium coke, please.

请给我 _____和中杯可乐。
qǐng gěi wǒ　　　　　　　 hé zhōng bēi kě lè
칭 께이 워　　　　　　　 허 종 뻬이 커 러

□ 햄버거	a hamburger	汉宝(hànbǎo)	한빠오
□ 포테이토	French fries	炸薯条(zhàshǔtiáo)	자수타오
□ 피자	a pizza	比萨(bǐsā)	삐샤
□ 프라이드치킨	a fried chicken	炸鸡(zhàjī)	자찌

Q : 여기서 드시겠습니까, 아니면 포장을 해드릴까요?

For here or to go?

在这吃还是打包?

zài zhè chī hái shì dǎ bāo

짜이 저 츠 하이 스 따 빠오

A : 포장 해 주세요.

To go. (Take out.)

请给我打包。

qǐng gěi wǒ dǎ bāo

칭 께이 워 따 빠오

✈ 이 근처에 패스트푸드점은 있습니까?
Is there a fastfood store around here?
这附近有快餐店吗?
zhè fù jìn yǒu kuài cān diàn ma
저 푸 진 여우 콰이 찬 띠엔 마

✈ 햄버거하고 커피 주시겠어요?
Can I have a hamburger and a coffee, please?
请给我汉堡和咖啡?
qǐng gěi wǒ hàn bǎo hé kā fēi
칭 께이 워 한 빠오 허 카 페이

✈ 겨자를 (많이) 발라 주세요.
With (a lot of) mustard, please.
请多给我抹点芥末。
qǐng duō gěi wǒ mǒ diǎn jiè mò
칭 뛰 께이 워 모 띠엔 지에 모

✈ 어디서 주문합니까?
Where do I order?
在哪定餐?
zài nǎ dìng cān
짜이 나 딩 찬

✈ 2번 세트로 주세요.
I'll take the number two combo.
请给我二号套餐。
qǐng gěi wǒ èr hào tào cān
칭 께이 워 얼 하오 타오 찬

✈ 어느 사이즈로 하시겠습니까?
Which size would you like?
请问要多大尺码的?
qǐng wèn yào duō dà chǐ mǎ de
칭 원 야오 뛰 다 츠 마 더

식
사

패
스
트
푸
드
점
에
서

✈ L(M/S) 사이즈를 주세요.
Large(Medium/Small), please.
请给我L(M/S)号的。
qǐng gěi wǒ L(M/S) hào de
칭 께이 워 L(M/S) 하오 더

✈ 마요네즈는 바르겠습니까?
Would you like mayonnaise?
需要抹蛋黄酱吗?
xū yào mǒ dàn huáng jiàng ma
쉬 야오 모 단 후앙 지앙 마

✈ 아니오, 됐습니다.
No, thank you.
不用了。
bú yòng le
뿌 용 러

✈ 이것을 주세요.
I'll try it.
请给我这个。
qǐng gěi wǒ zhè ge
칭 께이 워 저 거

✈ 샌드위치를 주세요.
A sandwich, please.
请给我三明治。
qǐng gěi wǒ sān míng zhì
칭 께이 워 산 밍 즈

✈ 케첩을 주세요.
With ketchup, please.
请给我蕃茄酱。
qǐng gěi wǒ fān qié jiàng
칭 께이 워 판 치에 지앙

✈ (재료를 가리키며) 이것을 샌드위치에 넣어 주세요.
Put this in the sandwich, please.
请把这个放进三明治里。
qǐng bǎ zhè ge fàng jìn sān míng zhì lǐ
칭 빠 저 거 팡 진 산 밍 즈 리

주문을 마칠 때

✈ **(주문은) 전부입니다.**
That's all.
这是全部。
zhè shi quán bù
저 스 취엔 뿌

✈ **여기서 드시겠습니까, 아니면 가지고 가실 겁니까?**
For here or to go?
在这里吃还是带走?
zài zhè li chī hái shì dài zǒu
짜이 저 리 츠 하이 스 따이 저우

✈ **여기서 먹겠습니다.**
I'll eat here.
在这里吃。
zài zhè li chī
짜이 저 리 츠

✈ **가지고 갈 거예요.**
To go(Take out), please.
带走。
dài zǒu
따이 저우

✈ **이 자리에 앉아도 되겠습니까?**
Can I sit here?
可以坐这个位置吗?
kě yǐ zuò zhè ge wèi zhì ma
커 이 쭤 저 거 웨이 즈 마

햄버거
hamburger
汉堡(hànbǎo)
한빠오

핫도그
hot dog
热狗(règǒu)
러꺼우

피자
pizza
比萨饼(bǐsàbǐng)
피자빙

프라이드 포테이토
French fries
炸薯条(zhàshǔtiáo)
자수탸오

프라이드 치킨
fried chicken
炸鸡(zhàjī)
자찌

도넛
doughnut
炸面饼圈(zhámiànbǐngquān)
자미엔삥취엔

아이스크림
ice cream
冰淇淋(bīngqílín)
빙치린

비스킷
biscuit
饼干(bǐnggān)
빙깐

샐러드
salad
色拉(sèlā)
써라

샌드위치
sandwich
三明治 (sānmíngzhì)
산밍즈

조미료 调料(tiáoliào) 탸오랴오

케첩 ketchup
番茄酱
(fānqiéjiàng)
판치에지양

후추 pepper
胡椒(hújiāo)
후쟈오

간장 soy sauce
酱油(jiàngyóu)
지앙여우

설탕 sugar
糖(táng) 탕

소금 salt
盐(yán) 이엔

마가린 margarine
人造黄油
(rénzàohuángyóu)
런짜오후앙여우

버터 butter
白塔油(báitǎyóu)
바이타여우

음료 饮料(yǐnliào) 인랴오

커피 coffee
咖啡(kāfēi)
카페이

주스 juice
果汁(guǒzhī)
꾸어즈

뜨거운 물
热水(rèshuǐ)
러수이

차 tea
茶(chá)
차

(뜨거운) 초콜릿
chocolate
巧克力(qiǎokèlì)
챠오커리

우유 milk
牛奶(niúnǎi)
니우나이

콜라 coke
可乐(kělè)
커러

UNIT

07

식비·술값 계산

식사가 끝나면 손을 들어 服务员(푸우위엔)을 불러 계산서를 가지고 오도록 부탁합니다. 자리에 앉은 채로 계산서에 요금을 넣어 服务员에게 건넬 경우와 계산대에서 계산하는 경우가 있습니다. 호텔 안의 레스토랑에서는 10퍼센트 전후의 봉사료가 청구되는 곳도 있으므로 별도의 팁은 필요가 없습니다.

_____ 은(는) 포함되어 있나요?

Is _____ included?

_____ 包含在内吗?
bāo hán zài nèi ma
빠오 한 짜이 네이 마

□ 봉사료	service charge	服务费(fúwùfèi)	푸우페이
□ 팁	the tip	小费(xiǎofèi)	샤오페이
□ 차값	coffee charge	茶钱(cháqián)	차지엔
□ 자릿세	seat charge	座位费(zuòwèifèi)	쭈오웨이페이

Q : 더 필요하신 게 있습니까?
Can I get you anything else?
还需要别的吗?
hái xū yào bié de ma
하이 쉬 야오 삐에 더 마

A : 계산을 부탁합니다.
Just the bill, please.
请结帐。
qǐng jié zhàng
칭 지에 장

✈ 매우 맛있었습니다.
It was very good.
非常好吃。
fēi cháng hǎo chī
페이 창 하오 츠

✈ 여기서 지불할 수 있나요?
Can I pay here?
可以在这儿支付吗?
kě yǐ zài zhè r zhī fù ma
커 이 짜이 절 즈 푸 마

✈ 어디서 지불하나요?
Where shall I pay the bill?
在哪儿支付?
zài nǎ r zhī fù
짜이 날 즈 푸

✈ 따로따로 지불하고 싶은데요.
Separate checks, please.
想分开支付。
xiǎng fēn kāi zhī fù
시앙 펀 카이 즈 푸

✈ 제가 모두 내겠습니다.
I'll take care of the bill.
都让我付吧。
dōu ràng wǒ fù ba
떠우 랑 워 푸 바

✈ 제 몫은 얼마인가요?
How much is my share?
我的份是多少?
wǒ de fèn shì duō shǎo
워 더 펀 스 뛰 사오

✈ 팁은 포함되어 있습니까?
Is the tip included?
包含小费吗?
bāo hán xiǎo fèi ma
빠오 한 샤오 페이 마

✈ 제가 내겠습니다.
It's on me.
我付。
wǒ fù
워 푸

✈ 신용카드도 받나요?
Do you accept credit cards?
信用卡可以吗?
xìn yòng kǎ kě yǐ ma
신 용 카 커 이 마

✈ 현금으로 낼게요.
I'd like to pay in cash.
我付现金。
wǒ fù xiàn jīn
워 푸 시엔 진

계산할 때

✈ 계산해 주세요.
Check, please.
请结帐。
qǐng jié zhàng
칭 지에 장

✈ 전부해서 얼마입니까?
How much is it altogether?
全部多少钱?
quán bù duō shǎo qián
취엔 뿌 뚸 사오 치엔

✘ 이 요금은 무엇입니까?
What's this charge for?
这个费用是什么?
zhè ge fèi yòng shì shén me
저 거 페이 용 스 선 머

✘ 계산서를 나눠 주시겠어요?
Could we have separate checks?
请把账单分给我们?
qǐng bǎ zhàng dān fēn gěi wǒ men
칭 빠 장 딴 펀 께이 워 먼

✘ 계산이 틀린 것 같습니다.
I'm afraid the check is wrong.
好象计算错了。
hǎo xiàng jì suàn cuò le
하오 시앙 지 수안 춰 러

✘ 봉사료는 포함되어 있습니까?
Is it including the service charge?
服务费包含在内吗?
fú wù fèi bāo hán zài nèi ma
푸 우 페이 빠오 한 짜이 네이 마

✘ 영수증을 주세요.
May I have the receipt, please?
请给我收据。
qǐng gěi wǒ shōu jù
칭 께이 워 셔우 쮜

✘ 거스름돈이 틀린 것 같은데요.
I think you gave me the wrong change.
零钱好象找错了。
líng qián hǎo xiàng zhǎo cuò le
링 치엔 하오 시앙 자오 춰 러

패스트푸드·양식

패스트푸드	快餐(kuàicān) 콰이찬
햄버거	汉堡包(hànbǎobāo) 한빠오바오
샌드위치	三明治(sānmíngzhì) 산밍즈
감자튀김	炸薯条(zhàshǔtiáo) 자오수탸오
핫도그	热狗(règǒu) 러꺼우
빵	面包(miànbāo) 미엔빠오
토스트	烤面包(kǎomiànbāo) 카오미엔빠오
샐러드	沙拉子(shālāzi) 사라즈
햄	火腿(huǒtuǐ) 훠투이
돈가스	炸猪排(zhàzhūpái) 자주파이
비프스테이크	炸牛排(zhàniúpái) 자니우파이

음료(차)와 술

물	水(shuǐ) 수이
끓인 물	开水(kāishuǐ) 카이수이
식힌 물	凉开水(liángkāishuǐ) 리앙카이수이
냉수	冷水(lěngshuǐ) 렁수이
커피	咖啡(kāfēi) 카페이
아이스커피	冰咖啡(bīngkāfēi) 삥카페이
콜라	可乐(kělè) 커러
사이다	汽水(qìshuǐ) 치수이
우유	牛奶(niúnǎi) 니우나이
주스	果汁(guǒzhī) 궈즈
우롱차	乌龙茶(wūlóngchá) 우롱차
녹차	绿茶(lǜchá) 뤼차
홍차	红茶(hóngchá) 홍차
맥주	啤酒(píjiǔ) 피져우
생맥주	鲜啤酒(xiānpíjiǔ) 씨엔피져우
위스키	威士忌(wēishìjì) 웨이스지
마오타이주	茅台酒(máotáijiǔ) 마오타이져우
포도주	葡萄酒(pútáojiǔ) 푸타오져우
샴페인	香槟酒(xiāngbīnjiǔ) 시앙삔져우
칵테일	鸡尾酒(jīwěijiǔ) 지웨이져우
소주	烧酒(shāojiǔ) 사오져우

PART 5

교통

교통에 관한 정보

● 택시를 이용할 때 주의할 점

현지 사람에게 어디까지 얼마인가를 묻는다. 일반적으로 ㎞당 가격이 올라 소요되는 요금은 비슷하므로 차이가 많이 나면 돌아온다.

① 신분증명서가 없는 택시는 타지를 않는다.
② 고급호텔의 앞에서 타도록 한다.
③ 중국은 야간에는 앞에 앉지를 못하므로 뒤에 앉는다. 보통 야간에는 친구나 부인을 조수석에 앉히고 영업을 하는데 이런 차량은 가능한 한 타지 않도록 한다.
④ 역이나 터미널 앞에 정차하여 있는 택시는 타지 않는다.
⑤ 미터기를 반드시 꺾게 만든다.
⑥ 목적지를 중국어로 말하고 노정을 이야기한다.
⑦ 목적지를 말하고 운전수로부터 확인을 받는다. 중국어로 '쯔다오마(知道吗)?'라고 물어보면 된다.
⑧ 높은 요금을 요구할 경우 택시회사 전화번호나 운전수의 신분증명서의 번호를 적는 체한다. 일반적으로 중국은 면허증을 따기가 매우 어렵다. 택시운전수들은 면허를 취소당하면 타격이 크므로 두려워한다.

● 시내버스

일반버스와 전차(电车), 소형버스(小型公共汽车)가 있다. 여러 개의 노선이 북경 시내 구석구석을 운행하며 노선안내도는 호텔이나 역, 터미널의 매점에서 구할 수 있다. 정류장에 정차 버스의 번호가 적혀 있으므로 확인한다. 승차 후 차장에게 행선지를 말하고 요금을 지불하면 차표를 준다. 요금은 거리마다 다르다.

✹ 열차 이용하기

중국의 철도는 중국을 여행하기에 매우 중요한 역할을 하고 있으며, 총길이가 약 5만 2천 킬로미터로 지구를 한 바퀴 돌고도 남짓한 거리이다. 비록 소요시간은 비행기보다 늦지만, 일반 대중들로부터 많은 사랑을 받고 있다.

① 열차의 번호와 종류

2000년 10월에 열차의 속도를 가속하면서 중국은 열차에 대한 열차 번호와 열차의 종류를 새롭게 분류하여 발표하였다. 이전의 準高速, 快速, 旅游, 特快, 直通, 管内 등의 12가지 종류에서 特快, 快速, 普通의 3종류로 분류하였으며, 그중 普通을 다시 둘로 나누어 普快와 普慢으로 나누었다.

② 열차 좌석의 종류

중국은 한 열차 안에 좌석의 종류에 따라 4개로 분류하고 가격도 또한 다르다.

- 롼워(軟臥) — 푹신푹신한 침대
- 잉워(硬臥) — 딱딱한 침대
- 롼쭤(軟座) — 푹신푹신한 좌석
- 잉쭤(硬座) — 딱딱한 좌석

③ 표 구하기

일반적으로 침대칸의 열차표가 좌석표에 비하여 구하기가 어렵다. 먼저 구하고자 하는 열차의 번호와 구간, 시간, 좌석의 종류, 구매수를 정한 후에 메모지에 적어서 창구에 내면된다. 예를 들면 북경에서 서안으로 가는 열차표를 구하고자 할 때는 다음과 같이 메모지에 적으면 된다.

T41(北京西- 西安) 硬臥2 張

④ 침대칸 탑승

침대칸에 탑승하려면 승무원에게 표를 주고, 잉워는 쇠막대로, 롼워는 플라스틱 막대로 교환을 한 후에 본인의 침대로 찾아가서 휴식하면 된다. 롼워의 경우 열차가 출발하고 나면 승무원이 들어와 인적사항을 적어간다. 안전을 위해서란다. 내릴 때는 막대와 표를 다시 교환하여야 한다.

UNIT
01

길을 물을 때

길을 물을 때는 길을 걷는 사람이나 근처의 가게 사람에게 가볍게 물어봅시다. 중국어는 우리말에 비해 템포가 빨라서 좀처럼 알아듣기 힘드므로 가능하면 지도를 손으로 가리켜 물어보는 것이 좋을 것입니다. 말을 걸 때는 '여쭙겠습니다: 请问(칭원)', 알아들었으면 '감사합니다: 谢谢(씨에씨에)'라고 인사를 하는 것도 잊지 맙시다.

이 지도에서 ＿＿＿＿＿＿＿ 은(는) 어디입니까?

Where is ＿＿＿＿＿＿＿ on the map?

＿＿＿＿＿＿＿ 在这地图上的哪个位置?
zài zhè dì tú shàng de nǎ ge wèi zhi
짜이 저 디 투 상 더 나 거 웨이 즈

	여기	this place	这里(zhèlǐ)	저리
□	은행	the bank	银行(yínháng)	인항
□	백화점	the department store	百货商店(bǎihuòshāngdiàn)	빠이훠상띠엔
□	미술관	the art museum	美术馆(měishùguǎn)	메이수꾸안

Q : 천안문으로 가는 길을 가르쳐 주시겠어요?
Please tell me how to get to Tiananmen?
请问天安门怎么走?
qǐng wèn tiān ān mén zěn me zǒu
칭 원 티엔 안 먼 쩐 머 쩌우

A : 저기입니다.
It's over there.
在那里。
zài nà lǐ
짜이 나 리

길을 물을 때

✈ 저, 실례합니다!
Excuse me!
打扰了!
dǎ rǎo le
따 라오 러

✈ (지도를 가리키며) 여기는 어디에 있습니까?
Where are we now?
这个地方在哪里?
zhè ge dì fang zài nǎ lǐ
저 거 디 팡 짜이 나 리

✈ 백화점은 어디에 있습니까?
Where's the department store?
百货商店在哪里?
bǎi huò shāng diàn zài nǎ lǐ
빠이 훠 상 띠엔 짜이 나 리

✈ 여기는 무슨 거리입니까?
What street is this?
这里是什么街?
zhè lǐ shì shén me jiē
저 리 스 선 머 지에

✈ 저기서 오른쪽으로 도세요.
Turn right there.
在那里往右拐。
zài nà lǐ wǎng yòu guǎi
짜이 나 리 왕 여우 꽈이

✈ 걸어서 몇 분 걸립니까?
How many minutes dose it take to get there by walking?
走着去几分中?
zǒu zhe qù jǐ fēn zhōng
쩌우 저 취 지 펀 종

✈ 박물관에는 어떻게 가면 됩니까?
How can I get to the museum?
博物馆怎么去?
bó wù guǎn zěn me qù
보 우 꾸안 쩐 머 취

✈ 역으로 가는 길을 가르쳐 주십시오.
Please tell me the way to the station.
车站怎么去。
chē zhàn zěn me qù
처 잔 쩐 머 취

✈ 여기서 가깝습니까?
Is it near here?
离这里近吗?
lí zhè lǐ jìn ma
리 저 리 찐 마

✈ 여기서 멉니까?
Is it far from here?
离这里远吗?
lí zhè lǐ yuǎn ma
리 저 리 위엔 마

✈ 거기까지 걸어서 갈 수 있습니까?
Can I walk there?
能走去那里吗?
néng zǒu qù nà li ma
넝 저우 취 나 리 마

✈ 거기까지 버스로 갈 수 있습니까?
Can I get there by bus?
到那里能坐公共汽车吗?
dào nà lǐ néng zuò gōng gòng qì chē ma
따오 나 리 넝 쭤 꽁 공 치 처 마

✈ 거기에 가려면 택시밖에 없나요?
Is a taxi the only way to get there?
只有出租汽车到吗?
zhǐ yǒu chū zū qì chē dào ma
즈 여우 추 주 치 처 따오 마

✈ 거기까지 어는 정도 시간이 걸립니까?
How long does it take?
到那里得多长时间?
dào nà lǐ děi duō cháng shí jiān
따오 나 리 데이 뚸 창 스 지엔

✈ 이 주위에 지하철역이 있습니까?
Is there a subway station around here?
这附近有地铁吗?
zhè fù jìn yǒu dì tiě ma
저 푸 진 여우 디 티에 마

✈ 지도에 표시해 주시겠습니까?
Would you mark it, please?
能在地图上标一下吗?
néng zài dì tú shàng biāo yí xià ma
넝 짜이 디 투 상 빠오 이 샤 마

길을 잃었을 때

✈ 여기는 무슨 거리입니까?
What's this street?
这是什么街?
zhè shì shén me jiē
저 스 선 머 지에

✈ 길을 잃었습니다.
I got lost on my way.
我迷路了。
wǒ mí lù le
워 미 루 러

✈ 어디에 갑니까?
Where are you going?
去哪里?
qù nǎ lǐ
취 나 리

✈ 이화원으로 가는 길입니다.
We're going to Summer Palace.
这是去颐和园的路。
zhè shì qù yí hé yuán de lù
저 스 취 이 허 위엔 더 루

✈ 이 길이 아닙니까?
Am I on the wrong street?
不是这条路?
bú shì zhè tiáo lù
뿌 스 저 탸오 루

✈ 친절 베풀어 주셔서 감사합니다.
It's very kind of you. Thank you.
谢谢你那么亲切。
xiè xie nǐ nà me qīn qiè
씨에 씨에 니 나 머 친 치에

길을 물어올 때

✈ 미안합니다. 잘 모르겠습니다.
I'm sorry. I don't know.
对不起。不太清楚。
duì bù qǐ bú tài qīng chu
뚜이 부 치 뿌 타이 칭 추

✈ 저는 여행하러 왔습니다.
I came for a trip.
我是来旅行的。
wǒ shì lái lǚ xíng de
워 스 라이 뤼 싱 더

✈ 저도 잘 모릅니다.
I'm not sure myself.
我也不清楚。
wǒ yě bù qīng chu
워 예 뿌 칭 추

✈ 다른 사람에게 물어보십시오.
Please ask someone else.
请问别人吧。
qǐng wèn bié rén ba
칭 원 삐에 런 바

✈ 저 사람에게 물어보십시오.
Ask the man over there.
请问那个人。
qǐng wèn nà ge rén
칭 원 나 거 런

✈ 지도를 가지고 있습니까?
Do you have a map?
有地图吗?
yǒu dì tú ma
여우 디 투 마

UNIT

02

택시를 이용할 때

주의할 점은 중국의 택시(出租汽车)는 외국인에 바가지를 씌우기로 전세계에서도 유명하므로 택시를 타기 전에는 미리 행선지와 이용요금 등을 정확히 흥정해 두어야만 합니다. 그리고 되도록 미터기가 있는 택시를 타는 것이 좋습니다. 승차할 때는 미터기를 켜는지 확인하고, 요금을 지불할 때는 영수증을 받읍시다.

_____ (으)로 가 주세요.

To _____ please.

请到 _____ 。
qǐng dào
칭 따오

☐	이 주소	this address	这个地址(zhègedizhǐ)	저거디즈
☐	이곳	this place	这个地方(zhègedifang)	저거디팡
☐	번화가	downtown	繁华街(fánhuájiē)	판후아지에
☐	종신공원	Zhongxin Park	中心公园(zhōngxīngōngyuán)	종신꿍위엔

Q : 어디까지 모셔드릴까요?
Where to?
送您到哪里呢?
sòng nín dào nǎ lǐ ne
쏭 닌 따오 나 리 너

A : 시내로 가 주세요.
To downtown, please.
到市中心吧。
dào shì zhōng xīn ba
따오 스 종 신 바

택시를 잡을 때

✈ 택시승강장은 어디에 있습니까?
Where's the taxi stand?
坐出租车的地方在哪里?
zuò chū zū chē de dì fang zài nǎ lǐ
쬐 추 주 처 더 디 팡 짜이 나 리

✈ 어디서 택시를 탈 수 있습니까?
Where can I get a taxi?
在哪里能坐出租车?
zài nǎ lǐ néng zuò chū zū chē
짜이 나 리 넝 쬐 추 주 처

✈ 어디서 기다리고 있으면 됩니까?
Where should we wait?
需要在哪等您?
xū yào zài nǎ děng nín
쉬 야오 짜이 나 덩 닌

✈ 택시!
Taxi!
出租车!
chū zū chē
추 주 처

택시를 탈 때

✈ 우리들 모두 탈 수 있습니까?
Can we all get in the car?
我们都能坐下吗?
wǒ men dōu néng zuò xià ma
워 먼 떠우 넝 쬐 샤 마

✈ 트렁크를 열어 주시겠어요?
Would you open the trunk?
请打开后备箱?
qǐng dǎ kāi hòu bèi xiāng
칭 따 카이 허우 뻬이 시앙

✈ 짐을 조심해서 다뤄 주세요.
Please be careful.
搬行李请小心点。
bān xíng li qǐng xiǎo xīn diǎn
반 싱 리 칭 샤오 신 디엔

✈ (주소를 보이며) 이 주소로 가 주세요.
Take me to this address, please.
请到这个地址。
qǐng dào zhè ge dì zhǐ
칭 따오 저 거 디 즈

✈ 서둘러 주시겠어요?
Could you please hurry?
可以快点吗?
kě yǐ kuài diǎn ma
커 이 콰이 디엔 마

✈ 9시까지 도착할 수 있을까요?
Can I get there by nine?
九点能到吗?
jiǔ diǎn néng dào ma
져우 디엔 넝 따오 마

✈ 가장 가까운 길로 가 주세요.
Take the shortest way, please.
请往最近的路走。
qǐng wǎng zuì jìn de lù zǒu
칭 왕 쭈이 진 더 루 쩌우

✈ 좀 더 천천히 가 주세요.
Could you drive more slowly.
请再慢一点。
qǐng zài màn yì diǎn
칭 짜이 만 이 디엔

✈ 여기서 세워 주세요.
Stop here, please.
请在这里停车。
qǐng zài zhè lǐ tíng chē
칭 짜이 저 리 팅 처

✈ 다음 신호에서 세워 주세요.
Please stop at the next light.
请在下一个信号灯停下。
qǐng zài xià yí gè xìn hào dēng tíng xià
칭 자이 샤 이 거 신 하오 덩 팅 샤

✈ 좀 더 앞까지 가주세요.
Could you pull up a little further.
请再往前走一点。
qǐng zài wǎng qián zǒu yì diǎn
칭 자이 왕 치엔 쩌우 이 디엔

✈ 여기서 기다려 주시겠어요?
Would you wait for me here?
请你在这里等我?
qǐng nǐ zài zhè lǐ děng wǒ
칭 니 자이 저 리 덩 워

✈ 얼마입니까?
How much is it?
多少钱?
duō shǎo qián
뚸 사오 치엔

✈ 거스름돈은 됐습니다.
Keep the change.
零钱不用了。
líng qián bú yòng le
링 치엔 뿌 융 러

Travel Chinese

UNIT

03

버스를 이용할 때

시내를 자유롭게 이동하려면 시내버스가 싸고 편리합니다. 버스는 노선별로 1路, 2路… 번호가 붙어 있으므로 역전에서 노선도를 사두는 게 편리합니다. 표는 버스를 타고 나서 사기 때문에 차장(售票员)과의 대화에 불안감을 느끼지 모르겠지만, 순서대로 진행하면 의외로 간단합니다. 버스에도 완행과 쾌속, 그리고 일정 구간만을 정차하는 버스가 있습니다.

이 버스는 _____ 에 갑니까?

Does this bus go to _____ ?

这公共汽车到 _____ 吗?

zhè gōng gòng qì chē dào _____ ma

저 꽁 공 치 처 따오 마

- 공원   the park   公园(gōngyuán)   공위엔

- 해변   the beach   海边(hǎibiān)   하이삐엔

- 기차역   the train station   火车站(huǒchēzhàn)   훠처잔

- 공항   the airport   机场(jīchǎng)   지창

Q : 버스승강장은 어디에 있습니까?

Where's the bus stop?

公共汽车站在哪儿?

gōng gòng qì chē zhàn zài nǎ r

꽁 공 치 처 잔 짜이 날

A : 어디에 가십니까?

Where're you going?

要去哪儿?

yào qù nǎ r

야오 취 날

✈ 어디서 버스 노선도를 얻을 수 있습니까?
Where can I get a bus route map?
在哪里可以弄到公共汽车路线图?
zài nǎ lǐ kě yǐ nòng dào gōng gòng qì chē lù xiàn tú
짜이 나 리 커 이 눙 따오 꽁공 치 처 루 시엔 투

✈ 표는 어디서 살 수 있습니까?
Where can I get a ticket?
车票在哪儿买?
chē piào zài nǎ r mǎi
처 퍄오 짜이 날 마이

✈ 어느 버스를 타면 됩니까?
Which bus do I get on?
要坐哪个公共汽车?
yào zuò nǎ ge gōng gòng qì chē
야오 쮜 나 거 꽁공 치 처

✈ (버스를 가리키며) 미술관행입니까?
To the art museum?
去美术馆吗?
qù měi shù guǎn ma
취 메이 수 꾸안 마

✈ 갈아타야 합니까?
Do I have to transfer?
需要换车吗?
xū yào huàn chē ma
쉬 야오 후안 처 마

✈ 여기서 내려요.
I'll get off here.
在这里下车。
zài zhè lǐ xià chē
짜이 저 리 샤 처

✈ 버스 터미널은 어디에 있습니까?
Where is the depot?
车站在哪里?
chē zhàn zài nǎ lǐ
처 잔 짜이 나 리

✈ 매표소는 어디에 있습니까?
Where is the ticket office?
售票处在哪儿?
shòu piào chù zài nǎ r
샤우 퍄오 추 짜이 날

✈ 상해까지 두 장 주세요.
Two for Shanghai, please.
请给我两张到上海的车票。
qǐng gěi wǒ liǎng zhāng dào shàng hǎi de chē piào
칭 께이 워 량 장 따오 상 하이 더 처 퍄오

✈ 돌아오는 버스는 어디서 탑니까?
Where is the bus stop for going back?
回来的时候在哪儿坐车?
huí lái de shí hou zài nǎ r zuò chē
후이 라이 더 스 허우 짜이 날 쮀 처

✈ 거기에 가는 직행버스는 있나요?
Is there any bus that goes there directly?
有直接去那里的公共汽车吗?
yǒu zhí jiē qù nà lǐ de gōng gòng qì chē ma
여우 즈 지에 취 나 리 더 꽁공 치 처 마

✈ 도착하면 알려 주세요.
Tell me when we arrive there.
到了，请告诉我。
dào le qǐng gào su wǒ
따오 러 칭 까오 수 워

✈ 상해를 방문하는 투어는 있습니까?
Do you have a tour to Shanghai?
有游览上海的观光团吗?
yǒu yóu lǎn shàng hǎi de guān guāng tuán ma
여우 여우 란 상 하이 더 꽌 구앙 투안 마

✈ 여기서 예약할 수 있나요?
Can I make a reservation here?
在这里可以预定吗?
zài zhè lǐ kě yǐ yù dìng ma
짜이 저 리 커 이 위 딩 마

✈ 버스는 어디서 기다립니까?
Where do we wait for the bus?
在哪儿等公共汽车?
zài nǎ r děng gōng gòng qì chē
짜이 날 덩 꽁 공 치 처

✈ 몇 시에 돌아옵니까?
What time are we returning?
几点钟回来?
jǐ diǎn zhōng huí lái
지 디엔 종 후이 라이

✈ 투어는 몇 시에 어디서 시작됩니까?
What time and where does the tour begin?
观光团几点在哪儿出发?
guān guāng tuán jǐ diǎn zài nǎ r chū fā
꽌 구앙 투안 지 디엔 짜이 날 추 파

✈ 호텔까지 데리러 와 줍니까?
Will you pick us up at the hotel?
到宾馆来接吗?
dào bīn guǎn lái jiē ma
따오 빈 꾸안 라이 지에 마

Travel Chinese

UNIT 04

지하철을 이용할 때

지하철(地铁)은 시내의 교통지체에 영향을 받지 않고, 출퇴근의 혼잡함을 피하면 싸고 이용하기 쉬운 교통수단이라고 할 수 있습니다. 수동인 베이징에는 순환선인 还线(후안씨엔)과 그것을 접속하고 있는 동서로 뻗은 一线(이씨엔)이 전면 개통하여 천안문광장이나 고궁 등 관광지로 가는 데 매우 편리해졌습니다. 거리에 상관없이 요금은 똑같습니다.

_____ (으)로 가는 것은 몇 호선입니까?

Which line goes to the _____ ?

到 _____ 的车是多少路?
dào　　　　　　　de chē shì duō shǎo lù
따오　　　　　　　더 처 스 뛰 사오 루

☐ 공원　　　park　　　　　　公园(gōngyuán)　　　　　　꽁위엔

☐ 호텔　　　hotel　　　　　　大饭店(dàfàndiàn)　　　　따판띠엔

☐ 백화점　department store　百货商店(bǎihuòshāngdiàn)　빠이훠상띠엔

☐ 동물원　zoo　　　　　　　动物园(dòngwùyuán)　　　　뚱우위엔

Q : 만리장성까지 요금은 얼마입니까?
What's the subway fare to Changcheng?
到长城多少钱?
dào cháng chéng duō shǎo qián
따오 창 청 뛰 사오 치엔

A : 기본요금은 8위엔입니다.
The minimum fare is 8 Yuan.
起价费是八元。
qǐ jià fèi shì bā yuán
치 쟈 페이 스 빠 위엔

✖ 지하철 노선도를 주시겠습니까?
May I have a subway map?
请给我地铁路线图?
qǐng gěi wǒ dì tiě lù xiàn tú
칭 께이 워 디 티에 루 시엔 투

✖ 이 근처에 지하철역이 있습니까?
Is a subway station near here?
这附近有地铁站吗?
zhè fù jìn yǒu dì tiě zhàn ma
저 푸 진 여우 디 티에 잔 마

✖ 표는 어디서 삽니까?
Where can I buy a ticket?
在哪里买票?
zài nǎ lǐ mǎi piào
짜이 나 리 마이 퍄오

✖ 자동매표기는 어디에 있습니까?
Where is the ticket machine?
自动售票机在哪里?
zì dòng shòu piào jī zài nǎ lǐ
즈 뚱 셔우 퍄오 지 짜이 나 리

✖ 옹화궁으로 가려면 어느 선을 타면 됩니까?
Which line should I take to go to Yonghegong?
到雍和宫街要坐几路车?
dào yōng hé gōng jiē yào zuò jǐ lù chē
따오 융 허 꿍 지에 야오 쮀 지 루 처

✖ 공원으로 가려면 어디로 나가면 됩니까?
Which exit should I take for the park?
请问去公园要从哪个出口出去?
qǐng wèn qù gōng yuán yào cóng nǎ ge chū kǒu chū qù
칭 원 취 꿍 위엔 야오 총 나 거 추 커우 추 취

✈ 동쪽 출구로 나가세요.
Take the east exit.
请从东面的出口出去。
qǐng cóng dōng miàn de chū kǒu chū qù
칭 총 뚱 미엔 더 추 커우 추 취

지하철을 탔을 때

✈ 어디서 갈아탑니까?
Where should I change trains?
在哪儿换乘?
zài nǎ r huàn chéng
짜이 날 후안 청

✈ 이건 고궁에 갑니까?
Is this for Gugong?
这个车到故宫吗?
zhè ge chē dào gù gōng ma
저 거 처 따오 꾸 꽁 마

✈ 건국문은 몇 번째입니까?
How many stops are there to Jianguomen?
建国门是第几站?
jiàn guó mén shì dì jǐ zhàn
지엔 꿔 먼 스 디 지 잔

✈ 북경역은 몇 번째입니까?
How many stops are there to Beijing station?
北京站到那里还有几站?
běi jīng zhàn dào nà lǐ hái yǒu jǐ zhàn
베이 징 잔 따오 나 리 하이 여우 지 잔

✈ 다음은 어디입니까?
What's the next stop station?
下一站是哪里?
xià yí zhàn shì nǎ lǐ
시아 이 잔 스 나 리

✈ 이 지하철은 북경역에 섭니까?

Does this train stop at Beijing station?

这个地铁在北京站停吗?

zhè ge dì tiě zài běi jīng zhàn tíng ma

저 거 디 티에 짜이 베이 찡 짠 팅 마

✈ 이 노선의 종점은 어디입니까?

Where's the end of this line?

这个路线的终点是哪里?

zhè ge lù xiàn de zhōng diǎn shì nǎ lǐ

저 거 루 시엔 더 종 디엔 스 나 리

✈ 천안문으로 가려면 어디로 나가면 됩니까?

Which exit should I take for Tiananmen?

到天安门要往哪儿走?

dào tiān ān mén yào wǎng nǎ r zǒu

따오 티엔 안 먼 야오 왕 날 쩌우

✈ ○○출구로 나가세요.

Take the ○○ exit.

请往○○出口出去。

qǐng wǎng ○○ chū kǒu chū qù

칭 왕 ○○ 추 커우 추 취

✈ 지금 어디 근처입니까?

Where are we now?

现在在什么地方附近?

xiàn zài zài shén me dì fāng fù jin

씨엔 자이 짜이 선 머 디 팡 푸 진

✈ 표를 잃어버렸습니다.

I lost my ticket.

票弄丢了。

piào nòng diū le

퍄오 농 띠우 러

UNIT
05

열차를 이용할 때

경제가 활성화되고 사람과 물건의 이동이 활발해지고 있는 중국에서는 모든 역이 혼잡합니다. 열차는 한국의 새마을호에 해당하는 軟席(르안씨), 보통 열차에 해당하는 硬席(잉씨)로 구분되며, 모두 큰 차이가 있습니다. 광활한 중국대륙을 장거리열차로 느긋하고 편안하게 여행하려면 軟席이 좋으며, 일반 서민의 생활을 체험하려면 硬席도 좋습니다

_____ ○○—○○ 표 2장 주세요.

Two _____ tickets from ○○ to ○○, please.

请给我两张 _____ **票。**
qǐng gěi wǒ liǎng zhāng   piào
칭 게이 워 리양 장   퍄오

□ 편도	one-way	单程(dānchéng)	딴청
□ 왕복	round-trip	往返(wǎngfǎn)	왕판
□ 1등석	first class	头等座(tóuděngzuò)	터우떵쭤
□ 2등석	second class	二等座(èrděngzuò)	얼떵쭤

Q : 시각표를 보여 주시겠어요?
May I see a timetable?
请给我看时刻表，好吗?
qǐng gěi wǒ kàn shí kè biǎo hǎo ma
칭 게이 워 칸 스 커 뺘오 하오 마

A : 저기에 게시되어 있습니다.
Here's one posted over there.
那上面贴着。
nà shàng mian tiē zhe
나 상 미엔 티에 저

✈ 매표소는 어디입니까?
Where's the ticket window?
售票处在哪里?
shòu piào chù zài nǎ lǐ
서우 퍄오 추 짜이 나 리

✈ 상해까지 편도 주세요.
A single to Shanghai, please.
请给我到上海的单程票。
qǐng gěi wǒ dào shàng hǎi de dān chéng piào
칭 께이 워 따오 상 하이 더 딴 청 퍄오

✈ 9시 급행 표를 주세요.
Tickets on express at nine, please.
请给我九点钟的快车票。
qǐng gěi wǒ jiǔ diǎn zhōng de kuài chē piào
칭 께이 워 져우 디엔 종 더 콰이 처 퍄오

✈ 예약 창구는 어디입니까?
Which window can I reserve a seat at?
预约窗口在哪里?
yù yuē chuāng kǒu zài nǎ lǐ
위 위에 추앙 커우 짜이 나 리

✈ 1등석을 주세요.
First class, please.
请给我头等座。
qǐng gěi wǒ tóu děng zuò
칭 께이 워 터우 덩 쭤

✈ 더 이른(늦은) 열차는 있습니까?
Do you have an earlier(a later) train?
没有更早(晚)一点的吗?
méi yǒu gèng zǎo (wǎn) yì diǎn de ma
메이 여우 껑 자오 (완) 이 디엔 더 마

✈ 급행열차입니까?
Is it an express train?
没有快车吗?
méi yǒu kuài chē ma
메이 여우 콰이 처 마

✈ 어디서 갈아탑니까?
Where should we change trains?
在哪儿换乘?
zài nǎr huàn chéng
짜이 날 후안 청

열차를 탈 때

✈ 3번 홈은 어디입니까?
Where is platform No 3?
三号站台在哪里?
sān hào zhàn tái zài nǎ lǐ
산 하오 잔 타이 짜이 나 리

✈ 상해행 열차는 어디입니까?
Where's the train for Shanghai?
到上海的火车在哪里?
dào shàng hǎi de huǒ chē zài nǎ lǐ
따오 상 하이 더 훠 처 짜이 나 리

✈ 이건 상해행입니까?
Is this for Shanghai?
这是到上海的车?
zhè shì dào shàng hǎi de chē
저 스 따오 상 하이 더 처

✈ (표를 보여주며) 이 열차 맞습니까?
Is this my train?
是这个火车吗?
shì zhè ge huǒ chē ma
스 저 거 훠 처 마

✈ 이 열차는 예정대로 출발합니까?
Is this train on schedule?
这个火车按预定出发吗?
zhè ge huǒ chē àn yù dìng chū fā ma
저 거 훠 처 안 위 딩 추 파 마

✈ 다음 역은 무슨 역입니까?
What's the next station?
下一站是哪里?
xià yí zhàn shì nǎ lǐ
샤 이 잔 스 나 리

✈ 도중에 하차할 수 있습니까?
Can I have a stopover?
在半道可以下车吗?
zài bàn dào kě yǐ xià chē ma
짜이 반 따오 커 이 샤 처 마

열차 안에서

✈ 거기는 제 자리입니다.
That's my seat.
这是我的位置。
zhè shì wǒ de wèi zhi
저 스 워 더 웨이 즈

✈ 이 자리는 비어 있나요?
Is this seat taken?
这个位子是空的吗?
zhè ge wèi zi shì kōng de ma
저 거 웨이 즈 스 콩 더 마

✈ 창문을 열어도 되겠습니까?
May I open the window?
可以打开窗户吗?
kě yǐ dǎ kāi chuāng hu ma
커 이 따 카이 추앙 후 마

✈ 식당차는 어디에 있습니까?

Where's the dining car?

饭店车在哪里?

fàn diàn chē zài nǎ lǐ

판 띠엔 처 짜이 나 리

✈ (여객전무) 도와드릴까요?

May I help you?

要帮忙吗?

yào bāng máng ma

야오 방 망 마

✈ 상해까지 몇 시간입니까?

How many hours to Shanghai?

到上海多长时间?

dào shàng hǎi duō cháng shí jiān

따오 상 하이 뚸 창 스 지엔

✈ 표를 보여 주십시오.

May I see your ticket?

我能看您的票吗。

wǒ néng kàn nín de piào ma

워 넝 칸 닌 더 퍄오 마

✈ 네, 여기 있습니다.

Here it is.

是，在这里。

shì zài zhè lǐ

쓰 짜이 저 리

✈ 잠시 기다려 주십시오.

Just a minute, please.

请稍等一下。

qǐng shāo děng yí xià

칭 사오 덩 이 샤

✈ 여기는 무슨 역입니까?

What station is this?

这里是什么站?

zhè lǐ shì shén me zhàn

저 리 스 선 머 잔

✈ 다음 역은 무슨 역입니까?
What's the next station?
下站是哪里?
xià zhàn shì nǎ lǐ
샤 잔 스 나 리

문제가 생겼을 때

✈ 표를 잃어버렸습니다.
I lost my ticket.
票弄丢了。
piào nòng diū le
퍄오 농 띠우 러

✈ 어디에서 탔습니까?
Where did you get on?
您在哪里上车的?
nín zài nǎ lǐ shàng chē de
닌 짜이 나 리 상 처 더

✈ 내릴 역을 지나쳤습니다.
I missed my station.
我坐过站了。
wǒ zuò guò zhàn le
워 쭤 궈 잔 러

✈ 이 표는 아직 유효합니까?
Is this ticket still valid?
票还有效吗?
piào hái yǒu xiào ma
퍄오 하이 여우 샤오 마

UNIT 06

비행기를 이용할 때

체크인이란 탑승 수속을 말합니다. 공항에 도착하면 이용할 항공사의 카운터에 가서 항공권을 제시합니다. 담당이 확인하면 기내의 원하는 좌석을 말하고, 탑승권(boarding pass)와 짐을 맡길 경우에는 그 짐의 인환증(claim tag)도 동시에 받습니다. 국내선의 경우에는 거의 금연석입니다.

_____ (으)로 부탁합니다.

_____ , please.

请给我 _____ 。
qǐng gěi wǒ
칭 께이 워

☐ 금연석	Non-smoking	禁烟席(jìnyānxí)	진옌시
☐ 흡연석	Smoking seat	吸烟席(xīyānxí)	씨옌시
☐ 창가자리	Window seat	靠窗座位(kàochuāngzuòwèi)	카오추앙쮀웨이
☐ 통로석	Aisle seat	靠过道的座位(kàoguòdàodezuòwèi)	카오꿔따오더쮀웨이

Q : 여보세요. 중국국제항공입니다.
Hello. This is Air China.
你好! 这里是中国国际航空。
nǐ hǎo   zhè lǐ shì zhōng guó guó jì háng kōng
니 하오   저 리 스 종 궈 꿔 지 항 콩

A : 예약을 재확인하고 싶은데요.
I'd like to reconfirm my flight.
想再确认一下预约。
xiǎng zài què rèn yí xià yù yuē
시앙 자이 취에 런 이 샤 위 위에

✈ 비행기 예약을 부탁합니다.
I'd like to reserve a flight.
请给我预约飞机。
qǐng gěi wǒ yù yuē fēi jī
칭 께이 워 위 위에 페이 지

✈ 내일 상해행 비행기 있습니까?
Do you have a flight to Shanghai tomorrow?
明天有飞往上海的飞机吗?
míng tiān yǒu fēi wǎng shàng hǎi de fēi jī ma
밍 티엔 여우 페이 왕 상 하이 더 페이 지 마

✈ 일찍 가는 비행기로 부탁합니다.
I'd like an earlier flight.
请给我订早班飞机。
qǐng gěi wǒ dìng zǎo bān fēi jī
칭 께이 워 딩 자오 빤 페이 지

✈ 늦게 가는 비행기로 부탁합니다.
I'd like a later flight.
请给我订晚班飞机。
qǐng gěi wǒ dìng wǎn bān fēi jī
칭 께이 워 딩 완 빤 페이 지

✈ 성함과 편명을 말씀하십시오.
What's your name and flight number?
请告诉我姓名和班机号。
qǐng gào su wǒ xìng míng hé bān jī hào
칭 까오 수 워 싱 밍 허 빤 지 하오

✈ 출발 시간을 확인하고 싶은데요.
I'd like to make sure of the time it leaves.
想确认出发时间。
xiǎng què rèn chū fā shí jiān
씨앙 취에 런 추 파 스 지엔

✈ 중국국제항공 카운터는 어디입니까?
Where's the Air China counter?
中国国际航空手续办在哪里?
zhōng guó guó jì háng kōng shǒu xù bàn zài nǎ lǐ
종 궈 궈 지 항 콩 셔우 쉬 빤 자이 나 리

✈ 지금 체크인할 수 있습니까?
Can I check in now?
现在可以办登机手续吗?
xiàn zài kě yǐ bàn dēng jī shǒu xù ma
시엔 자이 커 이 반 덩 지 셔우 쒸 마

✈ 항공권은 가지고 계십니까?
Do you have a ticket?
飞机票在手里吗?
fēi jī piào zài shǒu lǐ ma
페이 지 퍄오 자이 셔우 리 마

✈ 예, 여기 있습니다.
Here it is.
是，在这里。
shì zài zhè lǐ
스 짜이 저 리

✈ 금연석 통로 쪽으로 부탁합니다.
An aisle seat in the non-smoking section, please.
请到禁烟席通道。
qǐng dào jìn yān xí tōng dào
칭 따오 진 옌 씨 통 따오

✈ 이 짐은 기내로 가지고 갑니다.
This is a carry-on bag.
这个行李拿到机内。
zhè ge xíng li ná dào jī nèi
저 거 싱 리 나 따오 지 네이

✈ 요금은 어떻게 됩니까?
What's the fare?
费用是多少?
fèi yòng shì duō shǎo
페이 융 스 둬 사오

✈ 몇 번 출구로 나가면 됩니까?
Which gate should I go to?
要从几号出口出去?
yào cóng jǐ hào chū kǒu chū qù
야오 총 지 하오 추 커우 추 취

✈ 이건 상해행 출구입니까?
Is this the gate to Shanghai?
这是通往上海的出口吗?
zhè shì tōng wǎng shàng hǎi de chū kǒu ma
저 스 통 왕 상 하이 더 추 커우 마

✈ 비행은 예정대로 출발합니까?
Is the flight on time?
飞机按预定出发吗?
fēi jī àn yù dìng chū fā ma
페이 지 안 위 딩 추 파 마

✈ 이 짐을 맡길게요.
I'll check this baggage.
我想存行李。
wǒ xiǎng cún xíng li
워 시앙 춘 싱 리

✈ 탑승이 시작되었나요?
Has boarding begun?
开始上飞机了吗?
kāi shǐ shàng fēi jī le ma
카이 스 상 페이 지 러 마

출구 出口
(chūkǒu) 추커우

입구 入口
(rùkǒu) 루커우

건너시오
清过马路
(qīngguòmǎlù)
칭꿔마루

멈추시오
清止步
(qīngzhǐbù)
칭즈뿌

❶ 전화부스	公共电话亭(gōnggòngdiànhuàtíng) 꽁공디엔후아팅
❷ 건물	建筑(jiànzhù) 지엔주
❸ 인도	人行道(rénxíngdào) 런싱따오
❹ 신호등	红绿灯(hónglǜdēng) 훙뤼덩
❺ 차	汽车(qìchē) 치처
❻ 횡단보도	斑马线 (bānmǎxiàn) 빤마시엔
❼ 버스	公共汽车 (gōnggòngqìchē) 꽁공치처
❽ 버스 정류소	公共汽车站 (gōnggòngqìchēzhàn) 꽁공치처잔
❾ 모퉁이	街角(jiējiǎo) 지에쟈오
❿ 도로표지판	路上标志(lùshàngbiāozhì) 루상뺘오즈
⓫ 우체통	邮筒(yóutǒng) 여우통
⓬ 공원	公园(gōngyuán) 꽁위엔

속도계 记速器
(jìsùqì) 지쑤치

엔진 发动机
(fādòngjī) 파동지

배터리 电池
(diànchí) 디엔츠

브레이크 刹车
(shāchē) 샤처

클러치 离合器
(líhéqì) 리허치

액셀러레이터 油门
(yóumén) 여우먼

핸들 方向盘
(fāngxiàngpán) 팡씨엔판

창유리
车窗(chēchuāng)
처추앙

트렁크
底盘(dǐpán)
띠판

보닛 车蓬
(chēpéng) 처펑

타이어 车胎
(chētāi) 처타이

도로표지판		
양보	YIELD	让步
일시정지	STOP	停止
우측통행	KEEP RIGHT	右侧通行
추월금지	DO NOT PASS	禁止超车
진입금지	DO NOT ENTER	禁入
제한속도	SPEED LIMIT	限速
일방통행	ONE WAY	单行道
주차금지	NO PARKING	禁止停车

렌터카·렌터사이클

렌터카를 빌릴 때는 여권과 국제면허증이 필요합니다. 만일을 대비하여 보험도 잊지말고 꼭 들어둡시다. 관광시즌에는 한국에서 출발하기 전에 미리 렌터카 회사에 예약을 해두는 게 좋습니다. 호텔에서는 숙박객용으로 렌터사이클을 준비해둔 곳도 많이 있는데, 거리에서 빌릴 경우에는 보증금격인 押金(yàjīn 야진)이 필요합니다

_____ 차를 1주일간 빌리고 싶은데요.

_____ car for a week, please.

我想借一个礼拜的 _____ 车。
wǒ xiǎng jiè yí gè lǐ bài de   chē
워 시앙 지에 이 거 리 빠이 더   처

☐ 소형	A compact	小型(xiǎoxíng)	쌰오싱
☐ 중형	A mid-size	中型(zhōngxíng)	종싱
☐ 대형	A large	大型(dàxíng)	따싱
☐ 오토매틱	An automatic	自动档(zìdòngdàng)	쯔뚱땅

Q : 차를 빌리고 싶은데요.
I'd like to rent a car.
我想借车。
wǒ xiǎng jiè chē
워 시앙 지에 처

A : 어떤 차가 좋겠습니까?
What kind of car do you want?
需要什么车?
xū yào shén me chē
쉬 야오 선 머 처

✈ (공항에서) 렌터카 카운터는 어디에 있습니까?
Where's the rent-a-car counter?
借车的地方在哪里?
jiè chē de dì fang zài nǎ lǐ
지에 처 더 디 팡 짜이 나 리

✈ 예약을 한 사람인데요.
I have a reservation.
我已经预约了。
wǒ yǐ jīng yù yuē le
워 이 징 위 위에 러

✈ 어느 정도 운전할 예정이십니까?
How long will you need it?
要开多长时间的车?
yào kāi duō cháng shí jiān de chē
야오 카이 뛰 창 스 지엔 더 처

✈ 1주간입니다.
For a week.
一周左右。
yì zhōu zuǒ yòu
이 조우 쮜 여우

✈ 자전거는 어디서 빌릴 수 있습니까?
Where can I rent a bicycle?
在哪里借自行车?
zài nǎ lǐ jiè zì xíng chē
짜이 나 리 지에 즈 싱 처

✈ 이것이 제 국제운전면허증입니다.
Here's my international driver's license.
这是我的国际驾照。
zhè shì wǒ de guó jì jià zhào
저 스 워 더 꿔 지 쟈 자오

✖ 어떤 차가 있습니까?
What kind of cars do you have?
都有什么车?
dōu yǒu shén me chē
떠우 여우 선 머 처

✖ 렌터카 목록을 보여 주시겠어요?
Can I see your rent-a-car list?
请给我看一下都有什么车?
qǐng gěi wǒ kàn yí xià dōu yǒu shén me chē
칭 께이 워 칸 이 샤 떠우 여우 선 머 처

✖ 어떤 타입의 차가 좋으시겠습니까?
What type of car would you like?
喜欢什么样式的车?
xǐ huan shén me yàng shì de chē
시 후안 선 머 양 스 더 처

✖ 중형차를 빌리고 싶은데요.
I'd like a mid-size car.
想借中型车。
xiǎng jiè zhōng xíng chē
시앙 지에 종 씽 처

✖ 오토매틱밖에 운전하지 못합니다.
I can only drive an automatic.
只能开自动档车。
zhǐ néng kāi zì dòng dàng chē
즈 넝 카이 쯔 뚱 땅 처

✖ 오토매틱 스포츠카를 부탁합니다.
I'd like an automatic sports car.
我想借自动档跑车。
wǒ xiǎng jiè zì dòng dàng pǎo chē
워 시앙 지에 쯔 뚱 땅 파오 처

✈ 선불이 필요합니까?
Do I need a deposit?
需要先付钱吗?
xū yào xiān fù qián ma
쉬 야오 시엔 푸 치엔 마

✈ 보증금은 얼마입니까?
How much is the deposit?
押金是多少?
yā jīn shì duō shǎo
야 진 스 뚸 사오

✈ 1주간 요금은 얼마입니까?
What's the rate per week?
一周的费用是多少?
yì zhōu de fèi yòng shì duō shǎo
이 조우 더 페이 용 스 뚸 사오

✈ 특별요금은 있습니까?
Do you have any special rates?
有特别费用吗?
yǒu tè bié fèi yòng ma
여우 터 삐에 페이 용 마

✈ 그 요금에 보험은 포함되어 있습니까?
Does the price include insurance?
那个费用包括保险金吗?
nà gè fèi yòng bāo kuò bǎo xiǎn jīn ma
나 거 페이 용 빠오 쿼 바오 씨엔 진 마

✈ 종합보험을 들어 주십시오.
With comprehensive insurance, please.
请参加综合保险。
qǐng cān jiā zōng hé bǎo xiǎn
칭 찬 쟈 종 허 바오 씨엔

UNIT

08

차를 운전할 때

중국에서는 직접 운전을 하여 여행할 수 있는 기회가 그리 많지 않지만, 특별한 경우에는 한국에서 직접 차를 가져가서 돌아볼 수도 있습니다. 이때 필요한 것이 국제운전 면허증입니다. 그렇지 않은 경우에도 해외여행을 한다면 국제운전면허증 정도는 구비하는 것이 좋습니다.

차의	_____	이(가) 이상합니다.
The	_____	isn't working right.
是车的	_____	故障。
shì chē de		gù zhàng
스 처 더		꾸 장

- ☐ 엔진   engine   引擎(yǐnqíng)   인칭
- ☐ 배터리   battery   电池(diànchí)   디엔츠
- ☐ 엑셀러레이터   accelerator   油门(yóumén)   여우먼
- ☐ 브레이크   brake   刹车(shāchē)   샤처

Q : (기름을) 가득 채워 주세요.
Fill it up, please.
请给我加满油。
qǐng gěi wǒ jiā mǎn yóu
칭 께이 워 쟈 만 여우

A : 잠시 기다리십시오.
I'll be right with you.
请稍等。
qǐng shāo děng
칭 사오 덩

✈ 긴급연락처를 알려 주시겠어요?
Where should I call in case of an emergency?
请告诉我紧急联络地址?
qǐng gào su wǒ jǐn jí lián luò dì zhǐ
칭 까오 수 워 진 지 리엔 뤄 디 즈

✈ 도로지도를 주시겠습니까?
Can I have a road map?
请给我路程图?
qǐng gěi wǒ lù chéng tú
칭 께이 워 루 청 투

✈ 상해는 어느 길로 가면 됩니까?
Which way to Shanghai?
上海要往哪里走?
shàng hǎi yào wǎng nǎ lǐ zǒu
상 하이 야오 왕 나 리 쩌우

✈ 5호선으로 남쪽으로 가세요.
Take the 5 South.
坐五号线往南走。
zuò wǔ hào xiàn wǎng nán zǒu
쮀 우 하오 시엔 왕 난 쩌우

✈ 곧장입니까, 아니면 왼쪽입니까?
Straight? Or to the left?
简直走，还是往左走?
jiǎn zhí zǒu hái shi wǎng zuǒ zǒu
지엔 즈 쩌우 하이 스 왕 쥐 쩌우

✈ 상해까지 몇 마일입니까?
How many miles to Shanghai?
到上海多少英里?
dào shàng hǎi duō shǎo yīng lǐ
따오상하이 뛰사오잉리

✈ 차로 상해는 어느 정도 걸립니까?

How far is it to Shanghai by car?

坐车到上海多长时间?

zuò chē dào shàng hǎi duō cháng shí jiān

쭤 처 따오 상 하이 뚸 창 스 지엔

✈ 가장 가까운 교차로는 어디입니까?

Where's the nearest intersection?

最近的十字路口是哪里?

zuì jìn de shí zì lù kǒu shì nǎ lǐ

쭈이 진 더 스 즈 루 커우 스 나 리

주유 · 주차할 때

✈ 이 근처에 주유소가 있습니까?

Is there a gas station near by?

这附近有加油站吗?

zhè fù jìn yǒu jiā yóu zhàn ma

저 푸 진 여우 쟈 여우 잔 마

✈ 가득 넣어 주세요.

Fill it up, please.

请加满。

qǐng jiā mǎn

칭 쟈 만

✈ 선불입니까, 후불입니까?

Do I pay now or later?

先付钱还是后付钱?

xiān fù qián hái shì hòu fù qián

씨엔 푸 치엔 하이 스 허우 푸 치엔

✈ 여기에 주차해도 됩니까?

Can I park my car here?

在这里停车也可以吗?

zài zhè lǐ tíng chē yě kě yǐ ma

짜이 저 리 팅 처 예 커 이 마

차 트러블

✈ 배터리가 떨어졌습니다.
The battery is dead.
车没有电池了。
chē méi yǒu diàn chí le
처 메이 여우 띠엔 츠 러

✈ 펑크가 났습니다.
I got a flat tire.
轮胎抛锚了。
lún tāi pāo máo le
룬 타이 파오 마오 러

✈ 시동이 걸리지 않습니다.
I can't start the engine.
车启动不了。
chē qǐ dòng bù liǎo
처 취 뚱 뿌 랴오

✈ 브레이크가 잘 안 듣습니다.
The brakes don't work properly.
刹车不灵。
shā chē bù líng
사 처 뿌 링

✈ 고칠 수 있습니까?
Can you repair it?
能修吗?
néng xiū ma
넝 시우 마

✈ 차를 돌려드리겠습니다.
I'll return the car.
把车还给您。
bǎ chē huán gěi nín
바 처 후안 께이 닌

거리에서 볼 수 있는 게시판	
注意	주의
小心脚下	발밑 주의
小心头	머리 조심
危险	위험
请勿穿行	건너지 마시오
请通过	건너시오
禁止出入	무단 침입금지
小心油漆	페인트 주의
故障	고장
禁止使用	사용중지
禁止停车	주차금지
停车场	주차장
请勿践踏草坪	잔디에 들어가지 마시오
禁止通行	통행금지
单行	일방통행
出口	출구
换乘	갈아타는 곳
卖票处	매표소

PART

6

관광

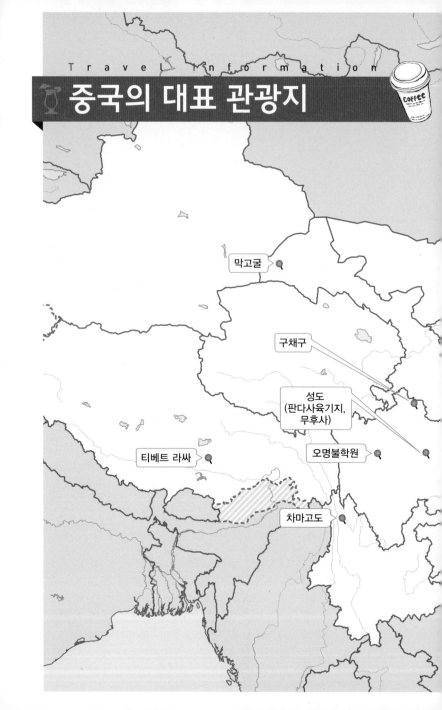

중국의 대표 관광지

막고굴

구채구

성도
(판다사육기지,
무후사)

티베트 라싸

오명불학원

차마고도

합이빈

내몽고 자치구
호화호특 시

만리장성

운강석굴

북경
(자금성, 천안문,
이화원, 왕부정)

공자유적

용문석굴

소림사

진시황릉과 병마용갱

항주
(서호, 영은사,
송성)

상해
(임시정부청사,
루쉰공원, 외탄,
동방명주탑, 예원)

안휘성 황산

장가계

계림
(상비산, 복파산, 첩채산,
천산공원, 칠성공원, 호적암,
용척제전, 양삭)

마카오

홍콩

하이난 섬

UNIT 01

관광안내소에서

관광의 첫걸음은 관광안내소에서 시작됩니다. 대부분이 시내의 중심부에 있는 볼거리 소개부터 버스 예약까지 여러가지 서비스를 하고 있습니다. 무료의 시내지도, 지하철, 버스노선도 등이 구비되어 있는 경우가 많으므로 정보수집에 매우 편리합니다. 또한 중국은 외국인이 자유로이 출입할 수 있는 개방도시와 그렇지 않은 도시가 있으므로 여행을 할때는 확인해야 합니다.

_____ 투어는 있나요?

Do you have a _____ tour?

有 _____ 观光团吗?

yǒu　　　　　　　　　　　　　　guān guāng tuán ma

여우　　　　　　　　　　　　　　꽌 구앙 투안 마

□	1일	full day	一日(yírì)	이르
□	반나절	half-day	半天(bàntiān)	반티엔
□	야간	night	夜间(yèjiān)	예지엔
□	당일치기	come back in a day	当天(dāngtiān)	땅티엔

Q : 북경 시내를 관광하고 싶은데요.

I'd like to see the sights of Beijing.

我想逛北京市。

wǒ xiǎng guàng běi jīng shì

워 시앙 꾸앙 베이 징 스

A : 투어에 참가하시겠습니까?

Are you interested in a tour?

想参加观光团吗?

xiǎng cān jiā guān guāng tuán ma

씨앙 찬 쟈 꽌 구앙 투안 마

✈ 관광안내소는 어디에 있습니까?
Where is the tourist information office?
观光介绍所在哪里?
guān guāng jiè shào suǒ zài nǎ lǐ
꽌 구앙 지에 사오 쒀 짜이 나 리

✈ 이 도시의 관광안내 팸플릿이 있습니까?
Do you have a sightseeing brochure for this town?
有这个城市的观光介绍手册吗?
yǒu zhè ge chéng shi de guān guāng jiè shào shǒu cè ma
여우 저 거 청 스 더 꽌 구앙 지에 사오 소우 처 마

✈ 무료 시내지도는 있습니까?
Do you have a free city map?
有免费市内地图吗?
yǒu miǎn fèi shì nèi dì tú ma
여우 미엔 페이 스 네이 디 투 마

✈ 관광지도를 주시겠어요?
Can I have a sightseeing map?
请给我观光地图?
qǐng gěi wǒ guān guāng dì tú
칭 께이 워 꽌 구앙 디 투

✈ 여기서 볼만한 곳을 가르쳐 주시겠어요?
Could you recommend some interesting places?
能告诉我好看的观光景点吗?
néng gào su wǒ hǎo kàn de guān guāng jǐng diǎn ma
넝 까오 수 워 하오 칸 더 꽌 구앙 찡 띠엔 마

✈ 당일치기로 어디에 갈 수 있습니까?
Where can I go for a day trip?
一日游去哪里好呢?
yí rì yóu qù nǎ lǐ hǎo ne
이 르 여우 취 나 리 하오 너

✈ 경치가 좋은 곳을 아십니까?
Do you know a place with a nice view?
知道什么地方景色好吗?
zhī dào shén me di fāng jǐng sè hǎo ma
즈 따오 선 머 디 팡 징 서 하오 마

✈ 젊은 사람이 가는 곳은 어디입니까?
Where's good place for young people?
年轻人喜欢去的地方是哪里?
nián qīng rén xǐ huan qù de di fang shì nǎ lǐ
니엔 칭 런 시 후안 취 더 디 팡 스 나 리

✈ 거기에 가려면 투어에 참가해야 합니까?
Do I have to join a tour to go there?
想去那里要参加观光团吗?
xiǎng qù nǎ lǐ yào cān jiā guān guāng tuán ma
시앙 취 나 리 야오 찬 쟈 꽌 구앙 투안 마

✈ 유람선은 있습니까?
Are there any sightseeing boats?
有观光船吗?
yǒu guān guāng chuán ma
여우 꽌 구앙 추안 마

✈ 여기서 표를 살 수 있습니까?
Can I buy a ticket here?
在这里可以买票吗?
zài zhè li kě yǐ mǎi piào ma
자이 저 리 커 이 마이 퍄오 마

✈ 할인 티켓은 있나요?
Do you have some discount tickets?
有打折票吗?
yǒu dǎ zhé piào ma
여우 따 저 퍄오 마

✈ 지금 축제는 하고 있나요?
Are there any festivals now?
现在有什么节日吗?
xiàn zài yǒu shén me jié rì ma
시엔 자이 여우 선 머 지에 르 마

✈ 벼룩시장 같은 것은 있나요?

Is there a flea market or something?

有跳蚤市场吗?

yǒu tiào zao shì chǎng ma

여우 탸오 자오 스 창 마

거리·시간 등을 물을 때

✈ 여기서 멉니까?

Is it far from here?

离这里远吗?

lí zhè lǐ yuǎn ma

리 저 리 위엔 마

✈ 여기서 걸어서 갈 수 있습니까?

Can I walk down there?

从这里可以走着去吗?

cóng zhè lǐ kě yǐ zǒu zhe qù ma

총 저 리 커 이 저우 저 취 마

✈ 왕복으로 어느 정도 시간이 걸립니까?

How long does it take to get there and back?

来回需要多长时间?

lái huí xū yào duō cháng shí jiān

라이 후이 쉬 야오 뛰 창 스 지엔

✈ 버스로 갈 수 있습니까?

Can I go there by bus?

能坐车去吗?

néng zuò chē qù ma

넝 쭤 처 취 마

✈ 관광버스 투어는 있습니까?
Is there a sightseeing bus tour?
有观光汽车团吗?
yǒu guān guāng qì chē tuán ma
여우 꽌 구앙 치 처 투안 마

✈ 어떤 투어가 있습니까?
What kind of tours do you have?
都有什么观光团?
dōu yǒu shén me guān guāng tuán
떠우 여우 선 머 꽌 구앙 투안

✈ 어디서 관광투어를 신청할 수 있습니까?
Where can I book a sightseeing tour?
在哪里可以申请加入观光团?
zài nǎ lǐ kě yǐ shēn qǐng jiā rù guān guāng tuán
자이 나 리 커 이 선 칭 쟈 루 꽌 구앙 투안

✈ 투어는 매일 있습니까?
Do you have tours every day?
观光团每天都有吗?
guān guāng tuán měi tiān dōu yǒu ma
꽌 구앙 투안 메이 티엔 떠우 여우 마

✈ 오전(오후) 코스는 있습니까?
Is there a morning(afternoon) tour?
有上午(下午)团吗?
yǒu shàng wǔ (xià wǔ) tuán ma
여우 상 우 (쌰 우) 투안 마

✈ 야간관광은 있습니까?
Do you have a night tour?
有夜间团吗?
yǒu yè jiān tuán ma
여우 예 지엔 투안 마

✈ 투어는 몇 시간 걸립니까?
How long does it take to complete the tour?
旅游需要几个小时?
lǚ yóu xū yào jǐ ge xiǎo shí
뤼 여우 쉬 야오 지 거 쌰오 스

✈ 식사는 나옵니까?
Are any meals included?
提供饭吗?
tí gōng fàn ma
티 공 판 마

✈ 몇 시에 출발합니까?
What time do you leave?
几点钟出发?
jǐ diǎn zhōng chū fā
지 디엔 종 추 파

✈ 어디서 출발합니까?
Where does it start?
在哪儿出发?
zài nǎr chū fā
자이 날 추 파

✈ 한국어 가이드는 있나요?
Do we have a Korean-speaking guide?
有韩国导游吗?
yǒu hán guó dǎo yóu ma
여우 한 궈 따오 여우 마

✈ 요금은 얼마입니까?
How much is it?
价钱是多少?
jià qián shì duō shǎo
쟈 치엔 스 뛰 사오

UNIT
02

관광지에서

미술관이나 박물관은 휴관일을 확인하고, 티켓 판매는 폐관 30분에서 1시간 전까지이므로 그 점도 확인하고 나서 예정을 잡읍시다. 또한 불교나 도교의 사원은 관광지이기 전에 종교상의 신성한 건물입니다. 들어갈 때는 정숙하지 못한 복장이나 소란은 삼가야 합니다.

_____ 은(는) 어느 정도입니까?

How _____ is it?

有多少 _____ ?
yǒu duō shǎo
여우 뚸 사오

□ 높이	high	高(gāo)	까오
□ 넓이	wide	宽(kuān)	쿠안
□ 역사(오래됨)	old	历史(lìshǐ)	리스
□ 길이	long	长(cháng)	창

Q : 오늘 투어에 참가할 수 있습니까?
Can I join today's tour?

能参加今天的旅游吗?
néng cān jiā jīn tiān de lǚ yóu ma
넝 찬 쟈 진 티엔 더 뤼 여우 마

A : 죄송합니다만, 미리 예약을 하셔야 합니다.
Sorry, you have to book it in advance.

对不起，需要提前预约。
duì bù qǐ xū yào tí qián yù yuē
뚜이 부 치 쉬 야오 티 치엔 위 위에

✈ 저것은 무엇입니까?
What is that?
那是什么?
nà shì shén me
나 스 선 머

✈ 저것은 무슨 강(산)입니까?
What is the name of that river(mountain)?
那是什么河 (山)?
nà shì shén me hé (shān)
나 스 선 머 허 (산)

✈ 여기서 얼마나 머뭅니까?
How long do we stop here?
离这里有多远?
lí zhè lǐ yǒu duō yuǎn
리 저 리 여우 뚸 위엔

✈ 시간은 어느 정도 있습니까?
How long do we have?
有多少时间?
yǒu duō shǎo shí jiān
여우 뚸 사오 스 지엔

✈ 자유시간은 있나요?
Do we have any free time?
有自由时间吗?
yǒu zì yóu shí jiān ma
여우 즈 여우 스 지엔 마

✈ 몇 시에 버스로 돌아오면 됩니까?
By what time should I be back to the bus?
要几点钟回到车里?
yào jǐ diǎn zhōng huí dào chē lǐ
야오 지 디 엔 종 후이 따오 처 리

✈ 전망대는 어떻게 오릅니까?

How can I get up to the observatory?

展望台怎么上去?

zhǎn wàng tái zěn me shàng qù

잔 왕 타이 쩐 머 상 취

✈ 저 건물은 무엇입니까?

What is that building?

那建筑物是什么?

nà jiàn zhù wù shì shén me

나 지엔 주 우 스 선 머

✈ 누가 여기 살았습니까?

Who lived here?

谁住过?

shéi zhù guo

쉐이 주 꿔

✈ 언제 세워졌습니까?

When was it built?

什么时候建的?

shén me shí hou jiàn de

선 머 스 허우 지엔 더

✈ 퍼레이드는 언제 있습니까?

When do you have the parade?

阅兵是什么时候?

yuè bīng shì shén me shí hou

위에 빙 스 선 머 스 허우

✈ 몇 시에 돌아와요?

What time will we come back?

几点回来?

jǐ diǎn huí lái

지 디엔 후이 라이

✈ 엽서는 어디서 삽니까?
Where can I buy postcards?
明信片在哪儿买?
míng xìn piàn zài nǎ r mǎi
밍 신 피엔 짜이 날 마이

✈ 엽서는 있습니까?
Do you have postcards?
有明信片吗?
yǒu míng xìn piàn ma
여우 밍 신 피엔 마

✈ 기념품 가게는 어디에 있습니까?
Where is the gift shop?
纪念品店在哪儿?
jì niàn pǐn diàn zài nǎ r
지 니엔 핀 띠엔 짜이 날

✈ 기념품으로 인기 있는 것은 무엇입니까?
Could you recommend something popular for a souvenir?
什么纪念品受欢迎?
shén me jì niàn pǐn shòu huān yíng
선 머 지 니엔 핀 서우 후안 잉

✈ 뭔가 먹을 만한 곳은 있습니까?
Is there a place where I can eat something?
什么地方的东西好吃?
shén me dì fāng de dōng xi hǎo chī
선 머 디 팡 더 뚱 시 하오 츠

✈ 이 박물관의 오리지널 상품입니까?
Is it an original to this museum?
是这个博物馆的原始收藏品吗?
shì zhè ge bó wù guǎn de yuán shǐ shōu cáng pǐn ma
스 저 거 보 우 꾸안 더 위엔 스 셔우 창 핀 마

UNIT

03 관람을 할 때

여행을 하면서 그 도시의 정보지 등에서 서커스(杂技), 경극(京剧), 영화 등 보고 싶은 것을 찾아서 미리 호텔의 인포메이션이나 관광안내소에서 예약을 해두는 것이 좋습니다. 표는 극장의 창구에서 사는 것이 가장 확실합니다. 적어도 공연의 3일전쯤에는 예매를 해두어야 합니다.

지금 인기 있는 _____ 은(는) 무엇입니까?

What's the most popular _____ now?

现在受欢迎的 _____ 是什么?
xiàn zài shòu huān yíng de   shì shén me
씨엔 자이 소우 후안 잉 더   스 선 머

□	영화	movie	电影(diànyǐng)	디엔잉
□	오페라	opera	歌剧(gējù)	거쮜
□	뮤지컬	musical	音乐戏剧(yīnyuèxìjù)	인위에시쮜
□	연극	play	戏剧(xìjù)	시쮜

Q : 우리들 자리는 어디죠?
Where're the seats?
我们的位置在哪里?
wǒ men de wèi zhi zài nǎ lǐ
워 먼 더 웨이 즈 짜이 나 리

A : 안내해 드리겠습니다.
Please follow me.
我带您去。
wǒ dài nín qù
워 따이 닌 취

✈ 티켓은 어디서 삽니까?
Where can I buy a ticket?
门票在哪儿买?
mén piào zài nǎ r mǎi
먼 퍄오 짜이 날 마이

✈ 입장료는 유료입니까?
Is there a charge for admission?
入场券是收费的吗?
rù chǎng quàn shì shōu fèi de ma
루 창 취엔 스 셔우 페이 더 마

✈ 입장료는 얼마입니까?
How much is the admission fee?
入场券多少钱?
rù chǎng quàn duō shǎo qián
루 창 취엔 뭐 사오 치엔

✈ 어른 2장 주세요.
Two adults, please.
请给我两张成人票。
qǐng gěi wǒ liǎng zhāng chéng rén piào
칭 께이 워 리앙 장 청 런 퍄오

✈ 학생 1장 주세요.
One student, please.
请给我一张学生票。
qǐng gěi wǒ yì zhāng xué sheng piào
칭 께이 워 이 장 쉬에 성 퍄오

✈ 단체할인은 있습니까?
Do you have a group discount?
有团体票打折吗?
yǒu tuán tǐ piào dǎ zhé ma
여우 투안 티 퍄오 따 저 마

✘ 이 티켓으로 모든 전시를 볼 수 있습니까?
Can I see everything with this ticket?
用这个票可以看所有展览吗?
yòng zhè ge piào kě yǐ kàn suǒ yǒu zhǎn lǎn ma
융 저 거 퍄오 커 이 칸 쉬 여우 잔 란 마

✘ 무료 팸플릿은 있습니까?
Do you have a free brochure?
有免费的小册子吗?
yǒu miǎn fèi de xiǎo cè zī ma
여우 미엔 페이 더 쌰오 처 즈 마

✘ 짐을 맡아 주세요.
I'd like to check this baggage.
我想存行李。
wǒ xiǎng cún xíng li
워 시앙 춘 싱 리

✘ 특별전을 하고 있습니까?
Are there any temporary exhibitions?
现在正是特别展吗?
xiàn zài zhèng shì tè bié zhǎn ma
시엔 자이 정 스 터 삐에 잔 마

✘ 관내를 안내할 가이드는 있습니까?
Is there anyone who can guide me?
有介绍馆内的解说员吗?
yǒu jiè shào guǎn nèi de jiè shuō yuán ma
여우 지에 사오 꽌 네이 더 지에 슈오 위엔 마

✘ 이 그림은 누가 그렸습니까?
Who painted this picture?
这画是谁画的?
zhè huà shì shuí huà de
저 화 스 쉐이 화 더

✈ 그 박물관은 오늘 엽니까?
Is the museum open today?
那个博物馆今天开吗?
nà ge bó wù guǎn jīn tiān kāi ma
나 거 보 우 꾸안 진 티엔 카이 마

✈ 단체할인은 있나요?
Do you have a group discount?
有没有集体打折?
yǒu méi yǒu jí tǐ dǎ zhé
여우 메이 여우 지 티 따 저

✈ 재입관할 수 있습니까?
Can I reenter?
可以再入内吗?
kě yǐ zài rù nèi ma
커 이 짜이 루 네이 마

✈ 내부를 견학할 수 있습니까?
Can I take a look inside?
可以参观里面吗?
kě yǐ cān guān lǐ miàn ma
커 이 찬 꾸안 리 미엔 마

✈ 출구는 어디입니까?
Where is the exit?
出口在哪儿?
chū kǒu zài nǎ r
추 커우 짜이 날

✈ 화장실은 어디입니까?
Where is the rest room?
厕所在哪里?
cè suǒ zài nǎ lǐ
처 쉬 짜이 나 리

관
광

관람을 할 때

✈ 극장 이름은 뭡니까?
What's the name of the theater?
电影院叫什么名字?
diàn yǐng yuàn jiào shén me míng zi
디엔 잉 위엔 쟈오 선 머 밍 즈

✈ 오늘 밤에는 무엇을 상영합니까?
What's on tonight?
今天晚上上映什么?
jīn tiān wǎn shàng shàng yìng shén me
진 티엔 완 상 상 잉 선 머

✈ 재미있습니까?
Is it good?
有意思吗?
yǒu yì si ma
여우 이 스 마

✈ 누가 출연합니까?
Who appears on it?
谁演的?
shéi yǎn de
쉐이 이엔 더

✈ 오늘 표는 아직 있습니까?
Are today's tickets still available?
今天的票还有吗?
jīn tiān de piào hái yǒu ma
진 티엔 더 퍄오 하이 여우 마

✈ 몇 시에 시작됩니까?
What time does it start?
几点钟开始?
jǐ diǎn zhōng kāi shǐ
지 디엔 종 카이 스

✈ 뮤지컬을 보고 싶은데요.
We'd like to see a musical.
想看音乐戏剧。
xiǎng kàn yīn yuè xì jù
씨앙 칸 인 위에 시 쥐

✈ 여기서 티켓을 예약할 수 있나요?
Can I make a ticket reservation here?
在这里能预定票吗?
zài zhè lǐ néng yù dìng piào ma
짜이 저 리 넝 위 딩 퍄오 마

✈ 이번 주 클래식 콘서트는 없습니까?
Are there any classical concerts this week?
这个礼拜没有古典音乐会吗?
zhè ge lǐ bài méi yǒu gǔ diǎn yīn yuè huì ma
저 거 리 빠이 메이 여우 꾸 디엔 인 위에 후이 마

✈ 내일 밤 표를 2장 주세요.
Two for tomorrow night, please.
请给我两张明天晚上的票。
qǐng gěi wǒ liǎng zhāng míng tiān wǎn shang de piào
칭 께이 워 리앙 장 밍 티엔 완 상 더 퍄오

✈ 가장 싼 자리는 얼마입니까?
How much is the cheapest seat?
最便宜的位置是哪里?
zuì pián yi de wèi zhi shi nǎ lǐ
주이 피엔 이 더 웨이 즈 스 나 리

✈ 가장 좋은 자리를 주세요.
I'd like the best seats.
请给我最好的位置。
qǐng gěi wǒ zuì hǎo de wèi zhì
칭 께이 워 주이 하오 더 웨이 즈

Travel Chinese

UNIT 04

사진을 찍을 때

국보급의 석굴이나 사원, 박물관에서는 사진촬영이 금지되어 있는 곳이 많으므로 게시판을 잘 살펴야 합니다. 부주의하여 촬영을 한 경우 벌금을 내거나 필름을 압수당하는 경우도 있습니다. 또한 함부로 다른 사람에게 카메라를 향하는 것은 예의에 어긋나므로, 찍고 싶은 상대에게 허락을 받고 나서 사진을 찍어야 합니다.

_____ 필름 1통 주시겠어요?
Can I have a roll of _____ film?
请给我一盒 _____ **胶卷?**
qǐng gěi wǒ yì hé / jiāo juǎn
칭 께이 워 이 허 / 자오 쥐엔

☐	컬러	color	彩色(cǎisè)	차이서
☐	흑백	black and white	黑白(hēibái)	헤이빠이
☐	24판	24 exposure	24寸(èrshísicùn)	얼스쓰춘
☐	36판	36 exposure	36寸(sānshliùcùn)	산스리우춘

Q : 사진 한 장 찍어 주시겠어요?

Will you take a picture of me?

能给我照一张相吗?

néng gěi wǒ zhào yì zhāng xiàng ma

넝 께이 워 자오 이 장 시앙 마

A : 좋습니다. 어느 버튼을 누르면 됩니까?

Okay. Which button should I press?

好的，要按哪个按钮?

hǎo de yào àn nǎ ge àn niǔ

하오 더 야오 안 나 거 안 니우

258

사진 촬영을 허락받을 때

✈ 여기서 사진을 찍어도 됩니까?
May I take a picture here?
可以在这里照相吗?
kě yǐ zài zhè lǐ zhào xiàng ma
커 이 짜이 저 리 자오 시앙 마

✈ 여기서 플래시를 터뜨려도 됩니까?
May I use a flash here?
在这里可以用闪光灯吗?
zài zhè lǐ kě yǐ yòng shǎn guāng dēng ma
짜이 저 리 커 이 용 샨 꾸앙 떵 마

✈ 비디오 촬영을 해도 됩니까?
May I take a video?
可以录像吗?
kě yǐ lù xiàng ma
커 이 루 시앙 마

✈ 당신 사진을 찍어도 되겠습니까?
May I take your picture?
可以照您吗?
kě yǐ zhào nín ma
커 이 자오 닌 마

✈ 함께 사진을 찍으시겠습니까?
Would you take a picture with me?
可以一起照相吗?
kě yǐ yì qǐ zhào xiàng ma
커 이 이 치 자오 시앙 마

✈ 미안해요, 바빠서요.
Actually, I'm in a hurry.
对不起我很急。
duì bù qǐ wǒ hěn jí
뚜이 부 치 워 헌 지

✖ 사진 좀 찍어 주시겠어요?
Would you take a picture of me?
能和我照张相吗?
néng hé wǒ zhào zhāng xiàng ma
넝 허 워 자오 장 시앙 마

✖ 셔터를 누르면 됩니다.
Just push the button.
按快门就可以了。
àn kuài mén jiù kě yǐ le
안 콰이 먼 져우 커 이 러

✖ 여기서 우리들을 찍어 주십시오.
Please take a picture of us from here.
请在这里给我们照相。
qǐng zài zhè lǐ gěi wǒ men zhào xiàng
칭 짜이 저 리 께이 워 먼 자오 시앙

✖ 한 장 더 부탁합니다.
One more, please.
请再照一张。
qǐng zài zhào yì zhāng
칭 짜이 자오 이 장

✖ 나중에 사진을 보내드리겠습니다.
I'll send you the picture.
过后把照片邮寄给您。
guò hòu bǎ zhào piàn yóu jì gěi nín
꿔 허우 바 자오 피엔 여우 지 께이 닌

✖ 주소를 여기서 적어 주시겠어요?
Could you write your address down here?
请把地址写在这里?
qǐng bǎ dì zhǐ xiě zài zhè li
칭 바 디 즈 시에 자이 쩌 리

✈ 이거하고 같은 컬러필름은 있습니까?
Do you have the same color film as this?
有和这个一样的彩色胶卷吗?
yǒu hé zhè ge yí yàng de cǎi sè jiāo juǎn ma
여우 허 저 거 이 양 더 차이 서 쟈오 쥐엔 마

✈ 건전지는 어디서 살 수 있나요?
Where can I buy a battery?
在哪里能买到电池?
zài nǎ lǐ néng mǎi dào diàn chí
짜이 나 리 넝 마이 따오 띠엔 츠

✈ 어디서 현상할 수 있습니까?
Where can I have this film developed?
在哪儿可以冲洗胶卷?
zài nǎ r kě yǐ chōng xǐ jiāo juǎn
짜이 날 커 이 총 씨 쟈오 쥐엔

✈ 이것을 현상해 주시겠어요?
Could you develop this film?
请给我冲洗这个?
qǐng gěi wǒ chōng xǐ zhè ge
칭 께이 워 총 시 저 거

✈ 인화를 해 주시겠어요?
Could you make copies of this picture?
请给我加洗?
qǐng gěi wǒ jiā xǐ
칭 께이 워 쟈 시

✈ 언제 됩니까?
When can I have it done by?
什么时候可以取?
shén me shí hòu kě yǐ qǔ
선 머 스 허우 커 이 취

UNIT
05

오락을 즐길 때

디스코나 가라오케는 중국의 젊은이들 사이에 인기가 많아서 호텔이나 시내에서는 밤늦게까지 영업을 합니다. 요금은 입구에서 티켓을 사는 경우와 끝난 다음에 지불하는 곳도 있습니다. 간혹 손님의 질이 별로 좋지 않는 가게도 있으므로 호텔 프런트 등에 확인하고 나서 가는 것이 안전합니다.

_____ 을(를) 주시겠어요?	
May I have a _____ ?	
能给我 _____ 吗?	
néng gěi wǒ　　　　　　　　　ma	
넝 께이 워　　　　　　　　　마	

☐ 위스키　　　　whiskey　　　威士忌(wēishìjì)　　　웨이스지

☐ 콜라　　　　coke　　　可乐(kělè)　　　커러

☐ 커피　　　　coffee　　　咖啡(kāfēi)　　　카페이

☐ 맥주　　　　beer　　　啤酒(píjiǔ)　　　피져우

Q : 쇼는 언제 시작됩니까?
When does the show start?
演出什么时候开始?
yǎn chū shén me shí hòu kāi shǐ
이엔 추 선 머 스 허우 카이 스

A : 곧 시작됩니다.
Very soon, sir.
马上就开始。
mǎ shàng jiù kāi shǐ
마 상 져우 카이 스

✈ 좋은 나이트클럽은 있나요?
Do you know of a good nightclub?
有好夜总会吗?
yǒu hǎo yè zǒng huì ma
여우 하오 예 종 후이 마

✈ 디너쇼를 보고 싶은데요.
I want to see a dinner show.
想看晚会。
xiǎng kàn wǎn huì
시앙 칸 완 후이

✈ 이건 무슨 쇼입니까?
What kind of show is this?
这是什么演出?
zhè shì shén me yǎn chū
저 스 선 머 이엔 추

✈ 무대 근처 자리로 주시겠어요?
Can I have a table near the stage, please?
能给我离舞台近的座位吗?
néng gěi wǒ lí wǔ tái jìn de zuò wèi ma
넝 께이 워 리 우 타이 진 더 쭤 웨이 마

✈ (클럽에서) 어떤 음악을 합니까?
What kind of music are you performing?
都有什么音乐?
dōu yǒu shén me yīn yuè
떠우 여우 선 머 인 위에

✈ 함께 춤추시겠어요?
Will you dance with me?
能和我一起跳舞吗?
néng hé wǒ yì qǐ tiào wǔ ma
넝 허 워 이 치 탸오 우 마

✖ 근처에 가라오케는 있습니까?
Is there any karaoke around here?
这附近有卡拉OK吗?
zhè fù jìn yǒu kǎ lā lā OK ma
저 푸 진 여우 카 라 오케 마

✖ 젊은 사람이 많습니까?
Are there many young people?
年轻人多吗?
nián qīng rén duō ma
니엔 칭 런 뚜오 마

✖ 어서 오십시오. 몇 분이십니까?
Good morning. How many?
欢迎光临，几位?
huān yíng guāng lín jǐ wèi
후안 잉 꾸앙 린 지 웨이

✖ 무엇을 드시겠습니까?
What would you like to drink?
要吃 (喝) 点什么?
yào chī (hē) diǎn shén me
야오 츠 (허) 디엔 선 머

✖ 한국 노래는 있습니까?
Do you have Korean music?
有韩国歌吗?
yǒu hán guó gē ma
여우 한 궈 꺼 마

✖ 노래를 잘 하시는군요.
You are a good singer.
您唱的真好。
nín chàng de zhēn hǎo
닌 창 더 전 하오

264

✖ 카지노는 몇 시부터 합니까?
What time does the casino open?
赌场从几点开始?
dǔ chǎng cóng jǐ diǎn kāi shǐ
뚜 창 총 지 디엔 카이 스

✖ 좋은 카지노를 소개해 주시겠어요?
Could you recommend a good casino?
请给我介绍好的赌场。
qǐng gěi wǒ jiè shào hǎo de dǔ chǎng
칭 께이 워 지에 사오 하오 더 뚜 창

✖ 카지노는 아무나 들어갈 수 있습니까?
Is everyone allowed to enter casinos?
赌场谁都可以进吗?
dǔ chǎng shuí dōu kě yǐ jìn ma
뚜 창 쉐이 떠우 커 이 찐 마

✖ 칩은 어디서 바꿉니까?
Where can I get chips?
币子在哪儿换?
bì zǐ zài nǎ r huàn
비 즈 짜이 날 후안

✖ 어떻게 하면 됩니까?
How can I play this?
我该怎么办?
wǒ gāi zěn me bàn
워 까이 쩐 머 반

✖ 현금으로 주세요.
Cash, please.
请给我现金。
qǐng gěi wǒ xiàn jīn
칭 께이 워 씨엔 진

UNIT

06

스포츠를 즐길 때

많은 민족이 사는 중국에서는 지방마다 각 민족의 새해를 축하하는 행사 이외에 여러 가지 축제가 개최됩니다. 민족의상을 걸친 사람들이 모이고 시장이 서고, 민족악기가 연주되며 경마 등도 행해집니다. 이와 같은 전통행사의 날짜는 음력이나 각 민족고유의 달력에 따라 정해지기 때문에 매년 조금씩 다릅니다.

저는 _____ 을(를) 하고 싶습니다.

I'd like to _____ .

我想打 _____ 。

wǒ xiǎng dǎ

워 시앙 따

□ 골프	play golf	高尔夫球(gāoěrfūqiú)	까오얼푸치우
□ 테니스	play tennis	网球(wǎngqiú)	왕치우
□ 스키	go skiing	滑雪(huáxuě)	후아쉬에
□ 서핑	go surfing	冲浪(chōnglàng)	총랑

Q : 함께하시겠어요?

Would you join us?

要一起来吗?

yào yì qǐ lái ma

야오 이 치 라이 마

A : 고맙습니다.

Thank you.

谢谢。

xiè xie

씨에 씨에

✖ 농구시합을 보고 싶은데요.
I'd like to see a basketball game.
想看篮球比赛。
xiǎng kàn lán qiú bǐ sài
시앙 칸 란 취우 비 싸이

✖ 오늘 축구 시합은 있습니까?
Is there a soccer game today?
今天有足球赛吗?
jīn tiān yǒu zú qiú sài ma
진 티엔 여우 주 치우 싸이 마

✖ 어디서 합니까?
Where is the stadium?
在哪儿比?
zài nǎ r bǐ
짜이 날 삐

✖ 몇 시부터입니까?
What time does it begin?
从几点开始?
cóng jǐ diǎn kāi shǐ
총 지 디엔 카이 스

✖ 어느 팀의 시합입니까?
Which teams are playing?
哪个队在比赛?
nǎ ge duì zài bǐ sài
나 거 뚜이 짜이 삐 싸이

✖ 표는 어디서 삽니까?
Where can I buy a ticket?
在哪儿买票?
zài nǎ r mǎi piào
짜이 날 마이 퍄오

✖ 골프를 하고 싶은데요.
We'd like to play golf.
我想打高尔夫球。
wǒ xiǎng dǎ gāo ěr fū qiú
워 시앙 따 까오 얼 푸 치우

✖ 테니스를 하고 싶은데요.
We'd like to play tennis.
我想打网球。
wǒ xiǎng dǎ wǎng qiú
워 시앙 따 왕 치우

✖ 골프 예약을 부탁합니다.
Can I make a reservation for golf?
请给我预约高尔夫球。
qǐng gěi wǒ yù yuē gāo ěr fū qiú
칭 께이 워 위 위에 까오 얼 푸 치우

✖ 오늘 플레이할 수 있습니까?
Can we play today?
今天可以比赛吗?
jīn tiān kě yǐ bǐ sài ma
진 티엔 커 이 삐 싸이 마

✖ 그린피는 얼마입니까?
How much is the green fee?
报名费是多少钱?
bào míng fèi shi duō shǎo qián
빠오 밍 페이 스 뚸 사오 치엔

✖ 이 호텔에 테니스코트는 있습니까?
Do you have a tennis court in the hotel?
这宾馆有网球场吗?
zhè bīn guǎn yǒu wǎng qiú chǎng ma
쩌 빈 꾸안 여우 왕 치우 창 마

✈ 스키를 하고 싶은데요.
I'd like to ski.
我想滑雪。
wǒ xiǎng huá xuě
워 시앙 화 쉬에

✈ 레슨을 받고 싶은데요.
I'd like to take ski lessons.
我想受训。
wǒ xiǎng shòu xùn
워 시앙 셔우 쒼

✈ 스키용품은 어디서 빌릴 수 있나요?
Where can I rent ski equipment?
滑雪用具在哪儿可以借?
huá xuě yòng jù zài nǎ r kě yǐ jiè
후아 쉬에 용 쥐 짜이 날 커 이 지에

✈ 리프트 승강장은 어디인가요?
Where can I get on a ski lift?
滑雪升降机在哪里?
huá xuě shēng jiàng jī zài nǎ lǐ
후아 쉬에 성 지 앙 지 짜이 나 리

✈ 짐은 어디에 보관하나요?
Where's the checkroom?
行李在哪儿保管?
xíng li zài nǎ r bǎo guǎn
싱 리 짜이 날 바오 꾸안

✈ 어떤 종류의 크루징(항해)이 있습니까?
What kind of cruising do you have?
都有什么种类的船?
dōu yǒu shén me zhǒng lèi de chuán
떠우 여우 선 머 종 레이 더 추안

각종 표지	
男士专用	남성용
女士专用	여성용
紧急出口	비상구
免费入场	무료입장
入口	입구
出口	출구
拉	당기시오
推	미시오
停止	멈추시오
预约	예약됨
服务站	안내소
禁止吸烟	금연
禁止摄影	촬영금지
使用中	사용 중
开	열림(엘리베이터)
关	닫힘(엘리베이터)
关门	문을 닫음
危险	위험

PART

7

쇼핑

쇼핑에 관한 정보

☀ 중국에서의 쇼핑 상식

① 가격 흥정을 잘 한다.

중국에서 쇼핑할 때 확실히 기억해 두어야 할 것은 무조건 가격을 깎아야 한다는 것이다. 심지어는 백화점에서 가격표가 붙어 있는 경우에도 깎으려고 마음만 먹는다면 깎을 수 있다. 중국인들은 외국인이라고 판단이 내려지면 무조건 비싼 가격을 부르는 경향이 있는데, 이것을 곧이곧대로 믿고 산다면 십중팔구는 바가지를 쓰게 된다. 조금 귀찮은 생각이 들더라도 깎아 보도록 하자. 보통 2배 정도의 가격에서 심지어는 10배 이상의 터무니 없는 가격을 부르기도 한다. 특히 자유시장이나 관광지의 기념품 가게에서는 50~70% 정도 깎는 것이 좋다.

② 가격이 천차만별이다.

중국은 아직 시장경제가 정착되지 않았기 때문에 가격제도가 소비자 중심이 아니라 생산자 중심이다. 그래서 가격이 일률적이지 않고 파는 사람 기준에 따라 다르다. 아무리 백화점에서도 같은 물건이더라도 가격이 곳에 따라 차이가 있는 곳도 있다. 그러므로 바가지를 쓰지 않고 제대로 사려면 이곳저곳 돌아다녀 본 후에 가장 가격이 싼 곳을 찾아야 할 정도이다. 중국에서 물건을 바가지 쓰지 않고 사려면 발품을 많이 팔아야 한다.

③ 중국 상품 중에는 가짜가 많다.

중국에서 물건을 살 때 또 하나 반드시 주의해야 할 점은 가짜 상품이 많다는 것이다. 일단 다른 곳보다 싸다고 생각되어 무심코 사 버리면 나중에 자세히 보면 진짜 상품을 모방하여 만든 것임을 여기저기에서 쉽게 찾아볼수 있다. 중국에서는 물건을 싸게 사는 것도 잘사는 요령 중의 하나지만 이때는 자칫하면 가짜 상품을 사게 되는 위험도 있으므로 주의한다. 결국 가짜 상품에 속지 않으려면 가격은 다른 곳에 비해서 조금 비싸지만, 외국인 전용 상점이나 백화점 혹은 국영상점 등에서 사는 것이 가장 안전하다

④ 파는 방식이 다르다.

중국에서는 포장된 물건 이외에 채소나 과일 등을 살 때는 저울에 무게를 달아서 파는 것이 일반적이다. 수량 기준이 아니라 중량 기준인 셈이다. 예를 들어 수박은 우리나라처럼 1통씩 팔지 않고 1근, 2근 등의 무게 단위로 잘라서 판다. 중국에서 1근은 육류나 채소를 막론하고 0.5kg이다. 물건을 저울에 재서 팔 때도 개중에는 눈금을 속여서 파는 경우도 있다.

☀ 장소

① 우의상점(友谊商店)

대도시의 호텔 주변에 위치한 외국인 전용 상점으로 중국인들도 이용하지만 외국인들의 이용이 더 많다. 대부분의 상품은 믿을 만하지만 일반 시중에서 살 수 있는 것보다 가격이 조금 비싸다. 상품은 중국의 특산품들이 대부분이다. 실크, 자기, 보석, 그리고 한방약품 등이 진열되어 있는데, 어느 도시에나 있다.

② 백화점

베이징이나 상하이, 광저우 등의 대도시에는 대규모의 백화점이 많이 들어서고 있다. 외국자본이나 화교들의 자본으로 세워지는 경우와 중국 국영인 곳도 있다. 이곳에는 중국 국내 상품뿐만 아니라 우리나라에는 수입되지 않는 외국의 유명 브랜드 제품까지 매우 다양하게 진열되어 있다.

③ 자유시장

1970년부터 일부 자영업을 허용하면서 생긴 곳으로 이곳에는 개체호(个体户: 거티후)라는 자영업자들이 운영하는 상점들이 모여 있다. 이미 일부 부유층을 형성하고 있는 이들은 일찍부터 이곳에서 영업을 시작했다고 보면 된다. 이곳에서는 특히 가격 흥정에 따라 아주 싸게 살 수 있는 이점이 있지만, 물건들은 대개 조잡한 것들이 많고 특히 가짜를 살 위험이 있다. 굳이 살 만한 것들이 없다 하더라도 한번 정도 찾아가 보는 것이 여행의 묘미를 더해 준다. 다양한 중국인들의 삶을 가까이서 피부로 느낄 수 있기 때문이다.

UNIT
01

가게를 찾을 때

각 도시에는 백화점, 쇼핑센터, 전문점이 많이 생겨나고 있으며 물건이 잘 갖추어져 있습니다. 저렴함, 품질, 유행에 있어서도 외국인 전용 백화점격인 友谊商店보다 뒤떨어지지 않으므로 쇼핑 정보를 잘 이용하면 저렴하고 좋은 품질의 물건을 구입할 수 있습니다.

이 주변에 ＿＿＿＿＿＿＿＿＿＿ 은(는) 있습니까?

Is there a ＿＿＿＿＿＿＿＿＿＿ around here?

这附近有 ＿＿＿＿＿＿＿＿＿＿ 吗?

zhè fù jìn yǒu ＿＿＿＿＿＿＿＿＿＿ ma

저 푸 진 여우 ＿＿＿＿＿＿＿＿＿＿ 마

□	슈퍼마켓	supermarket	超级市场(chāojíshìchǎng)	차오지스창
□	쇼핑센터	shopping center	购物中心(gòuwùzhōngxīn)	꺼우우종신
□	선물가게	gift store	礼品店(lǐpǐndiàn)	리핀띠엔
□	보석가게	jewelry store	珠宝店(zhūbǎodiàn)	주바오띠엔

Q : 이건 어디서 살 수 있습니까?

Where can I buy this?

这个在哪里可以买到?

zhè ge zài nǎ lǐ kě yǐ mǎi dào

저 거 짜이 나 리 커 이 마이 따오

A : 할인점에서 살 수 있습니다.

At the discount shop.

在那个购物中心就可以买到。

zài nà ge gòu wù zhōng xīn jiù kě yǐ mǎi dào

짜이 나 거 꺼우 우 종 신 져우 커 이 마이 따오

✖ 쇼핑센터는 어디에 있습니까?
Where's a shopping mall?
购物中心在哪里?
gòu wù zhōng xīn zài nǎ lǐ
꺼우 우 종 신 자이 나 리

✖ 이 도시의 쇼핑가는 어디에 있습니까?
Where is the shopping area in this town?
这个城市的购物街在哪里?
zhè ge chéng shì de gòu wù jiē zài nǎ lǐ
저 거 청 스 더 꺼우 우 지에 자이 나 리

✖ 쇼핑 가이드는 있나요?
Do you have a shopping guide?
有购物导游吗?
yǒu gòu wù dǎo yóu ma
여우 꺼우 우 다오 여우 마

✖ 선물은 어디서 살 수 있습니까?
Where can I buy some souvenirs?
在哪儿可以买礼物?
zài nǎ r kě yǐ mǎi lǐ wù
짜이 날 커 이 마이 리 우

✖ 면세점은 있습니까?
Is there a duty-free shop?
有免税店吗?
yǒu miǎn shuì diàn ma
여우 미엔 수이 띠엔 마

✖ 이 주변에 백화점은 있습니까?
Is there a department store around here?
这附近有百货商店吗?
zhè fù jìn yǒu bǎi huò shāng diàn ma
저 푸 진 여우 바이 훠 상 띠엔 마

✈ 가장 가까운 슈퍼는 어디에 있습니까?
Where's the nearest grocery store?
最近的超市在哪里?
zuì jìn de chāo shì zài nǎ lǐ
쭈이 진 더 차오 스 짜이 나 리

✈ 편의점을 찾고 있습니다.
I'm looking for a convenience store.
我在找便利店。
wǒ zài zhǎo biàn lì diàn
워 짜이 자오 삐엔 리 띠엔

✈ 좋은 스포츠 용품점을 가르쳐 주시겠어요?
Could you recommend a good sporting goods store?
请告诉我好体育用品商店?
qǐng gào su wǒ hǎo tǐ yù yòng pǐn shāng diàn
칭 까오 수 워 하오 티 위 용 핀 상 띠엔

✈ 세일은 어디서 하고 있습니까?
Who's having a sale?
在哪里打折?
zài nǎ lǐ dǎ zhé
짜이 나 리 따 저

✈ 이 주변에 할인점은 있습니까?
Is there a discount shop around here?
这附近有贱卖商店吗?
zhè fù jìn yǒu jiàn mài shāng diàn ma
저 푸 진 여우 지엔 마이 상 띠엔 마

✈ 그건 어디서 살 수 있나요?
Where can I buy it?
在哪里能买到?
zài nǎ lǐ néng mǎi dào
짜이 나 리 넝 마이 따오

✈ 그 가게는 오늘 열려 있습니까?
Is that shop open today?
那个店今天营业吗?
nà ge diàn jīn tiān yíng yè ma
나 거 띠엔 진 티엔 잉 예 마

✈ 여기서 멉니까?
Is that far from here?
离这儿远吗?
lí zhè r yuǎn ma
리 절 위엔 마

✈ 몇 시에 개점합니까?
What time do you open?
几点开门?
jǐ diǎn kāi mén
지 디엔 카이 먼

✈ 몇 시에 폐점합니까?
What time do you close?
几点关门?
jǐ diǎn guān mén
지 디엔 꽌 먼

✈ 영업시간은 몇 시부터 몇 시까지입니까?
What are your business hours?
营业时间是从几点到几点?
yíng yè shí jiān shì cóng jǐ diǎn dào jǐ diǎn
잉 예 스 지엔 스 총 지 디엔 따오 지 디엔

✈ 몇 시까지 합니까?
How late are you open?
到几点?
dào jǐ diǎn
따오 지 디엔

쇼핑의 기본 어휘	
상점	商店(shāngdiàn) 상띠엔
사다	买(mǎi) 마이
팔다	卖(mài) 마이
물건을 사다	买东西(mǎidōngxī) 마이똥씨
점원	售员(shòuyuán) 셔우위엔
매장	售货处(shòuhuòchù) 셔우훠추
얼마	多少钱(duōshǎoqián) 뚸사오치엔
가격	价格(jiàgé) 쨔거
정가	定价(dìngjià) 딩쟈
가격표	价目单(jiàmùdān) 쟈무딴
비싸다	贵(guì) 꾸이
싸다	便宜(piányi) 피엔이
대금	代价(dàijià) 따이쟈
~장	~张(zhāng) 장
~개	~个(ge) 거
~권	~本(běn) 뻔
~족	~双(shuāng) 수앙
~타스	打(dǎ) 따

가게 · 상품	
가게	~店(diàn) 띠엔
백화점	百货商店(bǎihuòshāngdiàn) 바이훠상띠엔
면세점	免税商店(miǎnshuìshāngdiàn) 미엔수이상띠엔
양복점	服装店(fúzhuāngdiàn) 푸주앙띠엔
양화점	鞋店(xiédiàn) 시에띠엔
선물가게	礼品店(lǐpǐndiàn) 리핀띠엔
시장	市场(shìchǎng) 스창
일용품	日用品(rìyòngpǐn) 르융핀
특산품	特产品(tèchǎnpǐn) 터찬핀

화장품	化妆品(huàzhuāngpǐn) 후아주앙핀
장식품	装饰品(zhuāngshìpǐn) 주앙스핀
피혁제품	皮革制品(pígézhìpǐn) 피거즈핀
공예품	工艺品(gōngyìpǐn) 공이핀
기념품	纪念品(jìniànpǐn) 지니엔핀
문방구	文具(wénjù) 원쮜
작품	作品(zuòpǐn) 쭈오핀
진품	珍品(zhēnpǐn) 전핀
복제품	復制品(fùzhìpǐn) 푸즈핀
한약	中药(zhōngyào) 종야오

귀금속

귀금속	贵金属(guìjīnshǔ) 꾸이진수
반지	戒指(jièzhǐ) 지에즈
목걸이	项链(xiàngliàn) 시앙리엔
팔찌	手镯(shǒuzhuó) 셔우줘
귀걸이	耳环(ěrhuán) 얼후안
브로치	胸针(xiōngzhēn) 슝전
보석	宝石(bǎoshí) 빠오스
금	金(jīn) 진
은	银(yín) 인
칠보	景泰蓝(jǐngtàilán) 징타이란
다이아몬드	钻石(zuānshí) 주안스
진주	珍珠(zhēnzhū) 전주
루비	红玉(hóngyù) 홍위
호박	湖泊(húbó) 후보
옥	玉(yù) 위 翡翠(fěicuì) 페이추이
상아	象牙(xiàngyá) 샹야
수정·크리스탈	水晶(shuǐjīng) 수이징
도자기	陶瓷器(táocíqì) 타오츠치

물건을 찾을 때

友谊商店이나 외국인 전용의 가게, 일류 백화점에서는 영어나 간혹 한국어를 하는 점원(售货员)이 있는 곳도 있으므로 사고 싶은 것이 있으면 가볍게 말을 걸어봅시다. 사람을 부를 때는 劳驾(라오쟈)라고 하며, 질문을 할 때는 请问(칭웬)을 사용합니다.

_____ 을(를) 보여 주세요.

Please show me _____ .

请给我看 _____ 。
qǐng gěi wǒ kàn
칭 께이 워 칸

☐	이것	this	这个(zhège)	쩌거
☐	저것	that	那个(nàge)	나거
☐	티셔츠	a T-shirt	T 衬衫(Tchènshān)	티천산
☐	선글라스	sunglasses	太阳眼镜(tàiyángyǎnjìng)	타이양옌찡

Q : 무얼 찾으십니까?
What can I do for you?
在找什么?
zài zhǎo shén me
짜이 자오 선 머

A : 원피스를 찾고 있는데요.
I'm looking for a one-piece dress.
在找连衣裙。
zài zhǎo lián yī qún
짜이 자오 리엔 이 췬

✈ (점원) 어서 오십시오.
What can I do for you?
欢迎光临。
huān yíng guāng lín
후안 잉 꾸앙 린

✈ 무얼 찾으십니까?
May I help you?
在找什么?
zài zhǎo shén me
짜이 자오 선 머

✈ 그냥 보고 있을 뿐입니다.
I'm just looking.
只是看一看。
zhǐ shì kàn yí kàn
즈 스 칸 이 칸

✈ 필요한 것이 있으시면 말씀하십시오.
If you need any help, let me know.
有什么需要的请说。
yǒu shén me xū yào de qǐng shuō
여우 선 머 쉬 야오 더 칭 수오

✈ 여기 잠깐 봐 주시겠어요?
Hello. Can you help me?
请过来一下?
qǐng guò lái yí xià
칭 꿔 라이 이 샤

✈ 블라우스를 찾고 있습니다.
I'm looking for a blouse.
在找短袖衫。
zài zhǎo duǎn xiù shān
짜이 자오 뚜안 시우 샨

✈ 코트를 찾고 있습니다.
I'm looking for a coat.
我想买大衣。
wǒ xiǎng mǎi dà yī
워 시앙 마이 따 이

✈ 운동화를 사고 싶은데요.
I want a pair of sneakers.
我想买运动鞋。
wǒ xiǎng mǎi yùn dòng xié
워 시앙 마이 윈 똥 시에

✈ 아내에게 선물할 것을 찾고 있습니다.
I'm looking for something for my wife.
在找送给妻子的礼物。
zài zhǎo sòng gěi qī zi de lǐ wù
짜이 자오 송 께이 치 즈 더 리 우

✈ 캐주얼한 것을 찾고 있습니다.
I'd like something casual.
在找轻便一点的。
zài zhǎo qīng biàn yì diǎn de
짜이 자오 칭 삐엔 이 디엔 더

✈ 샤넬은 있습니까?
Do you have Chanel?
有香奈尔吗?
yǒu xiāng nài ěr ma
여우 시앙 나이 얼 마

✈ 선물로 적당한 것은 없습니까?
Could you recommend something good for a souvenir?
没有可以做礼物用的吗?
méi yǒu kě yǐ zuò lǐ wù yòng de ma
메이 여우 커 이 쭤 리 우 융 더 마

✈ 저걸 보여 주시겠어요?
Would you show me that one?
能给我看一下那个吗?
néng gěi wǒ kàn yí xià nà ge ma
넝 께이 워 칸 이 샤 나 거 마

✈ 면으로 된 것이 필요한데요.
I'd like something in cotton.
需要棉质的。
xū yào mián zhì de
쉬 야오 미엔 즈 더

✈ 이것과 같은 것은 있습니까?
Do you have any more like this?
有和这个一样的吗?
yǒu hé zhè ge yí yàng de ma
여우 허 저 거 이 양 더 마

✈ 이것뿐입니까?
Is this all?
就这些吗?
jiù zhè xiē ma
져우 저 시에 마

✈ 이것 6호는 있습니까?
Do you have this in size six?
这个有六号吗?
zhè ge yǒu liù hào ma
저 거 여우 리우 하오 마

✈ 30세 정도의 남자에게는 뭐가 좋을까요?
What do you suggest for a thirty-year-old man?
给30岁的男人买什么好呢?
gěi sān shí suì de nán rén mǎi shén me hǎo ne
께이 싼 스 쑤이 더 난 런 마이 선 머 하오 너

Travel Chinese

UNIT

03

물건을 고를 때

가게에 들어가서 상품에 함부로 손을 대지 않도록 합시다. 가게에 진열되어 있는 상품은 어디까지나 샘플이기 때문에 손을 대는 것은 살 마음이 있다고 상대가 받아들일 수도 있습니다. 보고 싶을 경우에는 옆에 있는 점원에게 부탁을 해서 꺼내오도록 해야 합니다.

이건 저에게 너무 _____ .

This is too _____ for me.

对我来说太 _____ 了。

duì wǒ lái shuō tài _____ le

뚜이 워 라이 쉬 타이   러

☐ 큽니다	big	**大**(dà)	따
☐ 작습니다	small	**小**(xiǎo)	샤오
☐ 깁니다	long	**长**(cháng)	창
☐ 짧습니다	short	**短**(duǎn)	뚜안

Q : 어떤 게 좋을까요?

Which one looks better?

什么样的好呢?

shén me yàng de hǎo ne

선 머 양 더 하오 너

A : 모두 어울립니다.

They both look good on you.

都很合适。

dōu hěn hé shì

떠우 헌 허 스

284

물건을 보고 싶을 때

✈ 그걸 봐도 될까요?
May I see it?
看看那个也可以吗?
kàn kàn nà gè yě kě yǐ ma
칸 칸 나 거 예 커 이 마

✈ 몇 가지 보여 주세요.
Could you show me some?
能给我看一下吗。
néng gěi wǒ kàn yí xià ma
넝 께이 워 칸 이 샤 마

✈ 이 가방을 보여 주시겠어요?
Could you show me this bag?
能给我看一下这皮包吗?
néng gěi wǒ kàn yí xià zhè pí bāo ma
넝 께이 워 칸 이 샤 저 피 빠오 마

✈ 다른 것을 보여 주시겠어요?
Can you show me another one?
要先看一下别的吗?
yào xiān kàn yí xià bié de ma
야오 시엔 칸 이 샤 삐에 더 마

✈ 더 품질이 좋은 것은 없습니까?
Do you have anything of better quality?
没有质量更好的吗?
méi yǒu zhì liàng gèng hǎo de ma
메이 여우 즈 리앙 껑 하오 더 마

✈ 잠깐 다른 것을 보겠습니다.
I'll try something else.
我想看点别的。
wǒ xiǎng kàn diǎn bié de
워 시앙 칸 디엔 삐에 더

✘ 무슨 색이 있습니까?
What kind of colors do you have?
有什么颜色?
yǒu shén me yán sè
여우 선 머 이엔 서

✘ 빨간 것은 있습니까?
Do you have a red one?
有红的吗?
yǒu hóng de ma
여우 홍 더 마

✘ 너무 화려(수수)합니다.
This is too flashy(plain).
太艳(素)了。
tài yàn (sù) le
타이 이엔 (수) 러

✘ 더 화려한 것은 있습니까?
Do you have a flashier one?
有更艳一点的吗?
yǒu gèng yàn yì diǎn de ma
여우 껑 이엔 이 디엔 더 마

✘ 더 수수한 것은 있습니까?
Do you have a plainer one?
有更素一点的吗?
yǒu gèng sù yì diǎn de ma
여우 껑 쑤 이 디엔 더 마

✘ 이 색은 좋아하지 않습니다.
I don't like this color.
不喜欢这个颜色。
bù xǐ huan zhè ge yán sè
뿌 시 후안 저 거 이엔 서

디자인을 고를 때

✈ 다른 스타일은 있습니까?
Do you have any other style?
有别的款式吗?
yǒu bié de kuǎn shì ma
여우 삐에 더 쿠안 스 마

✈ 어떤 디자인이 유행하고 있습니까?
What kind of style is now in fashion?
现在流行哪种款式?
xiàn zài liú xíng nǎ zhǒng kuǎn shì
시엔 자이 리우 싱 나 종 쿠안 스

✈ 이런 디자인은 좋아하지 않습니다.
I don't like this design.
不喜欢这个款式。
bù xǐ huan zhè ge kuǎn shì
뿌 시 후안 저 거 쿠안 스

✈ 다른 디자인은 있습니까?
Do you have any other design?
有别的设计吗?
yǒu bié de shè jì ma
여우 삐에 더 써 지 마

✈ 디자인이 비슷한 것은 있습니까?
Do you have one with a similar design?
有差不多款式的吗?
yǒu chà bù duō kuǎn shì de ma
여우 차 뿌 뛰 콴 스 더 마

✈ 이 벨트는 남성용입니까?
Is this belt for men?
这皮带是男式的吗?
zhè pí dài shì nán shì de ma
저 피 따이 스 난 스 더 마

✖ 어떤 사이즈를 찾으십니까?
What size are you looking for?
找多大尺寸的?
zhǎo duō dà chǐ cùn de
자오 뭐 다 츠 춘 더

✖ 사이즈는 이것뿐입니까?
Is this the only size you have?
就这些尺寸吗?
jiù zhè xiē chǐ cùn ma
져우 저 시에 츠 춘 마

✖ 제 사이즈를 모르겠는데요.
I don't know my size.
不清楚我的尺寸。
bù qīng chu wǒ de chǐ cùn
뿌 칭 추 워 더 츠 춘

✖ 사이즈를 재주시겠어요?
Could you measure me?
能给我量一下尺寸吗?
néng gěi wǒ liáng yí xià chǐ cùn ma
넝 께이 워 리앙 이 샤 츠 춘 마

✖ 더 큰 것은 있습니까?
Do you have a bigger one?
有更大的吗?
yǒu gèng dà de ma
여우 껑 따 더 마

✖ 더 작은 것은 있습니까?
Do you have a smaller one?
有更小的吗?
yǒu gèng xiǎo de ma
여우 껑 샤오 더 마

✈ 재질은 무엇입니까?
What's this made of?
是什么料?
shì shén me liào
스 선 머 랴오

✈ 중국제품입니까?
Is this made in China?
是中国制品吗?
shì zhōng guó zhì pǐn ma
스 종 궈 즈 핀 마

✈ 질은 괜찮습니까?
Is this good quality?
质量好吗?
zhì liàng hǎo ma
즈 리앙 하오 마

✈ 이건 실크 100%입니까?
Is this 100%(a hundred percent) silk?
这是百分之百的丝吗?
zhè shì bǎi fēn zhī bǎi de sī ma
저 스 빠이 펀 즈 빠이 더 쓰 마

✈ 이건 수제입니까?
Is this hand-made?
这是手工制的吗?
zhè shì shǒu gōng zhì de ma
저 스 셔우 꽁 즈 더 마

✈ 이건 무슨 향입니까?
What's this fragrance?
这是什么香?
zhè shì shén me xiāng
저 스 선 머 씨앙

쇼
핑

물건을 고를 때

289

전자제품

텔레비전	电视(diànshì) 디엔스
리모컨	遥控器(yáokòngqì) 콩즈치
라디오	收音机(shōuyīnjī) 소우인지
녹음기	绿音机(lùyīnjī) 루인지
녹음 테이프	绿音带(lùyīndài) 루인따이
CD 플레이어	CD机(jī) 씨디지
비디오	绿像机(lùxiàngjī) 루시앙지
냉장고	电冰箱(diànbīngxiāng) 디엔빙시앙
세탁기	洗衣机(xǐyījī) 시이지
건조기	干燥机(gānzàojī) 깐자오지
에어컨	空调(kōngtiào) 콩탸오
선풍기	电扇(diànshàn) 디엔산
전기면도기	电动刮脸刀(diàndòngguāliǎndāo) 디엔동꾸아리엔따오

사이즈 · 색상

화려하다	华丽(huálì) 후아리
수수하다	素气(sùqì) 쑤치
몸에 맞다	合身(héshēn) 허선
보통	普通(pǔtōng) 푸퉁
견본	样品(yàngpǐn) 양핀
사이즈	号码(hàomǎ) 하오마
색깔	颜色(yánsè) 이엔서
하얀색	白色(báisè) 빠이서
빨간색	红色(hóngsè) 홍서
노란색	黄色(huángsè) 후앙서
검정색	黑色(hēisè) 헤이서
파란색	青色(qīngsè) 칭서
녹색	绿色(lùsè) 뤼서
회색	灰色(huīsè) 후이서

옷	
의복	衣服(yīfú) 이푸
천	布(bù) 뿌
면직물	棉布(miánbù) 미엔뿌
비단	丝绸(sīchóu) 스초우
조끼	背心(bèixīn) 베이씽
옷깃	领子(lǐngzi) 링즈
옷의 목둘레, 칼라	领口(lǐngkǒu) 링커우
소매	袖子(xiùzi) 시우즈
긴소매	长袖(chángxiù) 창시우
그후, 이후	后来(hòulái) 허우라이
최근	最近(zuìjìn) 쭈이진
반소매	短袖(duǎnxiù) 뚜안시우
호주머니	口袋儿(kǒudàir) 커우띠알
매듭, 단추	扣子(kòuzi) 커우즈
바지	裤子(kùzi) 쿠즈
반바지	短裤(duǎnkù) 뚜안쿠
면바지	棉裤(miánkù) 미엔쿠
치마	裙子(qúnzi) 췬즈
상의	外衣(wàiyī) 와이이
외투	大衣(dàyī) 따이
겉옷	上衣(shàngyī) 샹이
속옷	汗衫(hánshān) 한산
양복	西装(xīzhuāng) 시주앙
중국 고유 웃옷	长袍(chángpáo) 창파오
중국식 원피스	旗袍(qípáo) 치파오
와이셔츠	衬衫(chènshān) 천산
원피스	连衣裙(liányīqún) 리엔이췬
스웨터	毛衣(máoyī) 마오이
스커트	裙子(qúnzi) 췬즈
점퍼	夹克(jiākè) 쟈커

신발 · 모자 · 액세서리

모자	帽子(màozi) 마오즈
벨트	带子(dàizi) 따이즈
장갑	手套(shǒutào) 셔우타오
넥타이	领带(lǐngdài) 링따이
운동화	跑鞋(pǎoxié) 파오시에
신발	鞋(xié) 시에
가죽구두	皮鞋(píxié) 피시에
하이힐	高跟鞋(gāogēnxié) 까오껀시에
양말	袜子(wàzi) 와즈
짧은 양말	短袜(duǎnwà) 뚜안와
긴 양말	长筒袜(chángtǒngwà) 창통와
면수건	手巾(shǒujīn) 소우진
목걸이	项链(xiàngliàn) 시앙리엔
스카프	领巾(lǐngjīn) 링진
목도리	围巾(wéijīn) 웨이진
핸드백	手提包(shǒutíbāo) 소우티빠오

화장품

화장품	化妆品(huàzhuāngpǐn) 후아주앙핀
크림	雪花膏(xuěhuāgāo) 쉬에후아까오
로션	爽肤水(shuǎngfūshuǐ) 수앙푸수이
파우더	香粉(xiāngfěn) 시앙펀
파운데이션	粉底子(fěndǐzi) 펀띠즈
콤팩트	份饼盒(fènbǐnghé) 펀빙허
립스틱	口红(kǒuhóng) 커우홍
아이섀도	眼影粉(yǎnyǐngfěn) 옌잉펀
마스카라	睫毛膏(jiémáogāo) 지에마오까오
크린징 크림	洗面乳霜(xǐmiànrǔshuāng) 시미엔루수앙
매니큐어	指甲油(zhǐjiǎyóu) 즈쟈여우

생활용품 · 문구

칫솔	牙刷(yáshuā) 야수아
치약	牙膏(yágāo) 야까오
비누	肥皂(féizào) 페이자오
세숫비누	香皂(xiāngzào) 시앙자오
거울	镜子(jìngzi) 징즈
빗	梳子(shūzi) 수즈
브러시	刷子(shuāzi) 수아즈
서류가방	公文包(gōngwénbāo) 공원빠오
여행가방	旅行箱(lǚxíngxiāng) 뤼싱시앙
지갑	钱包(qiánbāo) 치엔빠오
우산	雨伞(yǔsǎn) 위싼
열쇠	钥匙(yàochi) 야오츠
시계(총칭)	钟表(zhōngbiǎo) 종빠오
손목시계	手表(shǒubiǎo) 셔우빠오
전자시계	电子表(diànzǐbiǎo) 디엔즈빠오
안경	眼镜(yǎnjìng) 이엔찡
담배	香烟(xiāngyān) 시앙이엔
종이	纸(zhǐ) 즈
연필	铅笔(qiānbǐ) 치엔삐
볼펜	圆珠笔(yuánzhūbǐ) 위엔주삐
잉크	墨水(mòshuǐ) 모수이
먹	墨(mò) 모
붓	毛笔(máobǐ) 마오삐
벼루	砚台(yàntái) 이엔타이
붓펜	软笔(ruǎnbǐ) 루안삐
크레용	蜡笔(làbǐ) 라삐
공책	笔记本(bǐjìběn) 비지뻔
앨범	相册(xiāngcè) 시앙처

백화점·면세점에서

외국인 전용의 선물 백화점이라고 할 수 있는 友谊商店이 있으며, 이른바 문 방사우(벼루, 먹, 붓 종이)나 공예품, 식품 등의 명산품이 갖춰져 있어 쇼핑 하기에 편리합니다.

_____ 은(는) 몇 층에 있습니까?

What floor is _____ on?

_____ 在几楼?
zài jǐ lóu
짜이 지 러우

□ 남성복   men's wear   **男装**(nánzhuāng)   난주앙

□ 여성복   women's wear   **女装**(nǚzhuāng)   뉘주앙

□ 장난감   toy   **玩具**(wánjù)   완쥐

□ 화장품   cosmetics   **化妆品**(huàzhuāngpǐn)   후아주앙핀

Q : 선물용 술을 찾고 있는데요.
I'm looking for liquor for a souvenir.
在找要送礼物的酒。
zài zhǎo yào sòng lǐ wù de jiǔ
짜이 자오 야오 쏭 리 우 더 져우

A : 여권을 보여 주시겠어요?
May I see your passport?
请给我看一下护照好吗?
qǐng gěi wǒ kàn yí xià hù zhào hǎo ma
칭 께이 워 칸 이 샤 후 자오 하오 마

✖ 신사복 매장은 몇 층입니까?

What floor is men's wear on?

卖绅士服的柜台在几楼?

mài shēn shì fú de guì tái zài jǐ lóu

마이 선 스 푸 더 꾸이 타이 짜이 지 러우

✖ 여성용 매장은 어디에 있습니까?

Where's the ladies' department?

女士用品在哪儿卖?

nǚ shì yòng pǐn zài nǎ r mài

뉘 스 용 핀 짜이 날 마이

✖ 화장품은 어디서 살 수 있습니까?

Where do you sell cosmetics?

化妆品在哪里可以买到?

huà zhuāng pǐn zài nǎ lǐ kě yǐ mǎi dào

후아 주앙 핀 짜이 나 리 커 이 마이 따오

✖ 저기에 디스플레이 되어 있는 셔츠는 어디에 있습니까?

Where can I find that shirt?

在那儿装饰的衬衫在哪儿卖?

zài nà r zhuāng shi de chèn shān zài nǎ r mài

짜이 날 주앙 스 더 천 산 짜이 날 마이

✖ 세일하는 물건을 찾고 있습니다.

I'm looking for some bargains.

在找打折的东西。

zài zhǎo dǎ zhé de dōng xi

짜이 자오 따 저 더 뚱 시

✖ 선물은 어디서 살 수 있나요?

Where can I buy some souvenirs?

在哪里能买到礼物?

zài nǎ lǐ néng mǎi dào lǐ wù

짜이 나 리 넝 마이 따오 리 우

✖ 다른 상품을 보여 주세요.
Please show me another one.
请给我看别的商品。
qǐng gěi wǒ kàn bié de shāng pǐn
칭 께이 워 칸 삐에 더 상 핀

✖ 예산은 어느 정도이십니까?
How much would you like to spend?
预算多少钱?
yù suàn duō shǎo qián
위 수안 뚸 사오 치엔

✖ 신상품은 어느 것입니까?
What are brand-new items?
哪个商品是新商品吗?
nǎ ge shāng pǐn shì xīn shāng pǐn ma
나 거 상 핀 스 신 상 핀 마

✖ 어떻게 해 드릴까요?
How do I take care of this?
怎么给您弄?
zěn me gěi nín nòng
쩐 머 께이 닌 농

✖ 이것은 어느 브랜드입니까?
What brand is this?
是什么牌子的?
shì shén me pái zi de
스 선 머 파이 즈 더

✖ 신상품은 어느 것입니까?
What are brand-new items?
新商品是哪个?
xīn shāng pǐn shì nǎ gè
신 상 핀 스 나 거

✈ 면세점은 어디에 있습니까?
Where's a duty free shop?
免税店在哪里?
miǎn shui diàn zài nǎ lǐ
미엔 수이 띠엔 짜이 나 리

✈ 얼마까지 면세가 됩니까?
How much duty free can I buy?
免税多少?
miǎn shui duō shǎo
미엔 수이 뚸 사오

✈ 어느 브랜드가 좋겠습니까?
What brand do you suggest?
什么牌子好?
shén me pái zi hǎo
선 머 파이 즈 하오

✈ 이 가게에서는 면세로 살 수 있습니까?
Can I buy things duty free here?
在这里买东西可以免税吗?
zài zhè li mǎi dōng xi kě yǐ miǎn shui ma
짜이 저 리 마이 뚱 시 커 이 미엔 수이 마

✈ 여권을 보여 주십시오.
May I have your passport, please?
出示您的护照。
qǐng chū shi nín de hù zhào
칭 추 스 닌 더 후 자오

✈ 비행기를 타기 전에 수취하십시오.
Receive before boarding.
请在上飞机之前领取。
qǐng zài shàng fēi jī zhī qián lǐng qǔ
칭 짜이 상 페이 지 즈 치엔 링 취

쇼
핑

백
화
점
·
면
세
점
에
서

297

UNIT
05 물건값을 계산할 때

외국인 전용의 友谊商店이나 미술품점, 백화점 등의 큰 곳에서는 환전소가 있으므로 분실 도난을 대비해 처음부터 많은 인민폐를 갖고 걷지 않는 것이 좋습니다. 중국의 상점에서는 점원이 전표를 끊고, 손님은 그 전표를 갖고 계산대에서 지불하면 증명 스탬프를 찍어줍니다. 그것을 매장으로 가져와서 물건을 받는 시스템입니다.

_____ 은(는) 받습니까?

Do you accept _____ ?

收 _____ 吗?
shōu   ma
쉬   마

- □ 신용카드   a credit card   信用卡(xìnyòngkǎ)   신용카
- □ 여행자수표   traveler's checks   旅行支票(lǚxíngzhīpiào)   뤼싱즈퍄오
- □ 비자카드   Visa Card   VISA(kǎ)   비자카
- □ 마스터카드   Master Card   Master(kǎ)   마스터카

Q : 얼마입니까?
How much is this?
多少钱?
duō shǎo qián
뚜어 사오 치엔

A : 200위엔입니다.
It's 200 Yuan.
两百元。
liǎng bǎi yuán
량 빠이 위엔

✈ 계산은 어디서 합니까?
Where is the cashier?
在哪结帐?
zài nǎ jié zhàng
짜이 나 지에 장

✈ 전부 해서 얼마가 됩니까?
How much is it all together?
全部多少钱?
quán bù duō shǎo qián
취엔 뿌 뛰 사오 치엔

✈ 하나에 얼마입니까?
How much for one?
一个多少钱?
yí ge duō shǎo qián
이 거 뛰 사오 치엔

✈ (다른 상품의 가격을 물을 때) 이건 어때요?
How about this one?
这个多少钱?
zhè ge duō shǎo qián
저 거 뛰 사오 치엔

✈ 이건 세일 중입니까?
Is this on sale?
这个正在打折吗?
zhè ge zhèng zài dǎ zhé ma
저 거 정 짜이 따 저 마

✈ 세금이 포함된 가격입니까?
Does it include tax?
包括税金吗?
bāo kuò shuì jīn ma
빠오 쿼 수이 진 마

✈ 너무 비쌉니다.
It's too expensive.
太贵了。
tài guì le
타이 꾸이 러

✈ 깎아 주시겠어요?
Can you give a discount?
能便宜点吗?
néng pián yi diǎn ma
넝 피엔 이 디엔 마

✈ 더 싼 것은 없습니까?
Anything cheaper?
有更便宜的吗?
yǒu gèng pián yi de ma
여우 껑 피엔 이 더 마

✈ 더 싸게 해 주실래요?
Will you take less than that?
能再便宜点吗?
néng zài pián yi diǎn ma
넝 짜이 피엔 이 디엔 마

✈ 깎아주면 사겠습니다.
If you discount I'll buy.
便宜点就买。
pián yi diǎn jiù mǎi
피엔 이 디엔 져우 마이

✈ 현금으로 지불하면 더 싸게 됩니까?
Do you give discounts for cash?
付现金的话更便宜吗?
fù xiàn jīn de huà gèng pián yi ma
푸 시엔 진 더 후아 껑 피엔 이 마

✈ 이걸로 하겠습니다.
I'll take this.
就买这个。
jiù mǎi zhè ge
져우 마이 저 거

✈ 이것을 10개 주세요.
I'll take ten of these.
这个给我十个。
zhè ge gěi wǒ shí ge
저 거 께이 워 스 거

✈ 지불은 어떻게 하시겠습니까?
How would you like to pay?
怎么支付？
zěn me zhī fù
쩐 머 즈 푸

✈ 카드도 됩니까?
May I use a credit card?
刷卡也可以吗？
shuā kǎ yě kě yǐ ma
수아 카 예 커 이 마

✈ 여행자수표도 받나요?
Can I use traveler's checks?
旅行支票行吗？
lǚ xíng zhī piào xíng ma
뤼 싱 즈 퍄오 싱 마

✈ 영수증을 주시겠어요?
Could I have a receipt?
请给我收据？
qǐng gěi wǒ shōu jù
칭 께이 워 셔우 쥐

UNIT 06

포장·배송을 원할 때

구입한 물건을 들 수 없는 경우에는 호텔까지 배달을 부탁합니다. 한국으로 직접 배송을 원하는 경우에는 항공편인지 선편인지 확인하는 것을 잊지 말고 선편이라면 한국까지 상당한 시간이 걸립니다. 빠른 것을 원할 경우에는 항공회사나 국제택배 등을 이용하는 것이 좋을 것입니다.

이것을	_____	으(로)보내 주시겠어요?
Could you send this to	_____	?
这个能送到	_____	**吗?**
zhè ge néng sòng dào		ma
저 거 넝 송 따오		마

☐ 우리 호텔	my hotel	**我的宾馆**(wǒdebīnguǎn)	워더삥꾸안
☐ 이 주소	this address	**这个地址**(zhègedizhǐ)	저거디즈
☐ 한국	Korea	**韩国**(hánguó)	한궈
☐ 서울	Seoul	**汉城**(hànchéng)	한청

Q : 따로따로 싸 주세요.
Please wrap them separately.
请分着给我装好吗?
qǐng fēn zhuó gěi wǒ zhuāng hǎo ma
칭 펀 줘 께이 워 주앙 하오 마

A : 알겠습니다.
Oh, okay.
知道了。
zhī dào le
즈 따오 러

✈ 봉지를 주시겠어요?
Could I have a bag?
能给我袋子吗?
néng gěi wǒ dài zi ma
넝 께이 워 따이 즈 마

✈ 봉지에 넣기만 하면 됩니다.
Just put it in a bag, please.
请放到包装袋里。
qǐng fàng dào bāo zhuāng dài lǐ
칭 팡 따오 바오 주앙 따이 리

✈ 이걸 선물용으로 포장해 주시겠어요?
Can you gift-wrap this?
这是做礼物用的能包装一下吗?
zhè shì zuò lǐ wù yòng de néng bāo zhuāng yí xià ma
저 스 쮀 리 우 융 더 넝 빠오 주앙 이 쌰 마

✈ 이거 넣을 박스 좀 얻을 수 있나요?
Is it possible to get a box for this?
能弄来装这个用的盒子吗?
néng nòng lái zhuāng zhè ge yòng de hé zi ma
넝 농 라이 주앙 저 거 융 더 허 즈 마

✈ 이거 포장할 수 있나요? 우편으로 보내고 싶은데요.
Can you wrap this up? I want to send it by mail.
这个能包装吗? 要邮寄用的。
zhè ge néng bāo zhuāng ma yào yóu jì yòng de
저 거 넝 빠오 주앙 마 야오 여우 지 융 더

✈ 이걸 ○○호텔까지 갖다 주시겠어요?
Could you send this to ○○Hotel?
能送到宾馆吗?
néng sòng dào bīn guǎn ma
넝 쏭 따오 삔 꽌 마

✈ 오늘 중으로(내일까지) 배달해 주었으면 하는데요.
I'd like to have it today(by tomorrow).
希望在今天之内(明天之内)送过来。
xī wàng zài jīn tiān zhī nèi (míng tiān zhī nèi) sòng guò lái
시 왕 짜이 진 티엔 즈 네이 (밍 티엔 즈 네이) 송 꿔 라이

✈ 언제 배달해 주시겠습니까?
When would it arrive?
什么时候能送来?
shén me shí hòu néng sòng lái
선 머 스 허우 넝 쏭 라이

✈ 별도로 요금이 듭니까?
Is there an extra charge for that?
另外还需要什么费用吗?
lìng wài hái xū yào shén me fèi yòng ma
링 와이 하이 쉬 야오 선 머 페이 융 마

✈ 이 카드를 첨부해서 보내 주세요.
I'd like to send it with this card.
请把这个卡一起送过来。
qǐng bǎ zhè ge kǎ yì qǐ sòng guò lái
칭 빠 저 거 카 이 치 쏭 꿔 라이

✈ 이 주소로 보내 주세요.
Please send it to this address.
请寄到以下地址。
qǐng jì dào yǐ xià dì zhǐ
칭 지 따오 이 샤 디 즈

✈ 이 가게에서 한국으로 발송해 주시겠어요?
Could you send this to Korea from here?
请在这个店发送到韩国?
qǐng zài zhè ge diàn fā sòng dào hán guó
칭 짜이 저 거 띠엔 파 쏭 따오 한 궈

✈ 한국 제 주소로 보내 주시겠어요?
Could you send it to my address in Korea?
能发送到韩国我的地址吗?
néng fā sòng dào hán guó wǒ de dì zhǐ ma
넝 파 쏭 따오 한 궈 워 더 디 즈 마

✈ 항공편으로 부탁합니다.
By air mail, please.
我想用航空寄信。
wǒ xiǎng yòng háng kōng jì xìn
워 시앙 융 항 콩 지 씬

✈ 선편으로 부탁합니다.
By sea mail, please.
我想用海运寄信。
wǒ xiǎng yòng haǐ yùn jì xìn
워 시앙 융 하이 윈 지 씬

✈ 한국까지 항공편으로 며칠 정도 걸립니까?
How long does it take to reach Korea by air mail?
用航空邮件邮寄到韩国多长时间?
yòng háng kōng yóu jiàn yóu jì dào hán guó duō cháng shí jiān
융 항 콩 여우 지엔 여우 지 따오 한 궈 뚸 창 스 지엔

✈ 항공편으로 얼마나 듭니까?
How much does it cost by air mail?
用航空邮件多少钱?
yòng háng kōng yóu jiàn duō shǎo qián
융 항 콩 여우 지엔 뚸 사오 치엔

UNIT
07

물건에 대한 클레임

가게에 클레임을 제기할 때는 감정적으로 대하지 말고 침착하게 요점을 말해야 합니다. 보통 한번 돈을 지불해버리면 흠집이 났거나 더럽더라도 구입한 고객의 책임이 되어버립니다. 사기 전에 물건을 잘 확인합시다. 교환을 원할 경우 영수증이 있어야 하므로 없어지지 않도록 하고, 환불은 특별한 경우가 아니면 어려운 것이 한국과 마찬가지입니다.

> (물건의 하자를 지적할 때) _____ .
> It's _____ .
> 这个 _____ 。
> zhè gè
> 저 거

□	더럽습니다	dirty	脏(zāng)	장
□	망가졌습니다	broken	出故障了(chūgùzhàngle)	추꾸장러
□	찢어졌습니다	ripped	撕开了(sīkāile)	쓰카이러
□	금이 갔습니다	cracked	裂开了(lièkāile)	리에카이러

Q : 여기에 흠집이 있습니다.
It's damaged here.
这里有毛病。
zhè lǐ yǒu máo bing
저 리 여우 마오 삥

A : 어디 보여 주십시오.
Show me.
哪里? 给我看一下。
nǎ lǐ   gěi wǒ kàn yí xià
나 리   께이 워 칸 이 샤

306

✈ 여기에 얼룩이 있습니다.
I found a stain here.
这里有污渍。
zhè lǐ yǒu wū zì
저 리 여우 우 쯔

✈ 새 것으로 바꿔드리겠습니다.
I'll get you a new one.
给您换新的。
gěi nín huàn xīn de
께이 닌 후안 신 더

✈ 구입 시에 망가져 있었습니까?
Was it broken when you bought it?
进货时就是坏的吗?
jìn huò shí jiù shì huài de ma
진 훠 스 져우 스 화이 더 마

✈ 샀을 때는 몰랐습니다.
I didn't notice it when I bought it.
买的时候没发现。
mǎi de shí hou méi fā xiàn
마이 더 스 허우 메이 파 시엔

✈ 사이즈가 안 맞았어요.
This size doesn't fit me.
大小不合适。
dà xiǎo bù hé shì
따 샤오 뿌 허 스

✈ 다른 것으로 바꿔 주시겠어요?
Can I exchange it for another one?
能给我换别的吗?
néng gěi wǒ huàn bié de ma
넝 께이 워 후안 삐에 더 마

구입한 물건을 반품할 때

✈ 어디로 가면 됩니까?
Where should I go?
要往哪儿走?
yào wǎng nǎ r zǒu
야오 왕 날 쩌우

✈ 반품하고 싶은데요.
I'd like to return this.
我想退货。
wǒ xiǎng tuì huò
워 시앙 투이 훠

✈ 아직 쓰지 않았습니다.
I haven't used it at all.
还没有用过。
hái méi yǒu yòng guò
하이 메이 여우 융 꿔

✈ 가짜가 하나 섞여 있었습니다.
I found a fake included.
有一个假的。
yǒu yí gè jiǎ de
여우 이 거 쟈 더

✈ 영수증은 여기 있습니다.
Here is a receipt.
收据在这里。
shōu jù zài zhè lǐ
셔우 쥐 짜이 저 리

✈ 어제 샀습니다.
I bought it yesterday.
是昨天买的。
shì zuó tiān mǎi de
스 쭤 티엔 마이 더

✖ 환불해 주시겠어요?
Can I have a refund?
能退还吗?
néng tuì huán ma
넝 투이 후안 마

✖ 산 물건하고 다릅니다.
This is different from what I bought.
和买的东西不一样。
hé mǎi de dōng xi bù yí yàng
허 마이 더 뚱 시 뿌 이 양

✖ 구입한 게 아직 배달되지 않았습니다.
I haven't got what I bought yet.
买的东西还没送到。
mǎi de dōng xi hái méi sòng dào
마이 더 뚱 시 하이 메 이 송 따오

✖ 대금은 이미 지불했습니다.
I already paid.
贷款已经付清了。
dài kuǎn yǐ jīng fù qīng le
따이 쿠안 이 징 푸 칭 러

✖ 수리해 주시든지 환불해 주시겠어요?
Could you fix it or give me a refund?
请给我修一下或者退还一下?
qǐng gěi wǒ xiū yí xià huò zhě tuì huán yí xià
칭 께이 워 시우 이 샤 훠 쩌 투이 후안 이 샤

✖ 계산이 틀린 것 같습니다.
I think your calculation is wrong.
帐算错了。
zhàng suàn cuò le
장 쑤안 춰 러

사물의 모양을 나타내는 말

크다	大(dà) 따
작다	小(xiǎo) 샤오
많다	多(duō) 뭐
적다	少(shǎo) 샤오
높다	高(gāo) 까오
낮다	低(dī) 띠
둥글다	圆(yuán) 위엔
(폭, 범위, 면적이) 넓다	宽(kuān) 쿠안
(폭이) 좁다	窄(zhǎi) 자이
가늘다, 좁다	细(xì) 시
길다	长(cháng) 창
짧다	短(duǎn) 뚜안
멀다	远(yuǎn) 위엔
가깝다	近(jìn) 진
깊다	深(shēn) 선
얕다	浅(qiǎn) 치엔
두껍다, 두텁다	厚(hòu) 허우
얇다	薄(báo) 빠오
(속이) 텅비다	空(kōng) 콩
무겁다	重(zhòng) 종
가볍다	轻(qīng) 칭
빠르다	快(kuài) 콰이
느리다	慢(màn) 만
단단하다, 굳다	硬(yìng) 잉
부드럽다, 연약하다	软(ruǎn) 루안
나쁘다	坏(huài) 후아이
좋다	好(hǎo) 하오
다르다	差(chā) 차
귀하다	贵(guì) 꾸이
진짜이다	真(zhēn) 전
가짜의, 거짓의	假(jiǎ) 쟈
이르다	早(zǎo) 짜오
늦다	晚(wǎn) 완
새롭다	新(xīn) 신
오래된, 옛날의	旧(jiù) 져우
깨끗하다	干净(gānjìng) 깐징

310

PART 8

방문·전화·우편

통신·은행에 관한 정보

☀ 우편

중국에서 한국으로 엽서나 편지를 보내려면 대개는 호텔의 프런트에서 대행해 주거나, 호텔 내에 우체국이 있는 곳이 많으므로 이곳을 이용한다. 중국 우체국의 업무시간은 연중무휴로 09:00~17:00(지점별로 다름)이다. 국제우편 요금은 엽서가 1.6元, 편지는 10g까지는 3.6元이고, 10g 증가할 때마다 0.5元씩 요금이 추가된다. 한국에는 1주일이면 도착한다.

☀ 소포

한국으로의 소포는 우편을 대행해 주는 호텔 프런트나 중앙우체국에서 보낼 수 있으며, 항공편과 택배, 선박 이용의 세 가지 방법이 있다. 항공편과 택배편은 빨리 도착하지만 요금이 비싸고 선박편은 시간이 걸리는 대신 요금이 싸다. 항공편은 베이징에서 서울까지 4~5일이 걸린다. 항공편에서도 EMS(國際特快傳遞郵件: 겉봉에 EMS라고 쓴다.)로 보내면 2~3일 안에 도착한다. 중국 내륙간은 5~7일 소요된다. 선박편은 우리나라까지 20일에서 한 달가량 소요된다. 우체국에서는 내용물 검사를 받은 뒤, 바느질 포장을 해서 세관 도장을 찍은 다음 접수창구로 간다. 우의상점에서는 물건을 포장하여 보내는 것을 대행해 주고 있다. 최근에는 DHL도 이용할 수 있는데 베이징이나 상하이, 광저우 등의 대도시에서만 가능하다. 베이징에서는 공인체육관 북쪽 화하빈관 (華夏賓館) 내에 있는 지점에서 이용할 수 있다.

☀ 로밍

국내에서 쓰던 휴대폰을 해외에서도 사용 가능하게 해 주는 서비스이다. 요새는 스마트폰이 대중화되고 로밍도 예전보다 쉬워지면서 해외에 나갈 때도 본인의 스마트폰을 로밍해서 그대로 가져가서 이용하고 전화도 자유롭게 쓰는 경우가 많아졌다. 보통은 타 국가의 이동통신회사의 통신망을 대여해서 이용한다. 예전에는 로밍폰을 따로 대여해야 했으나 현재는 이용하는 폰에서 자동으로 로밍이 된다. 다만 요금이 매우 비싸므로, 로밍 데이터 무제한 요금제를 사용하거나, LTE 라우터를 임대하여 쓰거나, 데이터 로밍을 차단하고 와이파이에서만 인터넷을 이용하는 등의 방법을 사용하는 것이 좋다. 또한 로밍은 발신전화뿐 아니라 수신전화도 요금이 부과되므로 이 점을 반드시 유의하여야 한다.

☀ 중국의 화폐

중국에서 현재 통용되는 화폐는 100元(위엔), 50元, 20元, 10元, 5元, 1元, 5角(쟈오), 2角, 1角, 5分(펀), 2分, 1分 등이며, 이 중에서 동전은 1元, 5角, 1角, 5分, 2分 1分 등이다. 1元, 1角, 5角 등은 지폐와 동전이 혼용되고 있다. 참고로 중국은 외환태환권(외국인용)과 인민폐(중국 국민용)를 함께 사용하던 것을 1994년 6월 가트(GATT) 가입 이후 단일화시켰다. 따라서 현재는 인민폐만 통용되고 있으며, 그 이전의 태환권은 사용이 금지되었다.

UNIT 01 방문할 때

중국에서 식사 초대는 최고의 호의이므로 받아들이는 것이 좋으며, 초대에 참석할 때 주인과 안내의 인도에 따르는 것이 예의입니다. 초대를 받았을 때는 반드시 주인에게 감사 표시를 해야 합니다. 중국에서는 첨잔하는 관습이 있어 그만 마시고 싶을 경우에는 잔을 엎어 놓든지 의사를 명확히 하는 것이 좋으며, 잔을 돌리는 습관은 없습니다.

(초대에 대한 감사) _____ 고맙습니다.

Thanks for _____ .

谢谢您的 _____ 。
xiè xie nín de
씨에 씨에 닌 더

☐ 환대해 줘서   your wonderful hospitality   **款待**(kuǎndài)   쿠안따이

☐ 초대해 줘서   inviting me   **招待**(zhāodài)   자오따이

Q : 초대해 주셔서 고맙습니다.
Thanks for inviting me over.
谢谢您的招待。
xiè xie nín de zhāo dài
시에 시에 닌 더 자오 따이

A : 잘 오셨습니다.
I'm so glad you could make it.
来得正好。
lái de zhèng hǎo
라이 더 정 하오

✈ 함께 점심 식사나 하시겠어요?
How about having lunch with me?
一起吃午餐好吗?
yì qǐ chī wǔ cān hǎo ma
이 치 츠 우 찬 하오 마

✈ 오늘 밤에 저와 저녁 식사하시겠어요?
Why don't you have dinner with me tonight?
今天晚上和我一起吃饭好吗?
jīn tiān wǎn shàng hé wǒ yì qǐ chī fàn hǎo ma
진 티엔 완 상 허 워 이 치 츠 판 하오 마

✈ 제가 대접하겠습니다.
Let me treat you to dinner.
我请客。
wǒ qǐng kè
워 칭 커

✈ 한잔 어떻습니까?
How about a drink?
来一杯怎么样?
lái yì bēi zěn me yàng
라이 이 뻬이 쩐 머 양

✈ 언제 시간이 있습니까?
When do you have free time?
什么时候有时间?
shén me shí hou yǒu shí jiān
선 머 스 허우 여우 스 지엔

✈ 당신이 와 주었으면 합니다.
I'd like to have you come over.
请过来一下。
qǐng guò lái yí xià
칭 꿔 라이 이 쌰

방문
전화
우편

방문할 때

315

✖ 몇 시가 좋습니까?
What's a good time for you?
几点钟好?
jǐ diǎn zhōng hǎo
지 디엔 종 하오

✖ 어느 때라도 좋아요.
It's fine anytime.
什么时候都可以。
shén me shí hou dōu kě yǐ
선 머 스 허우 떠우 커 이

✖ 고맙습니다. 기꺼이 그러죠.
Thank you. I'd like to.
谢谢。就这么办吧。
xiè xie   jiù zhè me bàn ba
씨에 씨에 져우 저 머 빤 바

✖ 꼭 가고 싶습니다.
I'll make sure to be there.
一定要去。
yí dìng yào qù
이 딩 야오 취

✖ 가고 싶지만, 시간이 없습니다.
I want to come, but I have no time.
想去，但是没时间。
xiǎng qù dàn shì méi shí jiān
시앙 취 딴 스 메이 스 지엔

✖ 죄송하지만, 선약이 있습니다.
Sorry, but I have a previous engagement.
对不起已经被预约了。
duì bù qǐ yǐ jīng bèi yù yuē le
뚜이 부 치 이 징 베이 위 위에 러

316

✈ 와 주셔서 감사합니다.
Thank you for coming.
谢谢光临。
xiè xie guāng lín
씨에 씨에 꾸앙 린

✈ 약소합니다.
This is for you.
没什么可招待的。
méi shén me kě zhāo dài de
메이 선 머 커 자오 따이 더

✈ 요리를 잘하시는군요!
You're a great cook!
菜做得很好吃啊!
cài zuò de hěn hǎo chī a
차이 쮀 더 헌 하오 츠 아

✈ 이제 많이 먹었습니다.
I'm really full.
吃得太饱了。
chī de tài bǎo le
츠 더 타이 빠오 러

✈ 화장실 좀 갈 수 있을까요?
May I use the rest room?
能去洗手间吗?
néng qù xǐ shǒu jiān ma
넝 취 시 셔우 지엔 마

✈ 이만 가보겠습니다.
I must be going now.
就此失陪了。
jiù cǐ shī péi le
져우 츠 스 페이 러

UNIT

02 전화를 이용할 때

베이징 같은 대도시에서는 동전이나 카드를 사용할 수 있는 공중전화기가 증가하는 추세이지만, 변두리에서는 찾아보기 힘들며, 관리인이 있어 전화를 건 뒤에 지불하는 식의 공중전화가 대부분입니다. 대도시의 고급 호텔의 경우 객실에서 직접 국제전화를 이용할 수 있지만, 지방 도시의 초대소, 규모가 작은 호텔 등에서는 직접 거는 것은 어렵고 프런트에 신청해야 한다.

여보세요	＿＿＿＿＿＿	입니까?
Hello. Is this	＿＿＿＿＿＿	?
您好,	＿＿＿＿＿＿	是吗?
nín hǎo		shì ma
닌 하오		스 마

- □ ○○호텔 ○○Hotel ○○宾馆(bīnguǎn) ○○빈꾸안
- □ ○○씨 Mr. ○○ ○○先生(xiānshēng) ○○시엔셩
- □ ○○회사 Ms. Brown 小姐(xiǎojiě) 샤오지에
- □ ○○부인 Mrs. ○○ 太太(tàitai) 타이타이

Q : 공중전화 카드는 어디서 파나요?

Where can I get a calling card?

公用电话卡在哪儿卖?

gōng yòng diàn huà kǎ zài nǎ r mài

공 용 디엔 후 아 카 짜이 날 마이

A : 여기서도 팝니다.

We sell them here.

这里就卖。

zhè lǐ jiù mài

저 리 져우 마이

✈ 이 근처에 공중전화는 있습니까?
Is there a pay phone around here?
这附近有公用电话吗?
zhè fù jìn yǒu gōng yòng diàn huà ma
저 푸 진 여우 꽁 융 디엔 후아 마

✈ 이 전화로 시외전화를 할 수 있나요?
Can I make a long-distance call from this phone?
用这部电话可以打市外长途吗?
yòng zhè bù diàn huà kě yǐ dǎ shì wài cháng tú ma
융 저 뿌 디엔 후아 커 이 따 스 와이 창 투 마

✈ 이 전화로 한국에 걸 수 있나요?
Can I make a call to Korea on this phone?
用这个电话可以往韩国打电话吗?
yòng zhè ge diàn huà kě yǐ wǎng hán guó dǎ diàn huà ma
융 저 거 디엔 후아 커 이 왕 한 궈 따 디엔 후아 마

✈ 먼저 동전을 넣으십시오.
You put the coins in first.
请先放硬币。
qǐng xiān fàng yìng bì
칭 씨엔 팡 잉 삐

✈ 얼마 넣습니까?
How much do I put in?
放多少钱?
fàng duō shǎo qián
팡 뛰 사오 치엔

✈ 전화카드를 주세요.
Can I have a telephone card.
请给我一张电话卡。
qǐng gěi wǒ yì zhāng diàn huà kǎ
칭 께이 워 이 장 띠엔 후아 카

✖ 한국으로 전화를 하려면 어떻게 하면 됩니까?
What should I do to call Korea?
往韩国打电话应该怎么做?
wǎng hán guó dǎ diàn huà yīng gāi zěn me zuò
왕 한 궈 따 디엔 후아 잉 까이 쩐 머 쭤

✖ 상해의 시외번호는 몇 번입니까?
What's the area code for Shanghai?
上海市外号是多少?
shàng hǎi shì wài hào shì duō shǎo
상 하이 스 와이 하오 스 뛰 사오

✖ 한국으로 국제전화를 부탁합니다.
I'd like to make a call to Korea, please.
麻烦您往韩国挂国际长途。
má fan nín wǎng hán guó guà guó jì cháng tú
마 판 닌 왕 한 궈 꾸아 궈 지 창 투

✖ 내선 28번으로 돌려주세요.
Extension 28(twenty-eight), please.
请转内线28号。
qǐng zhuǎn nèi xiàn èr shí bā hào
칭 주안 네이 시엔 얼 스 빠 하오

✖ 여보세요, 국제호텔이지요?
Hello, is this the Guoji Hotel?
喂,请问是国际酒店吗?
wèi qǐng wèn shì guó jì jiǔ diàn ma
웨이 칭 원 스 궈 지 져우 띠엔 마

✖ 왕호 씨를 부탁합니다.
May I speak to Mr. Wang hao.
请找王浩先生。
qǐng zhǎo wáng hào xiān sheng
칭 자오 왕 하오 시엔 성

✈ 여보세요, 왕호 씨입니까?

Hello. Is this Mr. Wang hao?

请问是王浩先生吗?

qǐng wèn shì wáng hào xiān sheng ma

칭 원 스 왕 하오 시엔 성 마

전화를 받을 때

✈ 잠시 기다려 주시겠습니까?

Would you like to hold?

请稍等?

qǐng shāo děng

칭 샤오 떵

✈ 죄송합니다. 잘못 거셨습니다.

I'm sorry. You have the wrong number.

对不起。你打错了。

duì bù qǐ   nǐ dǎ cuò le

뚜이 부 치   니 따 춰 러

✈ 전언을 부탁할 수 있습니까?

Would you take a message?

能转告一下吗?

néng zhuǎn gào yí xià ma

넝 주안 까오 이 샤 마이

✈ 전화 고마웠습니다.

Thank you for your call.

谢谢您打电话。

xiè xie nín dǎ diàn huà

씨에 씨에 닌 따 디엔 후아

UNIT

03 우편을 이용할 때

중국에서 엽서나 편지를 보내려면 대개는 호텔의 프런트의 서비스를 받거나, 대행해 주거나, 호텔 내에 이용하면 됩니다. 소포는 호텔의 프런트의 우편 대행서비스나 중앙 우체국에서 보낼 수 있습니다. 보내는 방법은 항공편이나 택배, 선박을 이용하는 세 가지 방법이 있습니다.

_____ (으)로 부탁합니다.

_____ , please.

请给我 _____ 。
qǐng gěi wǒ
칭 께이 워

☐	항공편	By air mail	航空邮件(hángkōngyóujiàn)	항콩여우지엔
☐	선편	By sea mail	船件(chuánjiàn)	추안지엔
☐	속달	Express mail	快件(kuàijiàn)	콰이지엔
☐	등기	Registered mail	挂号信(guàhàoxìn)	꾸아하오신

Q : 우체통은 어디에 있습니까?
  Where's the mailbox?
  邮筒在哪儿?
  yóu tǒng zài nǎ r
  여우 통 짜이 날

A : 로비에 있습니다.
  There's one in the lobby.
  在大厅。
  zài dà tīng
  짜이 따 팅

✈ 가장 가까운 우체국은 어디에 있습니까?

Where is the nearest post office?

最近的邮局在哪里?

zuì jìn de yóu jú zài nǎ lǐ

쭈이 진 더 여우 쥐 짜이 나 리

✈ 우표는 어디서 삽니까?

Where can I buy stamps?

邮票在哪儿买?

yóu piào zài nǎ r mǎi

여우 퍄오 자이 날 마이

✈ 우체통은 어디에 있나요?

Where is the mailbox?

邮筒在哪里?

yóu tǒng zài nǎ lǐ

여우 통 짜이 나 리

✈ 우체국은 몇 시에 닫습니까?

What time does the post office close?

邮局几点钟关门?

yóu jú jǐ diǎn zhōng guān mén

여우 쥐 지 디엔 종 꾸안 먼

✈ 이걸 한국으로 부치고 싶습니다.

I'd like to send this to Korea.

想把这个邮寄到韩国。

xiǎng bǎ zhè ge yóu jì dào hán guó

시앙 바 저 거 여우 지 따오 한 궈

✈ 기념우표를 주세요.

Can I have commemorative stamps.

请给我纪念邮票。

qǐng gěi wǒ jì niàn yóu piào

칭 께이 워 지 니엔 여우 퍄오

방문 전화 우편

우편을 이용할 때

✈ 이걸 한국으로 보내려면 얼마나 듭니까?
How much would it cost to send this to Korea?
这个寄往韩国得多少钱?
zhè ge ji wǎng hán guó de duō shǎo qián
저 거 지 왕 한 궈 더 둬 사오 치엔

✈ 속달로 보내 주세요.
Express mail, please.
请用快件邮寄。
qǐng yòng kuài jiàn yóu ji
칭 융 콰이 지엔 여우 지

✈ 이 우편 요금은 얼마입니까?
How much is the postage for this?
这邮件的费用是多少钱?
zhè yóu jiàn de fèi yòng shì duō shǎo qián
저 여우 지엔 더 페이 융 스 둬 사오 치엔

✈ 한국에는 언제쯤 도착합니까?
How long will it take to get to Korea?
什么时候到韩国?
shén me shí hòu dào hán guó
선 머 스 허우 따오 한 궈

✈ 항공편(선편)으로 부탁합니다.
By air mail(sea mail), please.
请给我用航空邮件 (水路) 邮寄。
qǐng gěi wǒ yòng háng kōng yóu jiàn (shuǐ lù) yóu ji
칭 께이 워 융 항 콩 여우 지엔 (수이 루) 여우 지

✈ 이거 우편요금이 얼마예요?
How much is the postage for this?
请问寄这个多少钱?
qǐng wèn ji zhè ge duō shǎo qián
칭 원 지 저 거 둬 사오 치엔

소포를 보낼 때

✈ **이 소포를 한국으로 보내고 싶습니다.**
I'd like to send this parcel to Korea.
想把这个邮包寄到韩国。
xiǎng bǎ zhè ge yóu bāo jì dào hán guó
시앙 빠 저 거 여우 빠오 지 따오 한 궈

✈ **내용물은 무엇입니까?**
What's inside?
里面是什么?
lǐ miàn shì shén me
리 미엔 스 선 머

✈ **개인적으로 사용하는 것입니다.**
My personal items.
是私人物品。
shì sī rén wù pǐn
스 쓰 런 우 핀

✈ **선편이라면 며칠 정도면 한국에 도착합니까?**
How long will it ake by sea mail to Korea?
用水路邮寄需要多长时间?
yòng shuǐ lù yóu jì xū yào duō cháng shí jiān
용 수이 루 여우 지 쉬 야오 뚸 창 스 지엔

✈ **깨지기 쉬운 것이 들어 있습니다.**
This is fragile.
里面是易碎物品。
lǐ miàn shì yì suì wù pǐn
리 미엔 스 이 쑤이 우 핀

✈ **소포를 보험에 들겠어요.**
I'd like to have this parcel insured.
这个邮包入保险。
zhè ge yóu bāo rù bǎo xiǎn
저 거 여우 빠오 루 빠오 시엔

방문
전화
우편

우편을 이용할 때

전화에 관련된 말	
전화	电话(diànhuà) 띠엔후아
공중전화	公用电话(gōngyòngdiànhuà) 공용·띠엔후아
국제전화	国际电话(guójìdiànhuà) 꿔지띠엔후아
휴대전화	手机(shǒujī) 셔우지
팩시밀리	传真(chuánzhēn) 추안전
전화번호	电话号(diànhuàhào) 띠엔후아하오
여보세요	喂(wèi) 웨이
교환대	交换台(jiāohuàntái) 쟈오후안타이
잡음	杂音(záyīn) 자인
전화요금	电话费(diànhuàfèi) 띠엔후아페이

우편에 관련된 말	
우체국	邮局(yóujú) 여우쥐
우표	邮票(yóupiào) 여우퍄오
우편요금	邮资(yóuzī) 여우즈
편지	封信(fēngxìn) 펑신
엽서	明信片(míngxìnpiàn) 밍신피엔
항공우편	航空信(hángkōngxìn) 항콩신
소포	包裹(bāoguǒ) 빠오꿔

은행 · 화폐에 관련된 말	
은행	银行(yínháng) 인항
환전	换钱(huànqián) 후안치엔
달러	美元(měiyuán) 메이위엔
인민폐	人民币(rénmínbì) 런민삐
한화	韩币(hánbì) 한삐
여행자수표	旅行支票(lǚxíngzhīpiào) 뤼싱즈퍄오
현금	现金(xiànjīn) 시엔진

트러블

여행 트러블에 관한 정보

✺ 항공권을 분실했을 경우

일반적으로 항공권을 분실하면 해당 항공사의 지점이나 카운터에 항공권 번호를 알려주어야 한다. 번호를 모를 경우에는 구입 장소와 연락처를 정확히 알린다. 이렇게 해서 새로운 항공권을 발급받은 경우 승객은 현지에서 서비스 요금으로 30달러 정도를 부담해야 한다. 하지만 이런 과정은 다소 시간이 걸린다. 항공사의 해외 지점에 항공권 구입 여부를 확인하는 팩스를 보낸다거나 전문을 띄우는 등 국내의 경우보다 더욱 복잡하고 시간도 더 걸린다. 그러므로 당장 내일 떠나야 한다든지 하는 급박한 경우에는 큰 곤란을 겪게 되므로 항공권을 분실하지 않도록 각별한 주의를 기울인다.

✺ 여권을 분실했을 경우

1. 가까운 경찰서에 가서 여권 분실 신고를 하고 여권 분실 확인서를 발급받는다.
2. 현지 공관으로 가서 여권 분실 확인서를 제출하고 단수여권이나 여행 증명서를 발급받는다. 이때 여권용 사진을 2장 제출해야 하므로 여행 시 만약의 사태를 대비해 여분의 사진을 준비하도록 한다.
3. 제3국으로의 여행이 예정되어 있다면 단수여권이나 여행 증명서로 입국할 수 있는지 등을 미리 알아본 후에 일정을 진행하도록 한다.
4. 입국 증명이 되지 않으면 출국할 수 없는 경우도 간혹 있으니 될 수 있으면 입국 증명서나 그에 준하는 확인서류를 준비하도록 한다.
5 이 모든 과정에 여권 사본이 있으면 처리가 훨씬 쉬우니 여행 전에 반드시 여권 사본을 준비하도록 한다.

✺ 중국의 치안상태와 안전대책

공안천국(公安天國)이어서 여자 혼자 여행해도 안전하다는 중국의 치안은 이젠 옛말이다. 우리나라의 치안에 대해서도 말들이 많지만 우선 중국에서 택시를 타 보면 중국 치안을 실감할 수 있다. 택시 강도로부터 운전기사를 보호하기 위해, 운전석과 승객석 사이에 유리벽과 간이 창살이 설치되어 있을 정도이다. 특히 오지나 산간지대 등 행정력이 미치지 못하는 곳에서는 여러 가지 범죄가 속수무책으로 일어난다. 여행하는 동안은 도난당해서는 안 되는 것과 그렇지 않은 것을 구별하여 그 관리에 신경을 쓴다. 도둑을 맞으면 곤란한 여권, 현금, 항공권 등은 항상 몸에 지니고 다니거나 보다 안전한 호텔 보관함에 맡긴다. 관광명소나 시내버스 안, 쇼핑가 등의 복잡한 곳은 소매치기와 도둑을 경계해야 한다. 관광객 티를 내거나 보석이나 유명 브랜드 상품을 착용해 도둑의 표적이 되지 않도록 한다. 짐은 작게 하나로 정리해서 들고 다니고, 가방과 물건 등은 되도록 손에서 떨어지지 않도록 한다. 여행 중 귀중품은 되도록 가져가지 않는 것이 좋다. 그리고 다른 어느 나라보다 중국에서는 잃어버린 귀중품에 대해서는 대부분 다시 찾기 어렵다.

☀ 알아두면 유용한 관공서

① 주중 대사관 주소
中國 北京市 朝陽區 三理屯 東4街 3號. 100600
TEL : (86-10) 6532-0290 FAX : (86-10) 6532-0141

② 대사관 영사부 주소
中國 北京市 朝陽區 三里屯 東4街 9號
TEL : (86-10) 6532-6771(-6)
FAX : (86-10) 6532-6778(일반민원업무) / 6723(사증업무전용)
(86-10) 6532-6723(사증업무전용)

③ 유용한 전화번호
▪ 경찰 ☎ 110 ▪ 구급차 ☎ 120 ▪ 전화번호 문의 ☎ 114
▪ 국제전화신청전화번호 ☎ 115 ▪ 국내장거리전화신청 ☎ 173
▪ 토털 해외여행자 서비스 ;
세계 160개국에서 24시간 긴급지원을 받을 수 있다. 내용은 입원 같은 의료지원에서부터 법률자문, 통역주선, 휴대품의 복귀 등 다양하다.
에이이에이(AEA) 서울 ☎ (02) 790-7561
에스오에스(SOS) 서울 ☎ (02) 736-3421

말이 통하지 않을 때

익숙하지 않는 중국어로 말하고 있으면, 상대가 하는 말을 알아듣지 못하는 경우가 많습니다. 그 자리의 분위기나 상대에게 신경을 쓴 나머지 자신도 모르게 그만 웃으며 승낙을 하는 경우가 있으므로 결코 알았다는 행동을 취하지 말고 적극적으로 물읍시다. 이야기의 내용을 모를 때는 我不知道(워뿌즈다오)라고 분명히 말합시다.

나는 _____ 를 모릅니다.

I can't speak _____ .

我不会 _____ 。
wǒ bú huì
워 뿌 후이

□ 일본어	Japanese	日语(rìyǔ)	르위
□ 영어	English	英语(yīngyǔ)	잉위
□ 한국어	Korean	韩语(hányǔ)	한위
□ 중국어	Chinese	汉语(hànyǔ)	한위

Q : 중국어를 할 줄 모릅니다.
I can't speak Chinese.
我不会中国语。
wǒ bú huì zhōng guó yǔ
워 뿌 후이 종 궈 위

A : 그거 난처하군요.
That might be a problem.
那么很难办啊。
nà me hěn nán bàn a
나 머 헌 난 빤 아

✈ 중국어를 할 줄 압니까?
Do you speak Chinese?
会中国语吗?
huì zhōng guó yǔ ma
후이 종 궈 위 마

✈ 중국어는 할 줄 모릅니다.
I can't speak Chinese.
我不会说中文。
wǒ bú huì shuō zhōng wén
워 뿌 후이 쉬 종 원

✈ 중국어는 잘 못합니다.
My Chinese isn't very good.
中国语不怎么好。
zhōng guó yǔ bù zěn me hǎo
종 궈 위 뿌 전 머 하오

✈ 중국어는 압니까?
Do you understand Chinese?
懂中国语吗?
dǒng zhōng guó yǔ ma
똥 종 궈 위 마

✈ 영어를 하는 사람은 있습니까?
Does anyone speak English?
有会英语的人吗?
yǒu huì yīng yǔ de rén ma
여우 후이 잉 위 더 런 마

✈ 중국어로는 설명할 수 없습니다.
I can't explain it in Chinese.
不会用中国语说明。
bú huì yòng zhōng guó yǔ shuō míng
뿌 후이 용 종 궈 위 수오 밍

✈ 통역을 부탁하고 싶은데요.
I need an interpreter.
想拜托您翻译一下。
xiǎng bài tuō nín fān yì yí xià
시앙 빠이 튀 닌 판 이 이 샤

✈ 어느 나라 말을 하십니까?
What language do you speak?
您说哪国语言?
nín shuō nǎ guó yǔ yán
닌 수오 나 꿔 위 이엔

✈ 그 식당에 한국어를 하는 사람은 있습니까?
Does anyone speak Korean at the restaurant?
那个饭店有会韩国语的人吗?
nà ge fàn diàn yǒu huì hán guó yǔ de rén ma
나 거 판 띠엔 여우 후이 한 궈 위 더 런 마

✈ 한국어로 쓰인 것은 있습니까?
Do you have any information in Korean?
有用韩国语写的吗?
yǒu yòng hán guó yǔ xiě de ma
여우 융 한 궈 위 씨에 더 마

✈ 한국어판은 있습니까?
Do you have one in Korean?
韩国语版的怎么样?
hán guó yǔ bǎn de zěn me yàng
한 궈 위 빤 더 쩐 머 양

✈ 한국어 신문은 있습니까?
Do you have any Korean newspapers?
有韩国语报纸吗?
yǒu hán guó yǔ bào zhǐ ma
여우 한 궈 위 빠오 즈 마

✖ 천천히 말씀해 주시면 알겠습니다.
I'll understand if you speak slowly.
慢点说会明白的。
màn diǎn shuō huì míng bai de
만 디엔 쉬 후이 밍 빠이 더

✖ 좀 더 천천히 말씀해 주세요.
Speak more slowly, please.
请再慢点说。
qǐng zài màn diǎn shuō
칭 짜이 만 디엔 쉬

✖ 당신이 말하는 것을 모르겠습니다.
I can't understand you.
您说的我不明白。
nín shuō de wǒ bù míng bai
닌 쉬 더 워 뿌 밍 빠이

✖ 그건 무슨 뜻입니까?
What do you mean by that?
那是什么意思?
nà shì shén me yì si
나 스 선 머 이 쓰

✖ 써 주세요.
Write it down, please.
请写一下。
qǐng xiě yí xià
칭 시에 이 샤

✖ 여기서는 아무도 한국어를 못 합니다.
No one here speaks Korean, sir.
这里没有人会说韩文。
zhè lǐ méi yǒu rén huì shuō hán wén
저 리 메이 여우 런 후이 쉬 한 원

UNIT

02

난처할 때

여행지에서 난처한 일이 발생하여 도움을 구하는 필수 표현은 救人啊(구해우런 아)!입니다. 하지만 순식간에 난처한 일이 발생했을 때는 입이 얼어 아무 말 도 나오지 않는 법입니다. 트러블은 가급적 피하는 게 좋겠지만, 그렇지 못 할 때를 대비해서 상대를 제지할 수 있는 최소한의 표현은 반드시 기억해둡시다.

	은(는) 어디에 있나요?
Where's the	?
	在哪儿?
	zài nǎ r
	짜이 날?

☐ 화장실	rest room	洗手间(xǐshǒujiān)	시서우지엔
☐ 병원	hospital	医院(yīyuàn)	이위엔
☐ 약국	drugstore	药房(yàofáng)	야오팡
☐ 경찰서	police station	警察局(jǐngchájú)	징차쥐

Q : 어떻게 하면 좋을까요?
What should I do?
怎么办好?
zěn me bàn hǎo
쩐 머 반 하오

A : 도와 드리겠습니다.
Well, let me help you.
我帮您。
wǒ bāng nín
워 빵 닌

334

✈ 문제가 생겼습니다.
I have a problem.
有问题了。
yǒu wèn tí le
여우 원 티 러

✈ 지금 무척 난처합니다.
I'm in big trouble now.
现在很困难。
xiàn zài hěn kùn nán
시엔 짜이 헌 쿤 난

✈ 무슨 좋은 방법은 없을까요?
Do you have any suggestions?
没有什么好办法吗?
méi yǒu shén me hǎo bàn fǎ ma
메이 여우 선 머 하오 빤 파 마

✈ 어떻게 하면 좋을까요?
What should I do?
怎么办好?
zěn me bàn hǎo
쩐 머 반 하오

✈ 화장실은 어디죠?
Where's the rest room?
厕所在哪里?
cè suǒ zài nǎ lǐ
처 숴 짜이 나 리

✈ 어떻게 해 주십시오.
Do something about this.
请帮帮忙好吗。
qǐng bāng bāng máng hǎo ma
칭 빵 방 망 하오 마

✖ **무엇을 원하세요?**
What do you want?
需要我做什么？
xū yào wǒ zuò shén me
쉬 야오 워 쮜 선 머

✖ **알겠습니다. 다치게만 하지 마세요.**
Okay. Don't hurt me.
知道了。只要别让我受伤就可以了。
zhī dao le   zhǐ yào bié ràng wǒ shòu shāng jiù kě yǐ le
즈 따오 러   즈 야오 삐에 랑 워 셔우 상 져우 커 이 러

✖ **시키는 대로 할게요.**
Whatever you say.
我照您说的办。
wǒ zhào nín shuō de bàn
워 자오 닌 수오 더 반

✖ **뭐야?**
Who are you?
什么？
shén me
선 머

✖ **가진 돈이 없어요!**
I don't have any money!
没有钱！
méi yǒu qián
메이 여우 치엔

✖ **잠깐! 뭐하는 겁니까?**
Hey! What are you doing?
等等！干什么呢？
děng děng gàn shén me ne
떵 떵   깐 선 머 너

✈ 그만두세요.
Stop it!
算了, 别做了。
suàn le bié zuò le
쑤안 러 삐에 쭤 러

✈ 만지지 마요!
Don't touch me!
不要碰!
bú yào pèng
뿌 야오 펑

✈ 저리 가요!
Leave me alone!
别过来!
bié guò lái
삐에 꿔 라이

✈ 가까이 오지 마요!
Stay away from me!
不要靠近!
bú yào kào jìn
뿌 야오 카오 진

✈ 경찰을 부르겠다!
I'll call the police!
我要叫警察了!
wǒ yào jiào jǐng chá le
워 야오 쟈오 징 차 러

✈ 도와주세요!
Help!
请帮忙!
qǐng bāng máng
칭 빵 망

UNIT

03

분실·도난을 당했을 때

여권이나 귀중품을 분실하거나 도난을 당했다면 먼저 호텔의 경비담당이나 경찰에 신고를 하고 도난증명서를 발급받습니다. 이것은 재발행이나 보험을 청구할 때 필요하기 때문입니다. 여권의 발행 연월일, 번호, 발행지 등은 수첩(이 책의 마지막 장)에 메모를 해두고 예비사진 2장도 준비해두는 것이 만약의 경우에 도움이 됩니다

내	을(를) 도난당했습니다.
My	was stolen.
我的	被盗了。
wǒ de	bèi dào le
워 더	뻬이 따오 러

☐ 여권　　　　passport　　　护照(hùzhào)　　　후자오

☐ 신용카드　　credit card　　　信用卡(xìnyòngkǎ)　　씬용카

☐ 여행자수표　traveler's check　旅行支票(lǚxíngzhīpiào)　뤼씽즈퍄오

☐ 지갑　　　　wallet　　　　　钱包(qiánbāo)　　　치엔빠오

Q : 버스에 물건을 놓고 내렸습니다.

I left something on the bus.

东西放在车上了。

dōng xi fàng zài chē shàng le

뚱 시 팡 짜이 처 상 러

A : 어떤 물건입니까?

What is it?

什么东西?

shén me dōng xī

션 머 뚱 시

✈ 분실했을 때

✈ 분실물 취급소는 어디에 있습니까?
Where is the lost and found?
领取丢失物品的地方在哪儿?
lǐng qǔ diū shī wù pǐn de dì fang zài nǎ r
링 취 띠우 스 우 펀 더 띠 팡 짜이 날

✈ 무엇을 잃어버렸습니까?
What did you lose?
您丢了什么东西?
nín diū le shén me dōng xī
닌 띠우 러 선 머 뚱 시

✈ 여권을 잃어버렸습니다.
I lost my passport.
丢护照了。
diū hù zhào le
띠우 후 자오 러

✈ 열차 안에 지갑을 두고 내렸습니다.
I left my wallet on the train.
钱包丢在火车上了。
qián bāo diū zài huǒ chē shàng le
치엔 빠오 디우 짜이 훠 처 상 러

✈ 여기서 카메라 못 보셨어요?
Did you see a camera here?
在这儿没看到照相机吗?
zài zhè r méi kàn dào zhào xiàng jī ma
짜이 절 메이 칸 따오 자오 시앙 지 마

✈ 어디서 잃어버렸는지 기억이 안 납니다.
I'm not sure where I lost it.
记不清在哪儿丢的了。
jì bù qīng zài nǎ r diū de le
지 뿌 칭 짜이 날 디우 더 러

✈ **멈춰! 도둑이야!**
Stop! Thief!
站住！小偷！
zhàn zhù xiǎo tōu
잔 주　　샤오 터우

✈ **내놔!**
Give it back to me!
拿出来！
ná chū lái
나 추 라이

✈ **저놈이 내 가방을 뺏어갔어요!**
He took my bag!
是他把我的包拿走了！
shì tā bǎ wǒ de bāo ná zǒu le
스 타 빠 워 더 빠오 나 쩌우 러

✈ **지갑을 도둑맞았어요!**
I had my wallet stolen!
钱包被偷了。
qián bāo bèi tōu le
치엔 빠오 베이 터우 러

✈ **지갑을 소매치기당한 것 같아요.**
My wallet was taken by a pickpocket.
钱包大概被扒了去了。
qián bāo dà gài bèi pá le qù le
치엔 빠오 따 까이 뻬이 빠 러 취 러

✈ **방에 도둑이 들어왔습니다.**
A burglar broke into my room.
房间里进小偷了。
fáng jiān lǐ jìn xiǎo tōu le
팡 지엔 리 진 샤오 터우 러

✈ 경찰서는 어디에 있습니까?
Where's the police station?
警察局在哪儿?
jǐng chá jú zài nǎ r
징 차 쥐 짜이 날

✈ 경찰에 신고해 주시겠어요?
Will you report it to the police?
能帮我报警吗?
néng bāng wǒ bào jǐng ma
넝 빵 워 빠오 징 마

✈ 누구에게 알리면 됩니까?
Who should I inform?
要跟谁说?
yào gēn shéi shuō
야오 껀 쉐이 쉬

✈ 얼굴은 봤나요?
Did you see his [her] face?
看到他的脸了吗?
kàn dào tā de liǎn le ma
칸 따오 타 더 리엔 러 마

✈ 경찰에 도난신고서를 내고 싶은데요.
I'd like to report the theft to the police.
想往警察局提出被盗申请。
xiǎng wǎng jǐng chá jú tí chū bèi dào shēn qǐng
시앙 왕 징 차 쥐 티 추 뻬이 따오 선 칭

✈ 찾으면 한국으로 보내주시겠어요?
Could you please send it to Korea when you find it?
找到后可以邮寄到韩国吗?
zhǎo dào hòu kě yǐ yóu jì dào hán guó ma
자오 따오 허우 커 이 여우 지 따오 한 궈 마

분실 · 도난을 당했을 때

트러블

341

UNIT
04

사고를 당했을 때

사고가 일어나면 먼저 경찰에게 알립니다. 그리고 보험회사, 렌터카 회사에
연락을 취합니다. 당사자인 경우에는 먼저 对不起(뚜이부치)라고 말하면 잘
못을 인정하는 꼴이 되어버립니다. 만일을 위해 해외여행 상해보험은 반드시
들어 둡시다. 보험을 청구하기 위해서는 사고증명서를 반드시 받아두어야 합
니다.

―――――――――――― 을(를) 불러 주세요.

Please call ――――――――――――― .

请帮我叫 ―――――――――――――― 。
qǐng bāng wǒ jiào
칭 방 워 쟈오

□	경찰	the police	警察(jǐngchá)	징차
□	구급차	an ambulance	救护车(jiùhùchē)	저우후처
□	의사	a doctor	医生(yīshēng)	이성
□	안내원	a guide	接待员(jiēdàiyuán)	지에따이위엔

Q : 교통사고를 당했습니다.
I was in a car accident.
出交通事故了。
chū jiāo tōng shì gù le
추 쟈오 퉁 스 꾸 러

A : 어디서 말입니까?
Where did it happen?
在哪里?
zài nǎ lǐ
짜이 나 리

✈ 큰일 났습니다.
It's an emergency.
出大事了。
chū dà shì le
추 따 스 러

✈ 교통사고가 일어났습니다.
There has been a traffic accident.
出车祸了。
chū chē huò le
추 처 훠 러

✈ 친구가 차에 치었습니다.
My friend was hit by a car.
我的朋友被车撞了。
wǒ de péng yǒu bèi chē zhuàng le
워 더 펑 여우 뻬이 처 주앙 러

✈ 구급차를 불러 주세요.
Please call an ambulance.
请叫救护车。
qǐng jiào jiù hù chē
칭 쟈오 져우 후 처

✈ 다친 사람이 있습니다.
There is an injured person here.
有人受伤了。
yǒu rén shòu shāng le
여우 런 셔우 상 러

✈ 저를 병원으로 데려가 주시겠어요?
Could you take me to a hospital?
请送我到医院可以吗?
qǐng sòng wǒ dào yī yuàn kě yǐ ma
칭 쏭 워 따오 이 위엔 커 이 마

사고를 당했을 때

트러블

343

✈ 사고를 냈습니다.

I've had an accident.

我肇事了。

wǒ zhào shì le

워 자오 스 러

✈ 보험을 들었습니까?

Are you insured?

参加保险了吗?

cān jiā bǎo xiǎn le ma

찬 쟈 바오 시엔 러 마

✈ 속도위반입니다.

You were speeding.

超速了。

chāo sù le

차오 쑤 러

✈ 제한속도로 달렸는데요.

I was driving within the speed limit.

按规定速度驾驶的呀。

àn guī dìng sù dù jià shǐ de ya

안 꾸이 딩 쑤 뚜 쟈 스 더 야

✈ 렌터카 회사로 연락해 주시겠어요?

Would you contact the car rental company?

请联络借车公司?

qǐng lián luò jiè chē gōng sī

칭 리엔 뤄 지에 처 공 쓰

✈ 사고증명서를 써 주시겠어요?

Will I get a police report?

请帮我写事故证明书?

qǐng bāng wǒ xiě shì gù zhèng míng shū

칭 방 워 씨에 스 꾸 정 밍 수

✖ 도로표지판의 뜻을 몰랐습니다.
I didn't know what that sign said.
我没弄清楚道路指示盘。
wǒ méi nòng qīng chǔ dào lù zhǐ shì pán
워 메이 농 칭 추 따오 루 즈 스 판

✖ 제 책임이 아닙니다.
I'm not responsible for it.
不是我的责任。
bú shì wǒ de zé rèn
뿌 스 워 더 쩌 런

✖ 상황이 잘 기억나지 않습니다.
I don't remember what happened.
记不清是什么情况了。
jì bù qīng shì shén me qíng kuàng le
지 뿌 칭 스 선 머 칭 쿠앙 러

✖ 신호를 무시했습니다.
I ignored a signal.
忽视信号了。
hū shì xìn hào le
후 스 신 하오 러

✖ 저야말로 피해자입니다.
I'm the victim.
我是被害人啊。
wǒ shì bèi hài rén a
워 스 베이 하이 런 아

✖ 여행을 계속해도 되겠습니까?
Can I continue on my way?
可以继续旅行吗?
kě yǐ jì xù lǚ xíng ma
커 이 지 쉬 뤼 싱 마

346

눈에 뭐가 들어가다
有东西进眼睛里了
yǒu dōng xi jin yǎn jing lǐ le
여우 뚱 시 진 얜 징 리 러

머리가 아프다
头疼
tóu téng
터우 텅

귀가 아프다
耳朵疼
ěr duǒ téng
얼 뚜오 텅

이가 아프다
牙疼
yá téng
야 텅

콧물이 나오다
流鼻涕
liú bí tì
리우 삐 티

목이 아프다
喉咙痛
hóu lóng tòng
허우 롱 퉁

손을 데다
烫到手了
tàng dào shǒu le
탕 따오 셔우 러

배가 아프다
肚子疼
dù zǐ téng
뚜즈 텅

다리가 골절되다
腿骨折了
tuǐ gǔ zhé le
투이 꾸 저 러

발목을 삐다
脚腕子扭了
jiǎo wàn zi niǔ le
자오 완 즈 니우 러

UNIT
05

몸이 아플 때

여행 중에 몸이 아프면 먼저 묵고 있는 호텔의 프런트에 연락을 취하고 호텔 닥터나 호텔의 지정 의사를 소개받습니다. 호텔 이외의 장소에서 몸이 아픈 경우에는 구급차를 부르게 되는데, 의료비도 비싸므로 출발 전에 해외여행 상해보험에 가입해둡시다. 보험 청구를 위해 치료비의 영수증은 받아두도록 합시다.

(통증을 말할 때) _____ 아픕니다.
I have a _____ .

_____ 疼。
téng
텅

□ 머리가	headache	头(tóu)	터우
□ 배가	stomachache	肚子(dùzi)	뚜즈
□ 목이	sore throat	嗓子(sǎngzi)	상즈
□ 이가	toothache	牙(yá)	야

Q : 어디가 아프십니까?
Where does it hurt?
哪儿疼?
nǎ r téng
날 텅

A : 여기가 아픕니다.
Right here.
这儿疼。
zhè r téng
절 텅

✖ 의사를 불러 주세요.
Please call a doctor.
请叫大夫。
qǐng jiào dài fu
칭 자오 따이 푸

✖ 의사에게 진찰을 받고 싶은데요.
I'm here for a doctor's examination.
想让大夫看病。
xiǎng ràng dài fu kàn bìng
시앙 랑 따이 푸 칸 빙

✖ 병원으로 데리고 가 주시겠어요?
Could you take me to a hospital?
能送我到医院吗?
néng sòng wǒ dào yī yuàn ma
넝 쏭 워 따오 이 위엔 마

✖ 진료 예약은 필요합니까?
Do I need an appointment to see a doctor?
看病需要预约吗?
kàn bìng xū yào yù yuē ma
칸 빙 쉬 야오 위 위에 마

✖ 진료 예약을 하고 싶은데요.
I'd like to make an appointment.
想预约，看病。
xiǎng yù yuē kàn bìng
씽 위 위에 칸 빙

✖ 한국어를 아는 의사는 있나요?
Is there a Korean-speaking doctor?
有没有懂韩语的医生?
yǒu méi yǒu dǒng hán yǔ de yī shēng
여우 메이 여우 동 한 위 더 이 성

몸
이
아
플
때

트
러
블

✈ 몸이 안 좋습니다.
I don't feel well.
身体不舒服。
shēn tǐ bù shū fu
선 티 뿌 수 푸

✈ 아이 상태가 이상합니다.
Something's wrong with my child.
小孩的状态有点奇怪。
xiǎo hái de zhuàng tài yǒu diǎn qí guài
샤오 하이 더 주앙 타이 여우 디엔 치 꽈이

✈ 현기증이 납니다.
I feel dizzy.
我觉得头晕。
wǒ jué de tóu yūn
워 쥐에 더 터우 윈

✈ 몸이 나른합니다.
I feel weak.
身体无力。
shēn tǐ wú lì
선 티 우 리

✈ 식욕이 없습니다.
I don't have an appetite.
没有食欲。
méi yǒu shí yù
메이 여우 스 위

✈ 잠이 오지 않습니다.
I can't sleep.
睡不着。
shuì bù zháo
수이 뿌 자오

✖ 감기에 걸렸습니다.
I have a cold.
得感冒了。
děi gǎn mào le
더 깐 마오 러

✖ 감기에 걸린 것 같습니다.
I think I have a cold.
好象感冒了。
hǎo xiàng gǎn mào le
하오 시앙 깐 마오 러

✖ 설사가 심합니다.
I have bad diarrhea.
腹泻特别严重。
fù xiè tè bié yán zhòng
푸 시에 터 삐에 이엔 종

✖ 열이 있습니다.
I have a fever.
发烧。
fā shāo
파 사오

✖ 이건 한국 의사가 쓴 것입니다.
This is from my doctor in Korea.
这是韩国大夫写的。
zhè shì hán guó dài fu xiě de
저 스 한 궈 따이 푸 시에 더

✖ 여기가 아픕니다.
I have a pain here.
这儿疼。
zhè r téng
절 텅

✈ 밤에 잠을 못 잡니다.

I can't sleep at night.

晚上睡不着觉。

wǎn shang shuì bù zháo jiào

완 상 수이 뿌 자오 쟈오

✈ 구토를 합니다.

I feel nauseous.

呕吐。

ǒu tǔ

오우 투

✈ 기침이 납니다.

I have a cough.

咳嗽。

ké sòu

커 서우

✈ 어제부터입니다.

Since yesterday.

从昨天开始的。

cóng zuó tiān kāi shǐ de

총 쮀 티엔 카이 스 더

✈ 다쳤습니다.

I've injured myself.

我受伤了。

wǒ shòu shāng le

워 셔우 상 러

✈ 많이 좋아졌습니다.
I feel much better now.
好多了。
hǎo duō le
하오 뛰 러

✈ 진단서를 써 주시겠어요?
Would you give me a medical certificate?
能给我写诊断书吗?
néng gěi wǒ xiě zhěn duàn shū ma
넝 께이 워 시에 전 뚜안 수 마

✈ 예정대로 여행을 해도 괜찮겠습니까?
Can I travel as scheduled?
按预定旅行可以吗?
àn yù dìng lǚ xíng kě yǐ ma
안 위 딩 뤼 싱 커 이 마

✈ 며칠 정도 안정이 필요합니까?
How long do I have to stay in bed?
我需要躺在床上休息多长时间?
wǒ xū yào tǎng zài chuáng shàng xiū xi duō cháng shí jiān
워 쉬 야오 탕 자이 추앙 상 시우 시 뛰 창 스 지엔

✈ (약국에서) 이 처방전 약을 주세요.
Fill this prescription, please.
请给我这个药方的全部药。
qǐng gěi wǒ zhè ge yào fāng de quán bù yào
칭 께이 워 저 거 야오 팡 더 취엔 뿌 야오

✈ 이 약은 어떻게 먹습니까?
How do I take this medicine?
这个药怎么吃?
zhè ge yào zěn me chī
저 거 야오 쩐 머 츠

몸이 아플 때

트러블

353

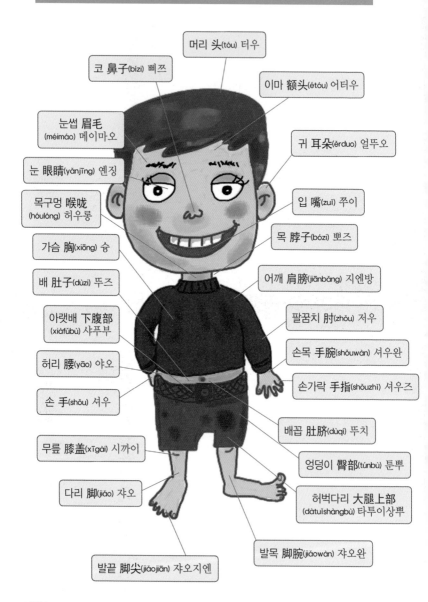

머리 头(tóu) 터우

코 鼻子(bízi) 삐쯔

이마 额头(étóu) 어터우

눈썹 眉毛 (méimáo) 메이마오

귀 耳朵(ěrduo) 얼뚜오

눈 眼睛(yǎnjīng) 옌징

목구멍 喉咙 (hóulóng) 허우롱

입 嘴(zuǐ) 쭈이

가슴 胸(xiōng) 슝

목 脖子(bózi) 뽀즈

배 肚子(dùzi) 뚜즈

어깨 肩膀(jiānbǎng) 지엔방

아랫배 下腹部 (xiàfùbù) 샤푸부

팔꿈치 肘(zhǒu) 저우

허리 腰(yāo) 야오

손목 手腕(shǒuwàn) 셔우완

손 手(shǒu) 셔우

손가락 手指(shǒuzhǐ) 셔우즈

배꼽 肚脐(dùqí) 뚜치

무릎 膝盖(xīgài) 시까이

엉덩이 臀部(túnbù) 툰뿌

다리 脚(jiǎo) 쟈오

허벅다리 大腿上部 (dàtuǐshàngbù) 타투이상뿌

발끝 脚尖(jiǎojiān) 쟈오지엔

발목 脚腕(jiǎowàn) 쟈오완

354

PART
10

귀국

귀국에 관한 정보

☀ 귀국을 위한 준비

귀국할 날이 정해지면 미리 좌석을 예약해두거나, 예약을 해 두었을 경우에는 출발 예정 시간의 72시간 이전에 예약을 재확인해야 한다. 예약 재 확인이 끝나면 여행을 하면서 구입했던 물건을 탁송할 것과 들고 갈 것을 차례로 정리한다. 출발 당일에는 출발 시간보다 2~3시간 먼저 공항이나 항구에 도착하여 체크인을 하고 탑승, 승선 대기를 해야 한다.

① 예약 재확인

여행을 마치고 귀국을 준비할 경우는 우선 항공권이나 승선권의 이상 유무를 확인해야 한다. 왕복권을 구입한 경우, 최소한 비행기나 배의 출발 72시간 전에 반드시 예약 재확인을 해야 한다. 그렇지 않을 경우 예약이 취소될 수도 있다. 항공사나 해운회사에서는 출발시간 변경 등의 비상 시 연락을 위해 이쪽의 연락처를 묻는다. 탑승할 회사에 전화하거나 사무소 또는 공항이나 항구 내 카운터에 직접 나가서 이름과 편명, 도착지, 탑승일, 탑승시간 등을 알려 주면 된다. 할인권은 개인이 하거나 여행사에서 해주는 경우가 있으므로, 출발 전에 미리 확인한다. 여행 일정이 변경되었을 경우에는 가능한 한 빨리 72시간 전까지 전화로 예약한 날짜를 취소하고 좌석이 남아 있는 다른 날짜로 예약한다. 목적지가 변경되었을 경우에는 운항회사에다 목적지 변경수속을 해야 한다. 할인권의 경우는 변경이 불가능할 경우도 있다.

② 수화물 정리

여행 중의 쇼핑으로 누구나 귀국 때는 출국 당시보다 짐이 많아지게 마련이다. 짐을 쌀 때는 우선 탑승시의 허용용량을 감안해 버릴 것은 과감히 버리는 것이 좋다. 또 선물과 기념품 등 통관검사를 받아야 할 것은 한곳에 모아 투명한 비닐봉지에 넣어 모아 두는 것이 좋다. 여권, 항공권 또는 승선권, 카메라, 현금 등은 몸에 직접 소지한다. 기내에 들고 들어갈 수 있는 가방은 한 개이므로 공항이나 기내에서 면세물품을 사게 될 경우를 예상해서 여유를 둔다.

③ 출국 수속

중국에서 바로 우리나라의 인천공항으로 오는 비행기가 뜨는 곳은 모두 6개 도시(배편인 경우 3개 도시)이다. 따라서 자신의 여행 마지막 코스가 어디가 될 것인지를 생각해서 일정을 조절한다. 각 공항이나 여객터미널로는 각각 출발 2시간 전에 도착하는 것이 안전하다. 공항이나 여객터미널에 도착하면 먼저 체크인부터 한다. 그리고 공항세나 여객터미널 이용료를 내야 한다. 단, 항공권이나 승선권에 이용료가 포함되어 있는 경우도 있으므로 잘 알아 보고 이용한다. 공항세를 내면 카운터의 직원이 여권에 출국 스탬프를 찍고, 출입국신고서를 회수하고 탑승권이나 승선권을 주는 것으로 출국수속은 완료되며, 공항이나 터미널에 따라 약간의 차이가 있다. 부칠 짐이 있을 때는 이곳 체크인 카운터에 맡기고 꼬리표를 받는다. 탑승 수속이 끝나면 탑승권과 승선권에 적혀 있는 시간과 게이트를 확인한 후, 남은 시간은 면세점 등에서 쇼핑하거나 간단한 식사를 하면서 보낸다. 탑승과 승선은 출발 20~30분 전에 시작되므로, 그 시간까지는 게이트 앞에 도착한다.

☀ 귀국 시 면세허용

① 면세통로

해외나 국내 면세점에서 구입하여 반입하는 물품 총액이 미화(USD) $800 이하 주류 2병(합산 2L 이하, US $400 이하), 담배 200개비(단, 한 종류만), 향수 60ml (병수 제한 없음)

② 자진신고 검사대

■ 면세통과 해당 이외의 물품을 소지한 자

■ 통관불허 품목: 유해 의약품, 가공처리가 되지 않은 식품, 무기류 및 유사제품, 마약, 위폐, 풍속을 해치는 서적이나 음반 등

UNIT 01

예약 변경·재확인

귀국하는 날짜가 다가오면 비행기 예약을 합니다. 한국에서 떠날 때 예약해 둔 경우에는 미리 전화나 시내의 항공회사 영업소에서 반드시 예약 재확인 (reconfirm)을 해두어야 합니다. 공항에는 여유를 가지고 출발 2시간 전에 도착하는 것이 좋습니다.

_____ 편으로 변경하고 싶은데요.

I'd like to change it to the _____ flight.

想换成 _____ 航班。
xiǎng huàn chéng / háng bān
시앙 후안 청 / 항 반

□ 오전	afternoon	上午(shàngwǔ)	상우
□ 오후	morning	下午(xiàwǔ)	샤우
□ 내일	tomorrow	明天(míngtiān)	밍티엔
□ 10월 9일	October 9th	十月九日(shíyuèjiǔrì)	스위에저우르

Q : 예약 재확인을 부탁합니다.

I would like to make a reconfirmation for my flight.

想再确认预约。
xiǎng zài què rèn yù yuē
시앙 자이 취에 런 위 위에

A : 항공권은 가지고 계십니까?

Do you have a ticket?

机票在手里吗?
jī piào zài shǒu lǐ ma
지 퍄오 자이 셔우 리 마

✈ 여보세요, 북방항공입니까?
Hello. Is this Beifang Airlines?
您好，这里是北方航空？
nín hǎo zhè li shì běi fāng háng kōng
닌 하오 저 리 스 베이 팡 항 콩

✈ 인천행을 예약하고 싶은데요?
I'd like to reserve a seat for Incheon?
想预约到仁川的飞机？
xiǎng yù yuē dào rén chuān de fēi jī
시앙 위 위에 따오 런 추안 더 페이 지

✈ 내일 비행기는 예약이 됩니까?
Can you book us on tomorrow's flight?
明天的飞机能预约吗？
míng tiān de fēi jī néng yù yuē ma
밍 티엔 더 페이 지 넝 위 위에 마

✈ 다른 비행기는 없습니까?
Do you have any other flights?
没有别的飞机吗？
méi yǒu bié de fēi jī ma
메이 여우 삐에 더 페이 지 마

✈ 편명과 출발 시간을 알려 주십시오.
What is the flight number and departure time.
请告诉我航班和时间。
qǐng gào su wǒ háng bān hé shí jiān
칭 까오 수 워 항 반 허 스 지엔

✈ 몇 시까지 탑승 수속을 하면 됩니까?
By what time should we check in?
到几点登机？
dào jī diǎn dēng jī
따오 지 디엔 떵 지

예약 변경·재확인

귀

국

359

✈ 예약을 재확인하고 싶은데요.
I'd like to reconfirm my flight.
想再确认一下预约内容。
xiǎng zài què rèn yí xià yù yuē nèi róng
샹 짜이 취에 런 이 샤 위 위에 네이 롱

✈ 성함과 편명을 말씀하십시오.
Your name and flight number, please.
请说姓名和航班名。
qǐng shuō xìng míng hé háng bān míng
칭 쉬 싱 밍 허 항 반 밍

✈ 무슨 편, 몇 시 출발인가요?
What's the flight number and the departure time?
什么航班几点钟?
shén me háng bān jǐ diǎn zhōng
선 머 항 반 지 디엔 종

✈ 저는 분명히 예약했습니다.
I definitely made a reservation.
我明明是预约好了。
wǒ míng míng shì yù yuē hǎo le
워 밍 밍 스 위 위에 하오 러

✈ 한국에서 예약했는데요.
I reserved my flight in Korea.
我在韩国预约了。
wǒ zài hán guó yù yuē le
워 짜이 한 궈 위 위에 러

✈ 즉시 확인해 주십시오.
Please check on it right away.
请马上确认一下。
qǐng mǎ shàng què rèn yí xià
칭 마 상 취에 런 이 샤

✈ 비행편을 변경할 수 있습니까?
Can I change my flight?
能换航班吗?
néng huàn háng bān ma
넝 후안 항 반 마

✈ 어떻게 변경하고 싶습니까?
How do you want to change your flight?
您想怎么变更航班?
nín xiǎng zěn me biàn gēng háng bān
닌 시앙 쩐 머 삐엔 껑 항 반

✈ 10월 9일로 변경하고 싶습니다.
I'd like to change it to October 9th(ninth)'s.
想换成十月九号的航班。
xiǎng huàn chéng shí yuè jiǔ hào de háng bān
시앙 후안 청 스 위에 져우 하오 더 항 반

✈ 예약을 취소하고 싶은데요.
I'd like to cancel my reservation.
想取消预约。
xiǎng qǔ xiāo yù yuē
시앙 취 샤오 위 위에

✈ 다른 항공사 비행기를 확인해 주세요.
Please check other airlines.
请确认一下别的航空公司。
qǐng què rèn yí xià bié de háng kōng gōng sī
칭 취에 런 이 샤 삐에 더 항 콩 꽁 스

✈ 예약 대기로 부탁할 수 있습니까?
Can you put me on the waiting list?
请给我换成待机可以吗?
qǐng gěi wǒ huàn chéng dài jī kě yǐ ma
칭 께이 워 후안 청 따이 지 커 이 마

예약 변경 · 재확인

귀
국

UNIT
02

탑승과 출국

공항에서는 2시간 전에 체크인하는 것이 바람직합니다. 만일에 문제가 발생했더라도 여유를 가지고 대처할 수 있습니다. 또한 짐이 늘어난 경우에는 초과요금을 지불해야 합니다. 가능하면 초과되지 않는 범위 내에서 짐을 기내로 가지고 가도록 하며, 시간적 여유가 있을 때 사지 못한 선물이 있다면 면세점에서 구입하면 됩니다.

(공항에서) _____ 어디입니까?

Where is the _____ ?

_____ 在哪里?
zài nǎ lǐ
짜이 나 리

□	대한항공 카운터	Korean Airline counter	大韩航空柜台 (dàhánhángkōngguìtái) 따한항콩 꾸이타이
□	아시아나항공 카운터	Asiana Airline counter	亚西亚航空柜台 (yàxīyàhángkōngguìtái) 야시야항콩 꾸이타이
□	출발로비	departure lobby	出发路费(chūfālùfèi) 추파루페이
□	탑승구	boarding gate	乘机口(chéngjīkǒu) 청지커우

Q : 탑승권을 보여 주십시오.
May I see your ticket?
请出示机票。
qǐng chū shì jī piào
칭 추 스 지 퍄오

A : 네, 여기 있습니다.
Yes, here it is.
是，在这里。
shì zài zhè lǐ
스 짜이 저 리

✈ 탑승 수속은 어디서 합니까?
Where do I check in?
登机手续在哪儿办?
dēng jī shǒu xù zài nǎ r bàn
덩 지 셔우 쉬 짜이 날 반

✈ 대한항공 카운터는 어디입니까?
Where's the Korean Airlines counter?
大韩航空柜台在哪儿?
dà hán háng kōng guì tái zài nǎ r
따 한 항 콩 꾸이 타이 짜이 날

✈ 공항세는 있습니까?
Is there an airport tax?
有机场税吗?
yǒu jī chǎng shuì ma
여우 지 창 수이 마

✈ 앞쪽 자리가 좋겠는데요.
I'd prefer a seat at the front of the plane.
我想前面的位置会更好。
wǒ xiǎng qián miàn de wèi zhi huì gèng hǎo
워 시앙 치엔 미엔 더 웨이 즈 후이 껑 하오

✈ 통로쪽(창쪽)으로 부탁합니다.
An aisle(A window) seat, please.
请给我过道(窗户)旁的位置。
qǐng gěi wǒ guò dào (chuāng hu) páng de wèi zhi
칭 께이 워 꿔 다오 (추앙 후) 팡 더 웨이 즈

✈ 친구와 같은 좌석으로 주세요.
I'd like to sit with my friend.
请给我靠近朋友的座位。
qǐng gěi wǒ kào jin péng yǒu de zuò wèi
칭 께이 워 카오 진 펑 여우 더 쮜 웨이

✈ 맡기실 짐은 있으십니까?

Any baggage to check?

有需要托运的行李吗?

yǒu xū yào tuō yùn de xíng lǐ ma

여우 쉬 야오 퉈 윈 더 씽 리 마

✈ 맡길 짐은 없습니다.

I have no baggage to check.

我没有要存的包。

wǒ méi yǒu yào cún de bāo

워 메이 여우 야오 춘 더 바오

✈ 그 가방은 맡기시겠습니까?

Are you going to check that bag?

那个包要托运吗?

nà ge bāo yào tuō yùn ma

나 거 빠오 야오 퉈 윈 마

✈ 이 가방은 기내로 가지고 들어갑니다.

This is a carry-on bag.

这个包要拿到机内的。

zhè ge bāo yào ná dào jī nèi de

저 거 빠오 야오 나 따오 지 네이 더

✈ 다른 맡기실 짐은 없습니까?

Do you have any other baggage to check?

还有其他行李要存吗?

hái yǒu qí tā xíng li yào cún ma

하이 여우 치 타 씽 리 야오 춘 마

✈ (짐은) 그것뿐입니다.

That's all the baggage I have.

就这些吗。

jiù zhè xiē ma

져우 저 씨에 마

✈ (탑승권을 보이며) 게이트는 몇 번입니까?
What gate is it?
登机口是多少号?
dēng jī kǒu shì duō shǎo hào
덩 지 커우 스 뛰 사오 하오

✈ 3번 게이트는 어느 쪽입니까?
Which way is Gate 3(three)?
三号登机口在哪边?
sān hào dēng jī kǒu zài nǎ biān
산 하오 덩 지 커우 짜이 나 삐엔

✈ 인천행 탑승 게이트는 여기입니까?
Is this the gate for Incheon?
到仁川的登机口是这儿吗?
dào rén chuān de dēng jī kǒu shì zhè r ma
따오 런 추안 더 덩 지 커우 스 절 마

✈ 왜 출발이 늦는 겁니까?
Why is the flight delayed?
为什么还不出发?
wéi shén me hái bù chū fā
웨이 선 머 하이 뿌 추 파

✈ 탑승은 시작되었습니까?
Has boarding started yet?
开始登机了吗?
kāi shǐ dēng jī le ma
카이 스 덩 지 러 마

✈ 방금 인천행 비행기를 놓쳤는데요.
We just missed the flight to Incheon.
我刚刚错过了去仁川的飞机。
wǒ gāng gāng cuò guò le qù rén chuān de fēi jī
워 깡 강 춰 꿔 러 취 런 추안 더 페이 지

즉석에서 가장 많이 활용하는

프리토킹 중국어회화 완전정복

이원준 엮음 | 170*233mm | 416쪽 | 18,000원(mp3 파일 무료 제공)

5개의 상황별 주제로 100개의 주요 표현과 대화문 수록

즉석 비즈니스 중국어 회화

최진권 저 | 148*210mm | 244쪽 | 13,000원 (mp3 파일 무료 제공)

여행자 필수 메모

성명 Name	
생년월일 Date of Birth	
국적 Nationality	
호텔 Hotel	
여권번호 Passport No.	
비자번호 Visa No.	
항공기편명 Flight Name	
항공권번호 Air Ticket No.	
신용카드번호 Credit Card No.	
여행자수표번호 Traveler's Check No.	
출발지 Departed from	
목적지 Destination